Tjeu van den Berk

Aufbruch zur Mystik

Den Reichtum spirituellen Lebens entdecken

Aus dem Niederländischen übersetzt
von Mechthild Ragg

Gütersloher Verlagshaus

Deutsche Erstausgabe
Das niederländische Original erschien erstmals 1999 unter dem Titel *Mystagogie. Inwijding in het symbolisch bewustzijn.*

Bibliografische Information Der Deutschen Bibliothek

Die Deutsche Bibliothek verzeichnet diese Publikation in der Deutschen Nationalbibliografie; detaillierte bibliografische Daten sind im Internet über http://dnb.ddb.de abrufbar.

ISBN 3-579-05420-1

Umschlag: Init GmbH, Bielefeld, unter Verwendung des Fotos »Moon, Teardrop Arch, AZ«, © photonica / Photopix
Satz: Katja Rediske, Landesbergen
Druck und Bindung: GGP Media GmbH, Pößneck
Printed in Germany
www.gtvh.de

Inhalt

Vorwort

Ein Gebiet ohne Landkarte erschließen

›There is an enormous door
that only exists in our mind.
Still, things happen behind it
That will never happen before.‹
Leo Vroman

Diesem Buch liegt ein Zitat des Religionspsychologen William James zugrunde. Ich habe es ungefähr vor fünfundzwanzig Jahren zum ersten Mal gelesen. Es hat mich damals tief getroffen, und weil ich mich immer wieder in äußerst willkürlichen Momenten daran erinnere, gehe ich davon aus, dass es sich tief in meinem Unterbewusstsein verwurzelt hat. Immer, wenn ich über so etwas wie ›religiöses Bewusstsein‹ nachdenke, scheine ich einer Spur zu folgen, die James mir bereits vor einem Vierteljahrhundert vorgezeichnet hat.

> »Unser normales Tagesbewusstsein, wir nennen es rationales Bewusstsein, ist nur eine Form des Bewusstseins, während überall darum herum, nur durch hauchdünne Membranen voneinander getrennt, noch weitere Bewusstseinsformen liegen. Wir können durch das Leben gehen ohne von ihrer Existenz zu ahnen. Fügt man jedoch den erforderlichen Reiz hinzu, sind sie sofort vollständig präsent, deutliche mentale Typen, die wahrscheinlich irgendwo das ihnen zugehörige und gemäße Anwendungsgebiet haben. Keine Darstellung des Weltalls in seiner Totalität ist vollständig, wenn diese anderen Bewusstseinsformen völlig vernachlässigt werden. Dabei bleibt die Frage, wie man sie betrachten soll – denn sie stehen in keinem Zusammenhang mit dem normalen Bewusstein. Doch können sie Haltungen beeinflussen ohne vorgegebene Muster zu liefern, und ein Gebiet erschließen ohne eine Landkarte zu verschaffen. In jedem Fall hindern sie uns daran, unsere Rechnung mit der Wirklichkeit voreilig abzuschließen.«[1]

Diese Form des Bewusstseins nenne ich in diesem Buch ›symbolisches Bewusstsein‹. Die Krise, in der unter anderem die gegenwärtigen Kirchen stecken, hängt meiner Meinung nach stark damit zusammen, dass viele ihrer Mitglieder meinen, sehr wohl empirische Landkarten und dogmatische Formeln für dieses mentale Gebiet erstellen zu können. Aus Sicht unseres Tagesbewusstseins schafft das symbolische Bewusstsein ›nur‹ Illusionen und Träume.

In diesem Buch werde ich anders als es üblich ist über Symbole schreiben. Im Allgemeinen spricht man von Symbolen als Codes, die ›für etwas anderes stehen‹. Symbole werden dann zu Zeichen, die man entziffert und rational erklärt. Je gelehrter jemand ist, umso mehr weiß er oder sie darüber, wofür die Codes stehen. Bei einer solchen Deutung ist kaum oder keine Rede von einem ›symbolischen Bewusstsein‹. Für dieses ist es demgegenüber kennzeichnend, dass man an einer Wirklichkeit *partizipiert*, die eben gerade *nicht auszuloten* ist. Symbole führen das Alltagsbewusstsein gerade über seine Grenzen hinaus. Wie viel wir auch reden, argumentieren und analysieren, nie werden wir ihre Bedeutung ganz ergründen; sie können niemals durch eine Zusammenfassung oder Interpretation ersetzt werden. Symbole sind selbst die einzige Möglichkeit, das zu sagen, was sie sagen. Ein Symbol bedeutet nicht etwas, sondern *ist* etwas. Echte Symbole entziehen sich einer Entzifferung durch den Verstand. Sie öffnen die Tür zu den dunklen Zimmern der Wirklichkeit.

Die Kirchenväter des dritten und vierten Jahrhunderts waren sensibel für dieses nicht in Worte zu fassende Mysterium der menschlichen Seele und nannten ihre Pädagogik ›Mystagogie‹, eine auf Einweihung gerichtete Agogik. Es ging ihnen nicht so sehr um Information, sondern um Initiation. Der Psychiater Carl Gustav Jung hat ein leidenschaftliches Plädoyer für dieses symbolisierende Bewusstsein gehalten und in seinen Schriften in diesem Punkt häufig auf die Kirchenväter verwiesen. Der Theologe Karl Rahner hat sein Leben lang betont, dass der Mensch, jeder Mensch, von Natur aus auf Unendlichkeit ausgerichtet ist und dass die Transzendenz nicht von außen auf den Menschen herab kommt. Der Psychoanalytiker Donald Winnicott und der Künstler und Philosoph Friedrich Schiller haben jeder auf eigene Weise versucht, diesem mentalen Gebiet auf die Spur zu kommen, indem sie über das ›transitionelle‹ und das ›spielende‹ Bewusstsein schreiben. Alle genannten Personen kommen in diesem Buch zu Wort. In diesem Zusammenhang fällt auf, dass von Plato bis Jung, von Augustinus bis Rahner die ›Hebammenlehre‹ von Sokrates als pädagogisches Ideal gesehen wird. Die ›Hebamme‹ weiß, dass es hier um eine Wirklichkeit geht, die aus uns selbst geboren werden muss und nicht von außen angereicht werden kann. Sie kennt auch die ›erforderlichen Reize‹, die James gemeint hat.

In den ersten zwei Kapiteln beschreibe ich in großen Zügen die Phasen der menschlichen Selbstwerdung sowie sie uns zum Beispiel in vielen Mythen und Märchen vor Augen geführt werden. Wie wird ein Mensch zu dem, was er seinem Wesen nach ist? Im Anschluss daran werden im dritten Kapitel die wichtigsten Facetten des Begriffes Mystagogie beschrieben. Danach vertiefe ich mich in klassisches historisches Material zu dieser Thematik (die Christianisierung des Römischen Reiches, die Mystagogie der Kirchenväter und die Pädagogik des Plato), weil ich dieses noch heute für aktuell und relevant halte. Vor diesem Hintergrund formuliere ich dann in Kapitel Sieben, was ich unter Symbolen und symbolischem Bewusstsein verstehe. Die letzten beiden Kapitel stehen im Zeichen dieses Bewusstseins und der Erziehung. Wie ›lehre‹ ich einen Menschen, Spielraum für diese Form des Bewusstseins zu schaffen? Im vorletzten Kapitel steht die Mäeutik von Sokrates im Mittelpunkt, im letzten Kapitel führe ich aus wie ›symbolisieren Lehren‹ praktisch aussehen kann. Ich illustriere das anhand heutiger Kinofilme. Das ganze Buch soll eine Einführung in die Initiation sein.[2]

Tjeu van den Berk

1. Der Untergang der Seele

»Die Eingeweihten brauchen nichts zu lernen, sie müssen etwas erfahren«
Aristoteles

Der »Untergang der Seele« meint in diesem Kapitel zweierlei: Zum einen die Wahrnehmung, dass wir in einer Zeit leben, in der das Seelenleben der Menschen unterzugehen droht, sich allmählich auflöst, zum anderen spielt die Überschrift dieses Kapitels auf ein uraltes spirituelles Gesetz an, nämlich dass die Seele »untergehen« muss, wenn sie leben will, dass sie hinabsteigen muss in das dunkle Wasser, um neu geboren zu werden. Soll der erste Prozess nicht aussichtslos enden und der zweite »Untergang« Gestalt annehmen, so ist es dringend erforderlich, mit der symbolischen Wirklichkeit unserer Psyche in Kontakt zu kommen.

»Zersetzung« ist nicht das letzte Wort

Macht es noch Sinn, sich mit der Pädagogik des Christentums zu beschäftigen? Ist nicht mittlerweile deutlich geworden, dass sie auf eine falsche Spur geraten ist? »Wenn man in einen falschen Zug einsteigt«, schreibt Dietrich Bonhoeffer, »nützt es nichts, wenn man im Gang entgegen der Fahrtrichtung läuft.«[1] Wir werfen vielleicht noch besorgte Blicke aus dem Abteilfenster, aber der Zug eilt weiter und hält nicht an den für uns wichtigen Orten. In schöner Regelmäßigkeit werden neue Kursbücher herausgegeben, eins mustergültiger als das andere, unser Zug jedoch scheint nach einem Fahrplan unterwegs zu sein, den wir nicht durchschauen. In manchen Abteilen werden hin und wieder noch herrliche Veranstaltungen improvisiert, man bemüht eine Erfindungsgabe und ein Engagement, wie sie nie zuvor gezeigt wurden, aber das alles wird unverzüglich in die falsche Richtung gezogen! Ob nun konservative oder progressive Lokführer den Steuerhebel bedienen, ob wir den Lauf der Dinge pessimistisch oder optimistisch betrachten, der Zug donnert weiter wie ein Geisterzug. Müssen wir also aus- oder umsteigen? Gibt es bessere Züge? Sind die Züge der Unkirchlichen besser dran? Wohin fahren die denn? Und: Fährt unser Zug überhaupt noch nach einem christlichen Kursbuch oder wird er vom Zeitgeist gelenkt?

Man hat verschiedene Begriffe gefunden, um den Prozess zu beschreiben, der sich derzeit in den Kirchen vollzieht. Man spricht von Entkirchlichung und Traditionsabbruch. Von allen Bezeichnungen, denen ich begegnet bin, ging die des Theologen und Psychologen und Kirchenkritikers Jacques Pohier am weitesten: er spricht von Zersetzung (décomposition). Das ist in meinen Augen das schärfste Wort, das jemand hier benutzen kann. Es ruft Assoziation von Verwesung hervor. Pohier beschreibt eindringlich, dass er zunächst dachte, nur er allein befände sich wegen Verbotsbestimmungen, die Rom gegen ihn erlassen hatte, in einem Auflösungsprozess. Später aber habe er begriffen, dass die Dinge selbst, die man ihm verboten hatte – zu predigen, Eucharistie zu feiern und Theologie zu treiben – langsam verrotteten, ja, dass sich das ganze System in einem Zustand der Zersetzung befände. »Wir überleben in einem Zustand, der jenseits des Komas liegt. Das eine Organ funktioniert noch, ein anderes ist noch nicht ganz zum Stillstand gekommen, die Individuen tun mehr als zu überleben und sind noch produktiv (wie die Zellen und Organe eines postkomatösen Patienten), aber der Organismus als solcher kann als abgestorben betrachtet werden. Die Zeit, der schlichte Verlauf der Zeit reicht aus, um die lebenserhaltenden Maschinen nutzlos zu machen. Was ist nur geschehen?«[2] Wer hört hier nicht die Antwort Nietzsches auf diese Frage? Sein »toller Mensch« schreit es auf dem Markt heraus: »›Wir haben Gott getötet! ... Hören wir noch nichts von dem Lärm der Totengräber, welche Gott begraben? Riechen wir noch nichts von der göttlichen Verwesung?« ... Man erzählt noch, daß der tolle Mensch desselbigen Tages in verschiedene Kirchen eingedrungen sei und darin sein *requiem aeternam deo* angestimmt habe. Hinausgeführt und zur Rede gestellt, habe er immer nur dies entgegnet: ›Was sind denn diese Kirchen noch, wenn sie nicht die Grüfte und Grabmäler Gottes sind?‹«[3]

Was ist nur mit dem Christentum geschehen, dass es auf diese Weise dem Verfall anheim fallen konnte? Wie konnte das Salz fad werden? Als das Römische Reich zerfiel, war doch diese Religion selbst eine der zersetzenden Kräfte. Und immer noch kann dieses Christentum in anderen Teilen der Welt offenbar aufgehen wie Hefeteig.

Ist die westliche Kultur also mitschuldig an diesem Zerfall? Ist eine ganze Kulturepoche in Auflösung begriffen? Wenn wir herausfinden wollen, was wir am Beginn des dritten Jahrtausends unternehmen sollen, um den Zerfall des Christentums im Abendland aufzuhalten, dann müssen wir doch zunächst die Ursachen des Zerfalls analysieren.

Viele haben sich damit beschäftigt. Es ist mir im Zusammenhang mit dieser Frage immer wieder aufgefallen, dass jemand wie der Psychiater Carl Gustav Jung (1875-1961), obwohl er sich nicht zu einer Kirche bekannte, nie aufgehört hat, das Christentum hoch zu achten. Wo Pohier zu der Schlussfolgerung gelangt, dass bestimmte Urdogmen ausgedient hätten, »glaubt« Jung bis ans Ende seines Lebens an »Wahrheiten«, mit denen viele Gläubige heute nichts mehr anfangen können. Jung glaubt freilich anders als sie, völlig anders sogar. Am Ende seines Lebens fragt ihn ein Journalist in einem Interview: »Glaubten Sie an Gott? Und glauben Sie heute noch an Gott?« Auf die erste Frage antwortet Jung: »Oh, ja.«, auf die zweite: » Heute? (Lange Pause.) Es ist schwer, darauf eine Antwort zu geben. (Pause) Ich *weiß*. Ich brauche nicht zu glauben. Ich *weiß*.«[4] Wenn wir mit dem Wort »glauben« umschreiben, dass wir »etwas auf Gewähr eines anderen hin annehmen« und »wissen« eine Überzeugung wiedergibt, die sich auf die eigene Erfahrung gründet, haben wir es hier sicherlich mit zwei verschiedenen Blickwinkeln zu tun. Aber Jung ist es niemals in den Sinn gekommen, deshalb die jahrhundertealten Glaubenssätze selbst einfach beiseite zu schieben. Offenbar sind darin Wahrheiten formuliert, die in der menschlichen Seele ein Echo finden. Es ist bekannt, dass Jung der Dogmatisierung der Unbefleckten Empfängnis und der Himmelfahrt Mariae ausdrücklich zustimmte. Er war davon überzeugt, dass in diesen Dogmen Prozesse angesprochen seien, die ihre Wirkung nicht verfehlen würden, so wenig diese vermutlich auch den bewussten Absichten der Kirche entsprachen. Auch Jung kannte Pohiers Erfahrung des Zerfalls, aber seine Analyse dieses *status corruptionis* unterschied sich erheblich von der des Franzosen. Pohier, der – nebenbei erwähnt – zugibt, kein »mystisches Talent« zu besitzen, wollte die Religion an die »aufgeklärten« Überzeugungen des modernen Menschen anpassen. Bei Jung verhält sich dies grundlegend anders. Er will zeigen, dass ein religiöses Bewusstsein fundamental in der »unaufgeklärten« Psyche verwurzelt sein muss. Gerade der Verlust dieser »dunklen« Erfahrung habe mit in den Zerfall geführt. Früher sei die Religion noch Teil des Unbewussten gewesen, gegenwärtig sei sie in erster Linie Teil des rational bewussten geistigen Rüstzeugs. Jung merkte, dass er als Arzt bei dieser unbewussten Religion Zuflucht suchen musste, wenn er den Kranken wieder zu sich selbst zurückführen und »ihn von all der geistigen ›Jauche‹ befreien wollte, mit der er vollgepumpt ist. Dann wird Raum für Phantasie entstehen, sodass sich die sichtbaren und verborgenen Talente entfalten können, der Kranke ausgeglichener wird und er dem Rat des griechischen Dichters folgen kann: ›Werde, der Du bist.‹«[5] Jung sieht demnach ebenso gut wie Pohier den Zerfall, ist sich jedoch viel deutlicher darüber im Klaren, was im aufgeklärten Westen tatsächlich geschieht. Gerade weil Religion nur noch als Teil des rationalen Bewusstseins beim zeitgenössischen Menschen eine Rolle spielt, ist er in eine Krise geraten. Wer sich der Religion lediglich vor dem Hintergrund rationaler Kategorien nähert, muss sie als überflüssige Illusion verwerfen, was Pohier dann auch tut, wenn er zum Beispiel die Auferstehung Jesu und das Jenseits schlichtweg verneint. Diese religiösen Erkenntnisse entstammen jedoch Jung zufolge nicht unserer bewussten Psyche. Sie sind »Produkte eines *vorbewußten Wissens, das sich wie immer und überall in Symbolen ausdrückt.* Wenn auch unser Verstand sie nicht erfaßt, so wirken sie doch, weil unser Unbewußtes sie als Ausdrücke universaler psychischer Tatbestände anerkennt. ... Jede Erweiterung und Verstärkung des rationalen Bewußtseins aber führt uns weiter weg von den Quellen der Symbole und verhindert durch dessen Übermacht das Verständnis letzterer. Das ist die heutige Situation. Man kann das Rad nicht zurückdrehen und das wieder krampfhaft glauben, ›von dem man weiß, daß es nicht ist‹. Man könnte sich aber davon Rechenschaft geben, was die Symbole eigentlich bedeuten. Auf diese Weise können nicht nur unvergleichliche Schätze unserer Kultur erhalten bleiben, sondern wir eröffnen uns auch wieder einen neuen Zugang zu alten Wahrheiten, die wegen der Fremdartigkeit ihrer Symbolik unserer Zeit entschwunden sind.«[6] Diese These Jungs wird den Inhalt dieses Buches in hohem Maße bestimmen.

Symbolisieren lernen

Nach der Jungschen Deutung des Begriffs entsteht Religion auf Grund von Symbolisierungsprozessen. Menschen das Symbolisieren beizubringen bedeutet, sie in das Geheimnis ihres Lebens einzuweihen. Mit einem klassischen Begriff nennen wir dies *Mystagogie.* Symbole offenbaren sich unserem Bewusstsein in Bildern, finden ihre Entstehung aber im Unbewussten, ja sie überbrücken eben gerade den Gegensatz zwischen Bewusstem und Unbewusstem. Diese der Imagination entsprungene Wirklichkeit fügt sich nicht in unsere rationalen Kategorien ein. Ein solches Bild ist nicht »wahr« oder »unwahr«. Man kann es nicht mit der Gewissheit betrachten, dass es entweder dies oder jenes aussagt, eine dritte Bedeutungsmöglichkeit jedoch ausgeschlossen sei. Das klassische *tertium non datur* geht hier nicht auf. Bilder lassen sich nicht in logische Schlüsse zwängen. Daher sind Imagination und Bild dem rationalen Bewusstsein auch stets verdächtig. Das Bild eignet sich nicht zur Konzeptualisierung, sondern zur Kontemplation, und es ist im Prinzip für unendlich viele Betrachtungsweisen offen, die aber der Ratio verborgen sind. Das Bild zeigt uns eine »verschleierte Wirklichkeit«.[7]

Die große Kraft des Symbols liegt in seinem Vermögen, die Welt des Bewussten und des Unbewussten zu *verbinden* (d.h. eben nicht zu *zersetzen, aufzulösen*). Jung stellt immer wieder fest, dass in unserer Zeit viele das Gefühl der »Ganzheit« verloren haben. Wir führen sie zwar beständig im Munde und »Holismus« wird dabei zu einer Art post-bürgerlichem Harmoniemodell, aber gerade *Gegensätze* als Einheit zu erfahren, davon sind wir weit entfernt. Wir ziehen es vor, unser Dasein in getrennte Schubladen einzuteilen, und der Inhalt der einen Lade hat mit dem der anderen nichts zu tun. Aber Licht und Dunkel, Gut und Böse, bewusst und unbewusst rufen einander gegenseitig hervor und halten sich im Gleichgewicht. Es geht hier, so Jung, um »die allgemeine seelische Erziehung des Europäers.«[8]

Die moderne Zeit ist durch einen kolossalen Bildersturm gekennzeichnet. »Jungfräuliche Geburt«, »Dreieinigkeit«, »Gottheit Christi«, »Auferstehung von den Toten«, all dies hat sich der menschlichen Vorstellungskraft entzogen. Es wurde von der Erfahrung des Menschen abgekoppelt und entweder als rational unsinnig abgetan oder irrational zu einem Dogma überhöht. So ist all das entweder gar nicht oder aber »wirklich« geschehen. Gerade in der Religion haben sich Rationalität und Einbildungskraft auseinander entwickelt. Jung erinnert sich in einem seiner Werke an den Konfirmandenunterricht, der dem Pastorensohn von seinem Vater erteilt wurde. »Der Katechismus langweilte mich unaussprechlich. Ich blätterte einmal in dem kleinen Büchlein, um irgendetwas Interessantes zu finden, und mein Blick fiel auf den Paragraphen über die Dreieinigkeit. Das interessierte mich, und ich erwartete mit Ungeduld, bis der Unterricht zu jenem Abschnitt vorrückte. Als nun die ersehnte Stunde kam, sagte mein Vater: »Diesen Abschnitt wollen wir überschlagen, ich begreife selber nichts davon.« Damit war meine letzte Hoffnung begraben. Ich bewunderte zwar die Ehrlichkeit meines Vaters, was mir aber über die Tatsache nicht hinweghalf, daß von da an alles religiöse Gerede mich tödlich langweilte.«[9]

Jungs Vater hatte eine typisch liberale, aufgeklärte theologische Ausbildung genossen, wie sie für das 19. Jahrhundert charakteristisch war, und noch bis ans Ende des 20. Jahrhunderts fortwirkt. Seine Anschauungen lasteten schwer auf seinem Gewissen, denn er hielt sich im Grunde seines Herzens für ungläubig, während er doch vorgab, seinen Gemeindemitgliedern im Glauben voranzugehen. Das Kind Jung zog sich in sein religiöses Inneres zurück, und es entstand eine tiefe Trennung zu dem, was äußerlich geglaubt wurde. Später sollte er immer wieder betonen, wie sehr sich für den modernen Menschen diese innere und äußere Dimension einander entfremdet haben. Der innere Mensch hat praktisch keine Fühlung mehr mit dem äußeren Religionsgeschehen. Viele Gläubige können ihren Glauben an religiöse Wahrheiten nur noch außerhalb von sich selbst projizieren. »Die christliche Kultur hat sich in erschreckendem Maße als hohl erwiesen: sie ist äußerliche Politur; der innere Mensch aber ist unberührt und darum unverändert geblieben. Der Zustand der Seele entspricht nicht dem äußerlich Geglaubten. Der Christ hat in seiner Seele mit der äußerlichen Entwicklung nicht Schritt gehalten. Ja, es steht äußerlich alles da in Bild und Wort, in Kirche und Bibel. *Aber es steht nicht innen.* ... Zu wenige haben es erfahren, dass die göttliche Gestalt innerstes Eigentum der Seele ist. Ein Christus ist ihnen nur außen begegnet, aber nie aus der eigenen Seele entgegengetreten; darum herrscht dort noch finsteres Heidentum, welches zum Teil mit nicht mehr zu leugnender Deutlichkeit, zum Teil in allzu fadenscheiniger Verhüllung die sog. christliche Kulturwelt überschwemmt. [Diese Gedanken wurden während des Zweiten Weltkriegs niedergeschrieben. TvdB] ... Solange die Religion nur Glaube und äußere Form und die religiöse Funktion nicht eine Erfahrung der eigenen Seele ist, so ist nichts Gründliches geschehen. Es muß noch verstanden werden, daß das ›mysterium magnum‹ nicht nur an sich vorhanden, sondern auch vornehmlich in der menschlichen Seele begründet ist. Wer das nicht aus eigener Erfahrung weiß, der mag ein Hochgelehrter der Theologie sein; aber von Religion hat er keine Ahnung und noch weniger von Menschenerziehung.«[10]

Diese tiefe Kluft hat – davon bin ich fest überzeugt – mit zu der »Zersetzung« geführt, die Pohier beklagt. Eine Religion, die nur auf der Grundlage eines Offenbarungsglaubens besteht und nicht in einem Erfahrungswissen verwurzelt ist, ist dem Zerfall geweiht.

An diesem Punkt muss allerdings festgehalten werden, dass gerade die katholische Kirche lange Zeit einen recht guten Blick für jenes Erfahrungswissen hatte. Dies war einer der Gründe für ihren großen Einfluss. Im vierten Kapitel gehe ich ausführlich darauf ein. Sie betrieb Seelsorge. Mit »Seele« meine ich hier die innere Instanz in einem Menschen, die sich dem Unbewussten zuwendet, oder anders formuliert: eine transzendentale Funktion besitzt. Die Kirche begleitete die Menschen in deren Beziehung zu ihrem undefinierbaren Geheimnis. Dies tat sie beispielsweise mit Hilfe ritueller Symbole, in denen Grunderfahrungen des Lebens als existentielles Drama aufgeführt wurden. Solche Mysterienspiele verliehen dem Leben Wachstum, erweiterten den Horizont und ermunterten zur Nächstenliebe.

Rituale machen spürbar, dass das eigene Mysterium viel weiter reicht als das eigene Erleben. Deshalb dürfen diese Rituale eben auch nicht in gelehrten (bzw. erlernten) Zeichen und theologischem Jargon erstarren. Die Dogmatisierung diese Symbole ist fatal und erstickt gerade das, worauf sie verweisen. Die Kirche brachte es fertig, eine echte Volkskirche zu sein. »Volkskirche« heißt hier, auf institutioneller Ebene einer großen Gruppe von Menschen als Gesamtheit auf ihrem konkreten Lebensweg emotionale Stabilität zu bieten, bedeutet auf der Ebene des direkt erfahrbaren Lebens zu kommunizieren und Menschen zu lehren, mit den Geheimnissen von Leben und Tod umzugehen. Dafür war eine Volkskirche offizieller Garant. Diese Volkskirche hat jedoch eine fatale Entwicklung durchgemacht: Volkskirchliche Inszenierungen, wie zum Beispiel auch der Sonntagsgottesdienst, die bis vor wenigen Jahrzehnten noch Ausdruck lebendiger religiöser Orientierung und Sehnsucht einer ganzen Lebensgemeinschaft waren, haben sich nach und nach zur einer Art folkloristischer Veranstaltung verwandelt. Sichtbar wird dies besonders an den Sakramenten der Kirchen. Wie oft werden Taufe oder kirchliche Trauung nicht deshalb gewünscht, weil man seiner religiösen Haltung damit Ausdruck gibt, sondern weil das »irgendwie dazugehört«? Es ist, als habe die Volkskirche selbst ihren lebendigen religiösen Kern verloren. Übriggeblieben ist eine leere, kraftlose Hülle toter Rituale und eine Kirche, die eher an eine Finanzbürokratie denn an eine geistbewegte Lebens- und Liebesgemeinschaft erinnert.[11]

Die offizielle Kirche weiß im Grunde kaum noch mit dem emotionalen/unbewussten Inneren des Menschen umzugehen, obwohl sie doch gerade dafür Sorge tragen sollte. Sie spricht nicht »von« Gott, sondern »über« Gott. Dass der, der aus Gott heraus spricht, gerade aus der menschlichen Seele heraus sprechen muss, hat die offizielle Kirche in ihrer Praxis größtenteils vergessen. In der Kirche wird häufig rational über eine irrationale Angelegenheit gesprochen. Dadurch haben sich viele Gläubige der Kirche entfremdet. Das Streben nach dem Unbewussten lässt sich jedoch nicht im Guten verdrängen, nur im Bösen. Es fordert seinen Tribut, bringt uns in Stress, macht uns geistig krank. Ringel und Kirchmayr, zwei österreichische Psychoanalytiker, haben beschrieben, welches Leid durch eine Erziehung entsteht, die eine Trennung zwischen dem unbewussten Seelenleben des Menschen und dem äußeren Gläubigsein zieht und dadurch bewirkt, dass ersteres verdrängt wird. Eine solche religiöse Erziehung führt zu Religionsverlust. Die Ganzheit bleibt also wieder einmal auf der Strecke. Der Umgang der Kirche mit ihren Gläubigen weist Parallelen zu einer Erziehungsmethode auf, mit der Eltern ihre Kinder neurotisch machen. Was in einem Kind wirklich nachhaltige Aggressionen hervorruft, ist eine besitzergreifende Liebe der Eltern, eine gefräßige Liebe, die fordert und erzwingt. Die Neurose entsteht immer aus einem Konflikt zwischen einem stark ausgebildeten Gewissen und bestimmten verbotenen Triebneigungen, die schließlich aggressive Züge annehmen. Eine solche Verdrängung führt zu Scheinlösungen, da weder Triebwünsche noch Gewissensforderungen vollständig befriedigt werden können.

Wenn man jedoch in den Augen der Kirche (die meistens die Augen des eigenen Gewissens geworden sind) versagt, wird dies als unvermeidliche Folge der eigenen Gleichgültigkeit, Schwäche und Sündhaftigkeit gedeutet. Glaube wird als ein Geschenk von oben, als göttliche Gnade betrachtet und gleichzeitig wird suggeriert, dass es der fehlenden Leidenschaft des Menschen zuzuschreiben sei, wenn er ungläubig wird.[12]

Hinabsteigen in das geheimnisvolle dunkle Wasser

Jung schlägt vor, dass der westliche Mensch anfangen sollte, *sich einzugestehen*, dass er in einer »geistigen Armut« angelangt ist, »die mit dem Fehlen von Symbolen einhergeht«, anstatt allerlei unreife Fluchtversuche zu exotischen, z.B. östlichen Kulturen zu unternehmen, um so seinen Bettlerkörper in ein königliches Gewand zu hüllen, dass ihm in Wirklichkeit nicht steht. »Wohl sind wir die rechtmäßigen Erben der christlichen Symbolik, aber dieses Erbe haben wir irgendwie vertan. Wir haben das Haus zerfallen lassen, das unsere Väter gebaut, und versuchen nun, in orientalische Paläste einzubrechen, die unsere Väter nie kannten. Wer die historischen Symbole verloren hat und sich mit »Ersatz« nicht begnügen kann, ist heute allerdings in einer schwierigen Lage: vor ihm gähnt das Nichts, vor dem man sich mit Angst abwendet. Schlimmer noch: das Vakuum füllt sich mit absurden politischen und sozialen Ideen, die sich allesamt durch eine geistige Öde auszeichnen.«[13]

Jung beobachtete besonders bei Theologen und Geistlichen, dass sie in ihren Träumen davor zurückschreckten, diesem gähnenden Nichts ins Auge zu blicken. »Ein protestantischer Theologe träumte öfters denselben Traum, er stehe an einem Abhang, unten liegt ein tiefes Tal und darin ein dunkler See. Er weiß im Traum, daß ihn bisher immer etwas abgehalten hatte, sich dem See zu nähern. Dieses Mal beschließt er nun, zum Wasser zu gehen. Wie er sich dem Ufer nähert, wird es dunkel und unheimlich, und plötzlich huscht ein Windstoß über die Fläche des Wassers. Da packt ihn eine panische Angst, und er erwacht.«

Jung kommentiert dies wie folgt: »Dieser Traum zeigt die natürliche Symbolik. Der Träumer steigt in seine eigene Tiefe hinunter, und der Weg führt ihn zum geheimnisvollen Wasser. Und hier geschieht das Wunder des Teiches von Bethesda: ein Engel kommt herunter und berührt das Wasser, welches dadurch Heilkraft erlangt. Im Traume ist es der Wind, das Pneuma, das weht, wo es will. Es bedarf des Heruntersteigens des Menschen zum Wasser, um das Wunder der Wasserbelebung hervorzurufen. Der Geisteshauch, der über das dunkle Wasser huscht, ist aber unheimlich, wie alles, dessen Ursache man nicht ist oder nicht kennt. Es wird damit eine unsichtbare Präsenz angedeutet, ein Numen, dem weder menschliche Erwartung noch willkürliche Machenschaft Leben verliehen hat. ... So hat jener Pneumahauch im Traume wieder einen Pastor, einen Hirten der Herde erschreckt, der zu nachtdunkler Zeit das Schilfufer des Wassers im tiefen Tale der Seele betrat.«[14]

Aus der christlichen Tradition weiß der Pastor natürlich sehr gut (unbewusst ohnehin, aber wahrscheinlich auch bewusst), was der Traum ihm zu tun vorschreibt. Er soll in das dunkle Wasser hinabsteigen, damit er neu geboren werden kann. Die Geschichte über das Badehaus Bethesda (Haus der Gnade) stammt, wie man weiß, aus dem Evangelium des Johannes (5,1-9), also jenes Evangelisten, der mehr als alle anderen mit Symbolen arbeitet. In dieser Geschichte kommt die jahrhundertealte Symbolik zum Ausdruck, in welcher der lebendig machende »männliche« Geist das »weibliche« Wasser berührt und ihm dadurch heilende, erlösende Kräfte verleiht. Johannes bettet in sein Evangelium eines der ältesten Symbole ein, die »Heilige Hochzeit« (*hieros gamos*). Ein Symbol, das schon auf der ersten Seite der Bibel auftaucht, wo geschrieben steht, dass der Geist Gottes über den Wassern schwebt (Gen 1,2). Johannes hat diese fruchtbare, schöpferische Wirkung »männlicher« und »weiblicher« Kräfte in dem Gespräch zwischen Nikodemus und Jesus vortrefflich in Worte gefasst. In einem seiner Hauptwerke, *Symbole der Wandlung*, beschäftigt sich Jung mehrfach mit dieser Geschichte, in der Jesus sich seiner Meinung nach als ein geistiger Erzieher par excellence präsentiert. Nikodemus, der in der Nacht zu ihm kommt, ist in vielerlei Hinsicht mit dem zuvor genannten Pfarrer zu vergleichen, der nachts von einem Traum heimgesucht wird. Jesus skizziert für Nikodemus die Möglichkeiten eines *symbolischen* Lebens und zeigt ihm, dass ein solches Leben immer wieder mit einer regressiven Phase beginnt, mit dem Abstieg in das Unbewusste, in das dunkle Wasser.[15] Wir können es den »Untergang der Seele« nennen. Wenn ein Mensch geistig geboren werden will, muss er, ebenso wie bei seiner körperlichen Geburt, zuerst wieder hinabsteigen in den Mutterleib. Das ist für Nikodemus ein Paradoxon: geboren werden als Rückkehr in den Mutterleib. Es stellt ein Dilemma für ihn dar, vor dem er zurückschreckt. Dies ist im Kern auch die tödliche Angst des Pfarrers als der Geist über das Wasser streicht. Nikodemus versteht nicht, dass Jesus auf eine symbolische Wirklichkeit abzielt, wenn er sagt: »wer nicht von oben her geboren wird, kann das Reich Gottes nicht schauen« (3,3). Der »aufgeklärte« Nikodemus versteht nicht, was Jesus meint. »Wie kann ein Mensch geboren werden, wenn er ein Greis ist? Kann er etwa zum zweitenmal in den Schoß seiner Mutter eingehen und geboren werden?« (3,4). Jesus ist erstaunt. »Du bist der Lehrer Israels und verstehst das nicht?« (3,10).

Das Unverständnis, dem Jesus hier begegnet ist klassisch. Eugen Drewermann erzählt in einem seiner Bücher den folgenden bezeichnenden Vorfall: »Nach einer Vorlesung kam ein Priester zu mir und sagte: ›Herr Drewermann, ich möchte Sie fragen: Glauben Sie an die Wunder Jesu?‹ Ich sage: ›Herr Confrater, sicher glaube ich an die Wunder Jesu.‹ ›Nein‹, sagt er, ›bei Ihnen will ich das genau wissen: Glauben Sie zum Beispiel, daß Jesus über das Wasser gegangen ist?‹ Ich sage: ›Ja, ich glaube, daß Jesus über das Wasser gegangen ist.‹ ›Nochmals frage ich‹, spricht er ›meinen Sie das wirklich oder symbolisch?‹ Dann sage ich: ›Jetzt weiß ich nicht mehr, wonach Sie fragen, denn ich glaube, daß die religiöse Wirklichkeit *nur* symbolisch ist. Es ist die einzige, die wirklich *wirkt.*‹«[16]

Das »Wasser«, vor dem Nikodemus und der Pfarrer sich so sehr fürchten, ist das Wasser, über das Jesus geht, gerade weil er in dieses Wasser abgestiegen ist. Jesus beschreibt für Nikodemus den *Symbolisierungsprozess*, der stattfinden muss. »Wahrlich, wahrlich, ich sage dir: Wer nicht aus Wasser und Geist geboren wird, kann nicht in das Reich Gottes eingehen. Was aus dem Fleisch geboren ist, ist Fleisch; was aus dem Geist geboren ist, ist Geist. Wundere Dich nicht darüber, dass ich zu dir sagte, ihr müsst von oben her geboren werden. Der Wind weht, wo er will, und du hörst sein Sausen; aber du weißt nicht, woher er kommt noch wohin er geht. So verhält es sich mit jedem, der aus dem Geist geboren ist.« (Joh 3,5-8). Dieser überall und nirgends anwesende, sausende Geist machte dem Pfarrer in seinem Traum solche Angst!

Jung zufolge sagt Jesus zu Nikodemus: »Denke nicht fleischlich, sonst bist du Fleisch, sondern denke symbolisch, dann bist du Geist. Es ist evident, wie erzieherisch und wie fördernd dieser Zwang zum Symbolischen ist: Nikodemus bliebe in platter Alltäglichkeit stecken, wenn es ihm nicht gelänge, symbolisch sich über seinen Konkretismus zu erheben. »

Das siebte Kapitel widme ich besonders Symbolen und Symbolisierungsprozessen. Hier möchte ich einstweilen betonen, dass »Symbol« nicht »Metapher« bedeutet. Ein Symbol steht nicht für etwas anderes, sondern ist selbst eine Wirklichkeit, eine Erfahrungswirklichkeit, die sich nicht anders als in Bildern ausdrücken kann. Die Bilder haben deshalb eine solche Suggestivkraft, weil ihnen eine urtypische Erfahrung zugrunde liegt.

Ein wissenschaftlich gebildeter Geist stößt sich an der Irrationalität und dem Irrealismus in Jesu Anweisungen. Er fasst sie wörtlich auf und muss sie folglich als etwas Unbegreifliches und Unmögliches zurückweisen. Die Anweisungen haben jedoch eine suggestive Bedeutung, »*weil sie symbolische Wahrheiten, die in der psychischen Struktur des Menschen begründet sind, aussprechen.*«[17]

Für Jesus handelt es sich hier um eine Erfahrungswahrheit. Das sagt er auch zu Nikodemus: »Was wir wissen, reden wir, und was wir gesehen haben, bezeugen wir. Ihr aber nehmt unser Zeugnis nicht an« (3,11). Jesus bezieht sich hier vermutlich auf die Erfahrung seiner eigenen Taufe, die Johannes im ersten Kapitel seines Evangeliums mit denselben Symbolen beschrieben hat. Der Täufer spricht aus, was er sah: »Ich sah den Geist herabsteigen wie eine Taube vom Himmel, und er blieb auf ihm. ... Und ich habe gesehen und bin Zeuge, dass dieser der Erwählte Gottes ist« (1,32 u. 34). Jesus ist selbst den Weg des Untergangs im Wasser gegangen und wurde als Kind Gottes wiedergeboren. Er fordert Nikodemus auf, ebenfalls Sohn des »männlichen« Geistes und des »weiblichen« Wassers zu werden. Er fordert ihn auf, die Schwelle vom Tod zum Leben zu überschreiten.

Eingeweiht werden: Der Übergang zu einem symbolischen Bewusstsein

Die Geschichte des Nikodemus handelt von Einweihung, von Initiation. In der Frühkirche feierte man mit der Taufe die geistige Wiedergeburt. Gemeinsam mit Christus starb der Täufling den Tod und erstand mit ihm wieder zum Leben. Mit einer solchen Zelebrierung dieser Mysterien war die Kirche ein Kind ihrer Zeit. Was Jesus Nikodemus vor Augen führt, war in den so genannten Mysterienkulten der Antike Gemeingut. In der hellenistischen Kultur hatten viele das Verlangen, persönlich in das Mysterium von Mensch und Kosmos eingeweiht zu werden. Es gab zahlreiche verschiedene Kulte, die zwar alle ihre eigenen Götter und Göttinnen kannten, aber viele gemeinsame Züge hatten.

Wollte man Mitglied einer solchen Gemeinschaft werden, so musste man sich zunächst einer Vorbereitungszeit und verschiedenen Prüfungen unterziehen. Nach diesem Läuterungsprozess fand schließlich eine feierliche Initiation statt, die Initiation in die Mysterien. Solche Zeremonien wurden vielerorts begangen. Der bekannteste Ort ist sicherlich Eleusis, eine kleine Stadt ungefähr 20 Kilometer außerhalb von Athen. Was während der Initiation dort tatsächlich geschah, wurde über die Jahrhunderte so gut geheimgehalten, dass wir uns mit den Andeutungen einiger heidnischer und christlicher Autoren begnügen müssen. Wahrscheinlich wurden die Mythen der betreffenden Götter erzählt, gesungen, vorgetragen oder rituell dargestellt. Manchmal wurde für die Initianden ein Schauspiel aufgeführt, z.B. die »Heilige Hochzeit« oder das »Heilige Opfer«. Den inhaltlichen Kern bildete jeweils das Herabsteigen in die dunkle Unterwelt (meistens fanden auch die Zeremonien in einer Höhle statt), um von dort aus ins Licht wieder aufzusteigen. Diverse Symbole versinnbildlichten diesen Weg vom Tod zum Leben und wiederholt spielten Götter und Göttinnen eine Rolle, deren Mythologie mit Sterben und Auferstehen in Zusammenhang standen.[18] Rund 150 Jahre vor unserer Zeitrechnung gab Apuleius von Madaura in seinem Märchenroman *Der Goldene Esel* (auch *Metamorphosen* genannt) eine klassische Beschreibung einer solchen Initiation:[19]

> »... und dann war auch schon der Tag des göttlichen Gelöbnisses da, und die Sonne sank und führte den Abend herauf. Und siehe, da kamen von allen Seiten die Gläubigen herbei, um mich nach altem, heiligen Brauch mit Ehrengaben zu bedenken. Dann zogen sich die Laien zurück, ich wurde in eine neues Leinengewand gehüllt, und der Priester ergriff meine Hand, um mich in das Innere des Heiligtums zu führen.
> Es mag sein, du wißbegieriger Leser, daß du gerne erfahren möchtest, was hier gesprochen und was getan wurde; ich würde es dir sagen, wenn ich es sagen dürfte; du würdest es erfahren, wenn du es erfahren dürftest. Doch Ohr und Zunge würden gleich schwere Sünden begehen, gottlose Geschwätzigkeit oder frivole Neugier. Aber im übrigen will ich dich, da dich vielleicht fromme Erwartung erfüllt, nicht länger auf die Folter spannen. So höre denn und glaube, was wahr ist! – *Ich nahte mich der Grenzscheide zwischen Leben und Tod und schritt über Proserpinas Schwelle, ich fuhr durch alle Elemente und kehrte zurück, ich erschaute um Mitternacht der Sonne weißes Licht, ich sah die Götter des*

Himmels und der Unterwelt von Angesicht zu Angesicht und verneigte mich vor ihnen. – Das ist es, was du nun wohl gehört hast, aber nicht ermessen kannst. So vernimm wenigstens, was ohne Sünde Uneingeweihten verkündet werden darf.«[20]

Apuleius gibt das Geheimnis des Mysteriums nicht preis! Ebenso wenig wie jeder andere antike Schriftsteller. In einem späteren Kapitel werden wir sehen, dass auch die Christen dies nicht taten. Die Katechese der Kirchenväter im vierten Jahrhundert folgt ebenfalls dem Prinzip, sich den Geheimnissen schweigend zu nähern. Seither ist »Mysterium« für uns gleichbedeutend mit »Geheimnis«.

Die Kirche der Kirchenväter passte die Initiation ihrer Mitglieder an die Initiationsriten an, die in den Mysterienreligionen der sie umgebenden Kultur gebräuchlich waren. Diese Oster-Mysterien wurden auch bei den Christen mit großer Geheimhaltung umgeben. Gerade die Katechumenen wurden während ihrer Vorbereitungszeit unwissend gehalten. Und obwohl die junge Kirche mit den großen Göttinnen schon bald kurzen Prozess machte, blieb die rituelle Praxis doch jahrhundertelang erfüllt von zahlreichen »weiblichen« und »männlichen« Symbolen und dadurch – auf jeden Fall unbewusst – bis in unser Jahrhundert hinein die »mystische Hochzeit« im Mittelpunkt.[21]

Initiation! Ich erinnere mich, vor ungefähr 15 Jahren in einem französischen Artikel gelesen zu haben, dass die Katechese zu allen Zeiten auf *Initiation* abgezielt habe, während sie in unserer Kultur in erster Linie *Information* bezweckt. Dieser Gedanke hat mich immer fasziniert. In unserer Kultur sind Initiationsrituale allem Anschein nach verschwunden, obwohl sie doch jahrhundertelang in allen fünf Erdteilen in großer Vielzahl anzutreffen waren! Der französische Autor sprach von einer problematischen Entwicklung. Eine weltweite Praxis setzt in unserer westlichen Kultur auf einmal aus. Hat es nicht den Anschein, als wäre die Kirche von einer esoterischen Gemeinschaft zu einer exoterischen Gesellschaft geworden? Natürlich entgeht uns nicht, dass in dieser Zeit wieder Tausende – die dabei die Kirche freilich links liegen lassen – auf der Suche nach esoterischer Weisheit sind und sich verschiedenen Gruppierungen anschließen, um dort eine echte Initiation zu erfahren. Ist dies ein Zeichen geistiger Gesundheit, in einer dekadenten Zeit oder gerade ein Zeichen von Dekadenz, wie sie in Zeiten eines Jahrhundertwechsels, und sicherlich bei einem Jahrtausendwechsel, immer wieder auftritt. Wir sehen Tausende, die an Kunstdarbietungen teilnehmen und andächtig, ja, weihevoll z.B. dem *Requiem* Mozarts lauschen oder sich in die spirituellen Hintergründe der »mystischen Hochzeit« der »männlichen« Vertikalen und »weiblichen« Horizontalen von Piet Mondriaan einfühlen. Ist dies eine elitäre, verfeinerte Form ästhetischen Genusses oder kommen viele postmoderne Menschen auf diese Weise wirklich (wieder) mit der sakralen Dimension der Wirklichkeit in Berührung? Ein meterhohes orangefarbenes Tuch mit der Aufschrift *Gebet ist Schönheit* hängt an der Rückseite des Rijksmuseums in Amsterdam. Der Titel wurde sorgfältig gewählt. In langen Schlangen defilieren die Besucher vor den Gegenständen der privaten Frömmigkeit des mittelalterlichen Menschen. Bis vor kurzem war es undenkbar, dass sich so viele für ein solches Thema interessieren würden. Menschen, die ich seit Jahr und Tag als Agnostiker kenne, drängen mich, diese Ausstellung zu besuchen. Und ebenso werde es Zeit, dass ich *Die Entdeckung des Himmels* von Harry Mulisch lese. Aber was genau weckt ihr Interesse? Sind es die echten Antennen für das Geistige, die in den kirchlichen Strukturen kaum noch etwas von spirituellem Wert empfangen? »Beten« diese Menschen, wenn sie in einem Museum Gegenstände »betrachten«, die im Mittelalter zur Frömmigkeit animierten? Gebet ist Schönheit! Spüren wir wieder, wie beispielsweise die Griechen, dass Schönheit unverbrüchlich mit der Wahrheit und dem Guten verbunden ist? Wahrheit als Dogma und das Gute als Moral herrschen zwar noch, aber der Schönheit entledigt, beherrschen sie uns auch und viele schütteln ihr Joch ab. »Schönheit wird die Welt retten!« lautet der berühmte Ausspruch Dostojewskis. Wird der moderne Mensch über das Schöne wieder in die spirituelle Wirklichkeit eingeweiht werden? Ein letztes Beispiel: Ich sehe viele Parallelen zwischen einer Gruppe von Menschen, die abends in einem Kino das projizierte Leben und Sterben ihrer Götter und Göttinnen mit erleiden und der Erfahrung des Apuleius, für den in Rom eine ähnliche Art Drama in einer dämmrigen Höhle aufgeführt wurde. Ist dies eine zeitgenössische Form der Initiation? Ich komme auf dieses Thema im letzten Kapitel noch ausführlich zurück.

Was ist Weizen, was ist Spreu bei Apuleius? Was ist wesentlich, was nebensächlich in seiner Geschichte? Ich halte hier kein Plädoyer für eine Wiedereinführung der alten Rituale als solche. Die Geschichte ist in dieser Hinsicht unumkehrbar, obwohl ich paradoxerweise gleichzeitig davon überzeugt bin, dass durch die gesamte Geschichte hindurch bestimmte Prozesse immer wiederkehren und zu allen Zeiten gehören, nicht zuletzt jene, welche die spirituelle Entwicklung eines Menschen betreffen. Immer noch erscheint es mir unzweifelhaft, dass ein Mensch auf die ein oder anderer Weise in das »Mysterium« seines Daseins eingeweiht werden muss.

Ich möchte hier ein recht langes Zitat des Mythologen Joseph Campbell (1904-1987) einfügen, der meiner Meinung nach in diesen Fragen große Autorität besitzt. In den zahlreichen Büchern, die er geschrieben hat, steht stets ein Thema im Mittelpunkt: der Mythos! Nun sind von jeher »Initiation« und »Mythos« sehr eng miteinander verbunden gewesen. Einerseits ist das Thema vieler (aller?) Mythen im Kern die Initiation, andererseits ist die Initiation oft (immer?) die Ritualisierung eines Mythos. Campbell weist uns wiederholt darauf hin, dass wir in eine Sackgasse laufen, wenn wir die jahrhundertealten Mythen aktualisieren wollen. Andererseits zeigt er aber auch, wie die christlichen Kirchen durch die Jahrhunderte ihre Existenzgrundlage gerade der Initiation in den Mythos entlehnten. Hier folgt zunächst das Zitat.

»Wo immer die Poesie des Mythos als Biographie, Geschichte oder Wissenschaft verstanden wird, stirbt sie ab. Aus den lebenden Bildern werden entlegene Fakten aus einer fernen Zeit oder einem fernen Himmelsstrich. Außerdem ist es niemals schwer, zu zeigen, daß der Mythos, als Wissenschaft oder Historie genommen, absurd ist. Wenn eine Zivilisation anfängt, ihre Mythologie in dieser Weise umzudeuten, weicht das Leben aus ihr, die Tempel werden zu Museen, und die Verbindung zwischen den beiden Perspektiven reißt ab. Solches Welken hat ohne Zweifel die Bibel und einen großen Teil des christlichen Kultus befallen.
Um die Bilder wieder zum Leben zu erwecken, hat man nicht interessante Anwendungsmöglichkeiten auf moderne Angelegenheiten zu suchen, sondern erleuchtende Hinweise aus der inspirierten Vergangenheit. Wenn solche gefunden werden, können weite Bereiche einer halbtoten Ikonographie wieder ihre ewige menschliche Bedeutung offenbaren. In der Karsamstagsliturgie der katholischen Kirche zum Beispiel legt der Priester nach der Weihe des neuen Feuers [Karsamstag ist der Tag zwischen Christi Tod und Auferstehung, der Tag, an dem er nach der Tradition im Bauch der Hölle verweilt...] und der Osterkerze und der Verlesung der zwölf Prophezeiungen ein purpurnes Gewand an und zieht mit seinen Ministranten und dem Klerus hinter dem Prozessionskreuz, dem Rauchfaß und der entzündeten Osterkerze zum Taufbrunnen, während das folgende Tractuslied gesungen wird: ›Wie der Hirsch sich sehnt nach dem sprudelnden Quell, so sehnt sich nach Dir, o Gott, meine Seele! ... An der Schwelle des Baptisteriums angelangt, bleibt der Priester stehen, um ein Gebet darzubringen, und tritt dann ein und segnet das Wasser des Brunnens: »es empfange heilende Kraft, und aus dem makellosen Mutterschoß des göttlichen Bornes werde eine neue Schöpfung geboren, steige ein himmlisches Geschlecht empor. Und mag Geschlecht, mag Alter sie scheiden, als Mutter gebäre die Gnade sie alle zu derselben einen Kindheit«. Er berührt das Wasser mit der Hand und betet, daß er von der Bosheit Satans gereinigt werde, macht das Kreuzzeichen darüber, teilt es dann mit der Hand und gießt davon nach den vier Himmelsrichtungen, haucht dreimal in Kreuzesform darüber und senkt dann die Os-

terkerze hinein und intoniert: »Es steige hinab in diesen vollen Born die Kraft des Heiligen Geistes.« Er zieht die Kerze heraus, senkt sie etwas tiefer hinein und wiederholt in etwas erhobenem Ton: »Es steige herab in diesen Born die Kraft des Heiligen Geistes.« Nochmals zieht er die Kerze heraus, senkt sie das drittemal hinein, bis zum Boden, und wiederholt in noch mehr erhobenem Ton: »Es steige herab in diesen Born die Kraft des Heiligen Geistes.« Dann bläst er dreimal über das Wasser und fährt fort: »Und befruchte die ganze Masse dieses Wassers, daß es die Wiedergeburt bewirke.« Dann nimmt er die Osterkerze aus dem Wasser, und nach einigen abschließenden Gebeten wird die Gemeinde mit dem geweihten Wasser besprengt.

Das weibliche Wasser, das vom männlichen Feuer des Heiligen Geistes übernatürlich befruchtet wird, ist das christliche Gegenstück zu dem Wasser der Verwandlung, das allen Systemen der mythischen Bilderwelt bekannt ist. Der Karsamstagsritus ist eine Variante der heiligen Hochzeit, der Quelle, die die Welt und den Menschen zeugt und wiederzeugt, das gleiche Mysterium, das der Lingam der Hindus symbolisiert. In diese Quelle zu steigen, bedeutet das Eintauchen in das mythische Bereich [sic], ihre Oberfläche zu durchschneiden das Überqueren der Schwelle zum Nachtmeer. Symbolisch macht das Kind die Reise, wenn das Wasser über seinen Kopf ausgegossen wird; sein Führer ist der Priester, seine Helfer die Paten. Sein Ziel ist ein Besuch bei den Eltern seines ewigen Selbst, dem Geist Gottes und dem Schoß der Gnade. Dann wird er den Eltern seines physischen Leibes zurückgegeben.

Kaum jemand von uns hat auch nur ein vages Verständnis vom Sinn des Taufrituals, das unsere Initiation in unsere Kirche war, obwohl er klar in Jesu Worten liegt: »Wahrlich, wahrlich, ich sage dir: Es sei denn, daß jemand von neuem geboren werde, kann er das Reich Gottes nicht sehen. Nikodemus spricht zu ihm: Wie kann ein Mensch geboren werden, wenn er alt ist? Kann er auch wiederum in seiner Mutter Leib gehen, und geboren werden? Jesus antwortete: Wahrlich, wahrlich, ich sage dir: Es sei denn, daß jemand geboren werde aus dem Wasser und Geist, so kann er nicht in das Reich Gottes kommen.« (Johannes 3,3-5)

Die volkstümliche Deutung der Taufe ist, daß sie »die Erbsünde abwäscht«, mit Betonung mehr der Reinigungsidee als der Wiedergeburt. Auch diese Deutung ist sekundär. Oder es wird, wenn das überkommene Bild der Geburt erinnert wird, nichts von der vorangehenden Hochzeit gesagt. Mythische Symbole müssen aber in all ihre Implikationen verfolgt werden, bevor sie das volle System der Beziehungen auftun, durch das sie, durch Analogie, das Abenteuer der Seele durch die Jahrtausende darstellen.«[22]

Es ist meine tiefe Überzeugung, dass die Kirche zweitausend Jahre lang gerade wegen dieser Rituale viele inspirieren konnte, sich jedoch, ängstlich auf die Bewachung ihrer offiziellen Lehre bedacht, deren Bedeutung und spiritueller Kraft im Laufe der Zeit immer weniger bewusst war. Dieses Ritual am Karsamstag, dass noch bis weit ins 20. Jahrhundert hinein stattfand, atmet denselben Geist wie bei Apuleius. Es gibt keinen grundlegenden Unterschied zwischen dem »weiblichen Wasser«, das der dunklen See Satans entzogen wird und dem Aufenthalt Proserpinas im Reich des Hades. Und so, wie Proserpina im Frühling auf die Erde hinaufsteigen wird (nachdem sie wie ein Getreidekorn im Winter gestorben ist!), widerfährt es dem Christen. Wer noch selbst in der Dunkelheit eines Karsamstags bei den Zeremonien anwesend war (ich persönlich war noch als Messdiener dabei!), hat erlebt, dass das Anzünden der Osterkerze der Erfahrung des Apuleius gleichkam, als die Sonne um Mitternacht aufging! (Niemand hat mir übrigens erzählt, dass ich die Frucht aus Wasser und Feuer sei. Ich erlebte mich eher als ein Kind der Erbsünde!)

So wertvoll diese Rituale auch waren, es scheint unmöglich, oder besser gesagt fruchtlos, ein solches Ritual zum Karsamstag einfach wieder einzuführen, womöglich nach dem Motto: es hat jahrhundertelang gut funktioniert, warum also nicht auch in unserer Zeit? In dem Moment, in dem man einen Mythos oder ein Symbol rational »kapiert«, hören sie auf, als solche zu existieren. Dann sind sie zu Zeichen geworden.

Dass hier keine passenden Anweisungen oder ein zeitgemäßer Lehrplan vorliegen, ist dennoch ein eher tröstlicher Gedanke. Offenbar treiben die Kräfte, die hier im Spiel sind, uns an und nicht umgekehrt! Aber gerade in unserer Zeit, in der alles beherrschbar und planbar erscheint (obwohl wir wissen, wie wenig das stimmt!) ängstigt uns dies auch. Worauf läuft »es« nur alles hinaus? Eine der wichtigen Lehren, die Campbell aus der Funktionsweise der Mythen zieht, ist, dass sie nicht manipuliert werden können. Ihm ist natürlich auch bewusst, dass unsere Kultur nach völlig anderen Prinzipien funktioniert als praktisch alle anderen der Vergangenheit, und dass dies zu fortwährenden Krisen geführt hat. Aber er behauptet eindringlich: »... Zerrissenheit in Seele und Gesellschaft [kann] weder durch restaurative noch durch utopistische Programme noch auch durch dickköpfig-realistische Arbeit, um die zerfallenen Elemente wieder zusammenzuschweißen, geheilt werden. *Nur Geburt kann den Tod überwinden – Geburt freilich nicht nochmals der alten Verhältnisse, sondern eines Neuen.* ... zur Falle werden dann Frieden und Krieg, Wechsel und Beharrung. Wenn unser Tag gekommen ist für den Sieg des Todes, kehrt der Tod ein, und wir können nichts tun als uns kreuzigen lassen, um wieder aufzuerstehen, uns zerstückeln lassen, um wieder geboren zu werden.«[23]

Es ist bemerkenswert, dass Campbell, der auf der einen Seite klar sieht, »... daß der uralte, zeitlose Kosmos der Symbole einstürzen mußte«[24], die Kriterien für das, was wir nun tun sollten sowie die Stadien, in denen dies geschehen soll, demselben Mythos entlehnt. Es sind offenbar zeitlose Symbole, die sich bemerkenswerter Weise in jeder Zeit wieder inkarnieren. Der Mythos »weiß« offenbar schon lange, dass wir letztendlich auch ohne ihn zurechtkommen müssen. Gerade das erzählt er uns! »Mein Gott, mein Gott, warum hast du mich verlassen?« Denn, was einerseits einzigartig, unvorhersagbar und gefährlich für uns ist, muss offenbar wie ein Standardrepertoire an Metamorphosen durchlaufen werden, und es handelt sich jedes Mal wieder um »...den vollen Kreis [den wir gehen], indem wir vom Grab des Schoßes zum Schoß des Grabes kommen, auf einer vieldeutigen und rätselhaften Einkehr in eine Welt fester Materie, die bald wieder von uns schmelzen soll wie der Stoff eines Traums.«[25]

Ein träumendes Bewusstsein als Ausgangspunkt

Ich werde in diesem Buch zeigen, wie sehr sich das Christentum in der Vergangenheit wiederholt bewusst oder unbewusst von Mythen inspirieren ließ. Aber so interessant und bedeutsam dies auch ist (der dogmatische Glaube hat offenbar in Wirklichkeit mythische Wurzeln!), es ist nicht das Wichtigste.

Wichtiger als dieser reflexive Umgang mit unserer Geschichte ist die Notwendigkeit, uns in unserer eigenen weltanschaulichen Erziehung über Symbolisierungsprozesse und Mythen-Bildung bewusst zu werden und uns dafür zu öffnen. Jung schreibt: »es geht nun einmal nicht darum, dass etwas *anders gesehen* wird, sondern dass man *anders sieht.*«[26]

Der Theologe und Psychologe Eugen Drewermann hat in einer Studie *Tiefenpsychologie und Exegese* auf faszinierende Weise dargestellt, was für ein Umschlag erfolgen muss, damit wir für religiöse Erfahrungen wieder aufgeschlossen sind. Ausgangspunkt ist auch für ihn, dass es hier um eine psychische Wirklichkeit geht. »Die großen Symbole in den imaginierenden Geschichten über die religiöse Überlieferung wurden nicht »erfunden«, um eine bestimmte theologische Aussage zu veranschaulichen – es handelt sich nicht um didaktische »Gleichnisse« – und noch viel weniger sind es »Ausdrucksmittel«, die rein von außen angenommen worden wären, um sich der Mentalität einer bestimmten Zeit oder bestimmten folkloristischen Vorstellungen anzupassen. Es sind vielmehr Bilder, die sich wie die Bilder eines Traumes zur Verarbeitung der Eindrücke des Lebens am Tage, *spontan aufdrängen*, um die psychische Wirklichkeit der äußeren Tatsachen wiederzugeben.«[27]

Aus diesem Verständnis gelangt Drewermann zu der ungewöhnlichen, aber meines Erachtens richtigen Schlussfolgerung: »die träumende Imagination, nicht das begriffliche Denken, bestimmt die Grunderfahrungen der Religion, und stets ist der Gedanke später und oberflächlicher als das Bild. Von den Traumbildern ist daher auszugehen, um die Bilder der Erlösung auch in der Bibel in ihrer bleibenden Gültigkeit von innen heraus zu verstehen.«[28]

Es ist zunächst gewöhnungsbedürftig, aber es ist ein konsequenter, einleuchtender Standpunkt: weltanschauliche Erziehung bedeutet in erster Linie, sich an den Menschen in seinem träumenden Bewusstsein zu wenden. Drewermann zeigt, dass Mythen, Märchen, Sagen, Legenden, Visionen, Parabeln, Wunder, Prophezeiungen und Gleichnisse erst aus und mit Hilfe von einem Traumbewusstsein zu fassen sind. In unserer Kultur sind zahlreiche andere Formen eines träumenden Bewusstseins zu finden, nicht zuletzt in der Welt der Künste. »Nicht die *Predigt* ist der eigentliche Ort des Religiösen, sondern das wortlose Erleben in Bildern in den tiefen Schichten der menschlichen Psyche, der *Traum*, bildet den Ausgangspunkt für das Verständnis der religiösen Überlieferung.«[29] Symbolisierungsprozesse sind ihrem tiefsten Wesen nach schauende, nicht verbale, mit Worten verbundene Prozesse. Hier geht es nicht um eine Unterrichtung von außen, sondern um die Evidenz des Schauens der Psyche von innen heraus. Das vorliegende Buch ist – auf den treffendsten Nenner gebracht – ein Plädoyer für dieses träumende Bewusstsein.

Es ist auffallend, dass in Drewermanns Charakterisierung dieser symbolisierenden Traumhaltung (analog zum physischen Traum im Schlaf) all die archetypischen Elemente wieder auftauchen, denen wir in diesem Kapitel bereits begegnet sind. Ich will hier einige kurz streifen: Der Traum beruht auf dem Phänomen der Regression. Wer schlafen will, sucht einen Zustand, der in vielem an den Ruhezustand des Fötus vor der Geburt erinnert. Jemand, der aufwacht, fühlt sich nach einem tiefen Schlaf wie »neugeboren«. Der regressive Charakter des Traumes bringt es mit sich, dass die Traumaktivität alle Merkmale einer Rücknahme des Wachbewusstseins hat. Man hat es mit einer Diskontinuität logischer Zusammenhänge zu tun, mit fragmentarischem Erleben, mit Analogiebildungen und Assoziationen, die Irrationalität ausdrücken. »Im Gegensatz zum bewussten Denken bilden sich die Gedanken und Vorstellungen im Traum nicht unter der Führung des Ich, sondern der Traum ist ein autonomer Prozess, dem das Ich als Zuschauer beiwohnt: die Bilder und Gedanken des Traumes begegnen dem Ich als in sich selbst eigenständige Gestalten mit einer mysteriösen Macht.«[30]

Wir stoßen hier auf die Psychodynamik des Unbewussten, die Dimension, vor der sich Jung zufolge das offizielle Christentum so fürchtet, von der die liberale Theologie keine Ahnung hat und vor der der Pfarrer in seinem Traum zurückschreckte. Es ist daher auch kein Zufall, dass diese Dynamik in einem Traum zum Ausdruck kam. Träumt die offizielle Kirche noch? Wagt sie es noch, Zuschauer der Bilder zu sein, die der Geist (von dem wir nicht wissen, woher er kommt, noch wohin er geht) autonom offenbart? Wagt der Christ, die Kontrolle durch das Ich preiszugeben?

Es geht mir in den folgenden Kapiteln nicht direkt um die Träume, die wir nachts haben, so wichtig sie auch sein mögen. Es geht mir darum, was Janet (der Lehrmeister von u.a. Freud und Jung) »abaissement du niveau mental« genannt hat. Es geht um die Senkung der Bewusstseinsschwelle insgesamt, um wieder mit dem Unbewussten Fühlung zu bekommen, denn unter anderem dort liegen die Wurzeln der Religion. Es geht darum, wie Apuleius sagte, die Schwelle in die Unterwelt Proserpinas zu überschreiten. Und schließlich geht es nicht um die Senkung der Bewusstseinsschwelle als Ziel an sich, sondern darum, von dort aus zu einem »rehaussement du niveau mental«, zu einer Erhöhung der Bewusstseinsebene zu gelangen, dass jedoch von anderer Art zu sein scheint, als das, welches wir aufzugeben wagen. Davon handelt das folgende Kapitel.

2. Der Aufstieg der Seele

Wir sollen heiter Raum um Raum durchschreiten,
An keinem wie an einer Heimat hängen,
Des Lebens Ruf an uns wird niemals enden …
Wohlan denn Herz, nimm Abschied und gesunde!
Hermann Hesse

Ein Kind, das in der Wiege liegt, hat bereits eine Jahrmillionen alte Entwicklung hinter sich. Es muss auf diesem Weg, zu werden, was es seinem Wesen nach ist, fortschreiten. In seiner Selbstverwirklichung folgt der Mensch einer Spur, die im Universum für ihn ausgelegt wurde und die ihm in unzähligen Mythen und Märchen veranschaulicht wird. Der Weg, den er zurücklegen wird, führt aus der Unschuld in die Schuld, aus der Schuld in die Verzweiflung und aus der Verzweiflung entweder in den Untergang oder in eine zweite Unschuld.

Ein Kosmos voller Sphären

In der *Bibliothèque Nationale* in Paris befindet sich ein anonymes, hermetisches Manuskript vom Ende des 12. Jahrhunderts mit einer bemerkenswerten Abbildung voller religionspädagogischer Implikationen. Im Hintergrund sieht man eine schematische Darstellung des Kosmos, wie sie im Mittelalter gang und gäbe war. Den Mittelpunkt des Universums bildet die Erde, ihrerseits umgeben von einer Vielzahl kreisförmiger Bahnen, die »Sphären« genannt werden. »Sphaira« ist das griechische Wort für Kugel. Die Sphären umgeben die Erde in Form glasartiger Kugeln. Es handelt sich um eine aufsteigende Hierarchie mehrerer Dimensionen, zunächst noch materieller Natur, dann stufenweise in geistige Räume übergehend. Pythagoras sah das gesamte Universum als ein energiegeladenes, spirituelles Bewusstsein, das sich allmählich in der Materie manifestiert. Die Sphären hatten ihre eigene »Klangfarbe« – für menschliche Augen und Ohren weder zu sehen noch zu hören –, die durch den Abstand (das Intervall) der Sphären zueinander sowie durch die Geschwindigkeit, mit der sie sich bewegten, bestimmt wurde. Dass die Sphären sich bewegten, leitete man aus den Bewegungen der Planeten ab, von

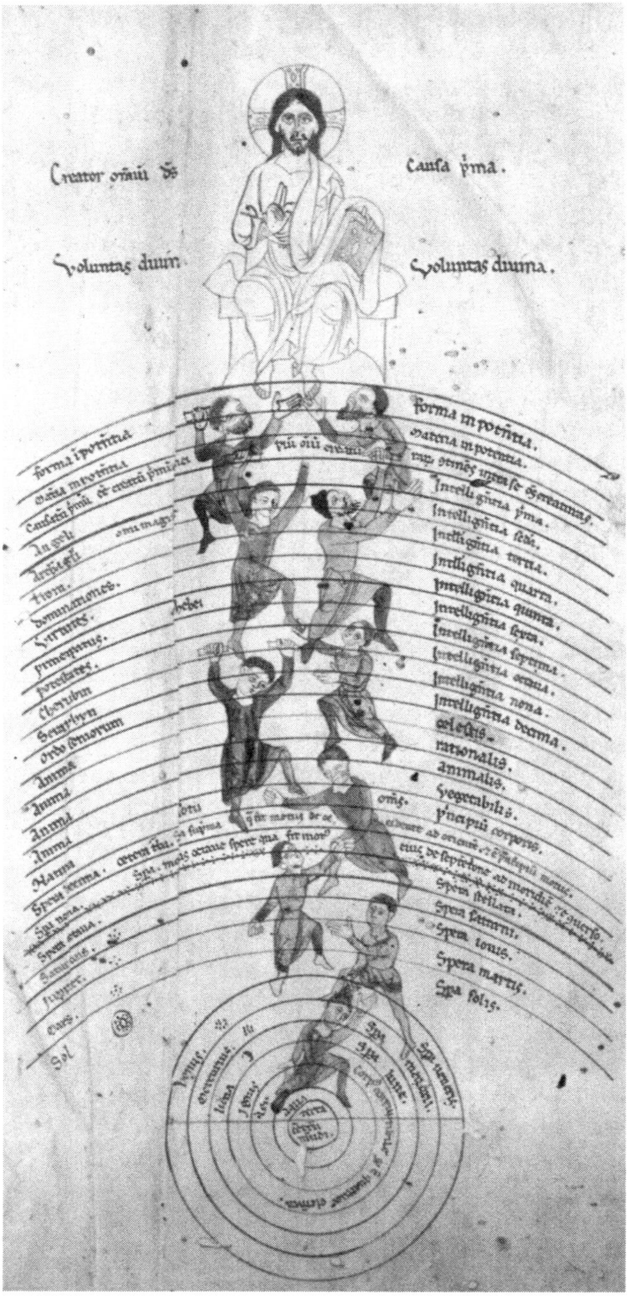
Voluntas diuina.
Spera saturni.
Spera iouis.
Spera martis.
Spera solis.

denen man annahm, dass sie jeweils an einer solchen Kugel befestigt waren. Dieses klangvolle Ganze nannte Pythagoras die »Sphärenharmonie«. Der Mensch wurde als Miniaturversion dieser Gesamtheit, als Mikrokosmos, betrachtet. Er sollte so leben, dass er mit diesen himmlischen Harmonien mitschwang. Tatsächlich projizierte der Mensch – unter Berücksichtigung der damals gültigen wissenschaftlichen Erkenntnisse – sein Verständnis von sich selbst auf einen Makrokosmos außerhalb von sich.

Über allen Sphären thronten die Götter – unberührt von jedweder atmosphärischen Veränderung. Im christlichen Mittelalter sind dies natürlich schon lange nicht mehr die Götter des Olymps, sondern Engel und Heilige in Gegenwart der Göttlichen Dreieinigkeit. Auf unserer Abbildung ist der göttliche Logos als Christus dargestellt. Dass wir es hier aber mit einer hermetischen Betrachtungsweise zu tun haben, geht schon aus der Tatsache hervor, dass der Herrscher nicht gänzlich über dem Kosmos thront. Seine Zehen reichen in die höchste Sphäre hinein! Eine hermetische Sentenz besagt, dass alles mit allem zusammenhängt und ganz gewiss das Göttliche mit dem Menschlichen!

Im Vordergrund sehen wir eine Reihe eindeutig aufsteigender, menschlicher Figuren – von der Erde bis hinauf zu den Füßen des Herrn des Universums. Diese Gestalten verkörpern die Seelen, die von einer Sphäre zur nächsten emporsteigen und sich unterwegs auf diversen Ebenen befinden können. Man kann diese Figuren jedoch auch als die verschiedenen Stadien einer einzigen Seele interpretieren, die diese bei ihrem Aufstieg durchläuft. Die »Reise der Seele durch die Himmelssphären« ist ein klassisches Thema in der Spiritualität des Mittelalters. Sie steht sowohl für den aufsteigenden Weg der Seele nach dem Tod als auch für den mystischen Weg, der im Laufe des irdischen Lebens zurückgelegt werden sollte. Meines Erachtens enthält die Art der Darstellung dieser Figuren – sowohl in ihrer Beziehung zueinander als auch vor dem Hintergrund eines Kosmos mit so zahlreichen Sphären – viele religionspädagogische Erkenntnisse.

Zunächst einmal liegt uns hier eine schematische Darstellung des Kosmos vor. Wir wissen natürlich, dass aus wissenschaftlicher Sicht davon nicht viel stimmt, aber darum geht es auch nicht. In tausend Jahren werden unsere wissenschaftlichen Erkenntnisse wahrscheinlich ebenfalls größtenteils überholt sein. Hier geht es um die Symbolik, die aus dieser Darstellung spricht, eine Symbolik, die aus dem Reichtum über Jahrhunderte gesammelter spiritueller Erfahrungen und Projektionen erwachsen ist. Der Philosoph und Theologe Max Wildiers zeigt in einem feinsinnigen Essay, welch großen Einfluss Metaphern auf eine Kultur ausüben. Das bestehende Wertesystem und das Weltbild hängen eng mit ihrer symbolischen Repräsentation zusammen. So führt er aus, dass im Mittelalter das Bild der »Leiter«, in der Renaissance das der »Schaubühne« und in der Moderne die Metapher der »Maschine« Furore machten und diese drei Kulturen bewusst, aber sicherlich auch unbewusst, dadurch geprägt wurden.[1]

Unsere Abbildung steht ganz im Zeichen einer hierarchischen Leiter. Zuerst muss der Mensch die Sphären passieren, die von den vier Elementen Erde, Wasser, Luft und Feuer bestimmt werden. Dies sind die Urelemente unseres fließenden, feurigen, luftigen und irdischen Daseins – Aspekte, die durch Ambiguität gekennzeichnet sind. Die Elemente können mit uns machen, was sie wollen, sie können uns nähren und zerstören: Das Feuer kann uns wärmen und verbrennen, mit Wasser löschen wir unseren Durst, können aber auch darin ertrinken, die Erde spendet Fruchtbarkeit, kann uns aber auch begraben, die Luft kann uns in Gestalt eines Sturms überfallen, versorgt uns jedoch andererseits mit Lebenshauch. Ein Mensch muss zunächst einmal diesen Elementen gewachsen sein.

Danach folgen die sieben Planetensphären, die jede wiederum ihre eigene positive und negative Charakteristik haben. Das Modell dieser sieben Sphären übernahm das Christentum als Ganzes aus der Antike. Im Mittelalter lag ihre Reihenfolge fest: Luna, Venus, Mercurius, Sol (wurde als Planet betrachtet), Mars, Jupiter und Saturnus. All diese Planeten symbolisierten typische menschliche Eigenschaften, wie die rege Geisteskraft (Merkur), die Macht des Instinkts (Venus) und den Mut (Mars).

Wenn schon die Übergänge von einer Sphäre zur anderen bedeutungsvoll sind, so sind die Fortschritte von einer Sphärengruppe zur nächsten von herausragender Wichtigkeit. Der Wechsel von der siebten in die achte Sphäre war solch ein entscheidender Schritt. Im achten Himmel gelangte die Seele in den paradiesischen Bereich. Es handelt sich um den Himmel der Sterne, »sphaera stellata«. In der berühmten hermetischen Schrift *Poimandres*, die zu Beginn unserer Zeitrechnung entstand, wird der Aufstieg der Seele in den kosmischen Sphären detailliert beschrieben. Zur achten Sphäre lesen wir dort Folgendes:

> »Und dann, befreit von den Wirksamkeiten der Himmelsharmonie, kommt er (der innere Mensch) in die achte Natur und hat (nur noch) sein eigenes (geistiges) Vermögen und besingt mit den (wahrhaft) Seienden den Vater. Es freuen sich aber alle, die dort sind, über sein Kommen; und nachdem er denen, zu denen er nun gehört, gleich geworden ist, hört er

auch noch andere Kräfte, die sich oberhalb der achten Natur befinden, und mit süßer Stimme Gott besingen. Und dann steigen sie in geordnetem Zuge zum Vater auf und übergeben sich selbst den Kräften und, zu Kräften geworden, gehen sie in Gott ein.«[2]

Lukas meinte dieses Paradies als er Jesus am Kreuz zu dem einen mit ihm gekreuzigten Verbrecher sagen ließ: »Heute (noch) wirst Du mit mir im Paradiese sein« (23,43). Die neunte und zehnte Sphäre markierten in vielen Modellen die äußersten Grenzen des Kosmos. In unserer Abbildung sind es die Sphären, die buchstäblich »von Nord bis Süd« und »von West bis Ost« den gesamten Kosmos in Bewegung setzen und halten. Die neunte Sphäre bringt die achte, die des Sternenhimmels, in Bewegung, und die zehnte enthält das Prinzip aller Bewegung, das »principium motus«. Nach der zehnten Sphäre muss auf dem Weg zum göttlichen Pleroma erneut eine entscheidende Grenze überschritten werden.

In seinem zweiten Brief an die Korinther (12,2-4) zeigt Paulus, wie gut er selbst mit dieser hermetischen Vorstellung vertraut war, wenn er davon erzählt, dass er ins Paradies geführt wurde. »Ich kenne einen Menschen in Christus, der vor vierzehn Jahren – ob im Leibe, das weiß ich nicht, oder außer dem Leibe, das weiß ich nicht, Gott weiß es – bis zum dritten Himmel entrückt wurde und unsagbare Worte vernahm, die einem Menschen auszusprechen versagt sind.«[3] Der Ausdruck »entrückt sein, in Ekstase geraten« entstammt diesem Kontext. Die Erfahrung selbst lässt sich nicht in Worte fassen. Es ist ihm sogar verboten, davon zu sprechen. Es handelt sich um ein hermetisches Geschehnis. Woran Paulus sich nicht mehr erinnerte, was sich jedoch auf der Darstellung ohne weiteres erkennen lässt, ist, dass der Mensch sich bis einschließlich zur zehnten Sphäre immer noch »im Leibe« befindet. Die elfte Sphäre umschließt alle darunter liegenden Sphären und bildet deren Prinzip, das »principium corporis«, das alles Materielle einschließt.

Erst danach folgen die Sphären der »Seele«, vier an der Zahl. Der Körper wird offenbar auf vier Arten beseelt: pflanzlich, tierisch, rational und himmlisch. Die pflanzliche Seele steht der materiellen Dimension noch ganz nah, aber über die tierische, die rationale und schließlich die himmlische Sphäre rückt der Mensch in die rein geistigen Sphären hinauf. Von jeher wird betont, dass der Mensch aus drei Dimensionen bestehe: Körper, Seele und Geist. Die Seele bildet die Brücke zwischen Körper und Geist.

Wenn der Mensch in den höheren geistigen Sphären angelangt ist, ist er auf unserer Abbildung »alt« geworden. Er hat dann, so steht es dort geschrieben, den »ordo seniorum« erreicht, ist in die Reihen der »Älteren« aufgenommen worden. Es handelt sich um die Sphären der Kräfte, von denen im *Poimandres* die Rede ist. Thomas von Aquin hat die Kräfte der heidnischen, hermetischen Gnosis zwar übernommen, aber er hat sie verwandelt in die Engelchöre. Wo Platon die Sphären mit Sirenen bevölkerte, lässt Thomas die unteren Sphären von engelartigen Wesen regieren. Engel waren in seiner Vorstellung reine, personale Geister. In unserer Abbildung ist an dieser Stelle von entsprechend vielen Formen von »intelligentia« die Rede. Diese »intelligentia« besitzt auch der Mensch, jedoch immer in Verbindung mit einer »anima« und einem »corpus«.[4] Thomas hatte diese Hierarchie der Engel bei dem großen Mystiker des ausgehenden 5. Jahrhunderts, bei Pseudo-Dionysos, entlehnt. Dieser teilte neun Engelchöre in drei Gruppen ein und verband jeweils drei Chöre mit einer der Personen der Dreifaltigkeit. Mit dem Vater die drei höchsten: Seraphim, Cherubim und Throne, mit dem Sohn die Herrschaften, Kräfte und Mächte und mit dem Geist die Fürstentümer, Erzengel und Engel. Der Hermetiker, der unsere Abbildung angefertigt hat, stellt jedoch ganz entgegen der üblichen Darstellungsweise die Seraphim nach unten und steigt von dort aus zu den Engeln auf! Dies hat wahrscheinlich folgenden Grund: Im 12. Jahrhundert entwickelte Joachim von Fiore (geboren 1130) eine Philosophie der geistigen Entwicklung des Menschen und der Geschichte, die bis zum heutigen Tag in säkularen wie auch in spirituellen Bereichen fortwirkt. Er ging davon aus, dass alle weltanschaulichen Entwicklungen ternär seien, d.h., in drei Phasen verliefen. Joachim nannte das Alte Testament das Zeitalter des Vaters (des materiellen Menschen), das Neue Testament das Zeitalter des Sohnes (des gläubigen Menschen) und das dritte Zeitalter das des Geistes (des spirituellen Menschen). Der Zeichner kannte offenbar dieses Geschichts- und Menschenbild. Womöglich wurde unsere Abbildung sogar angefertigt, um diese veränderte Vorstellung darzustellen. Er stellt die Seraphim nach unten, d.h. er beginnt mit dem Zeitalter des Vaters und steigt auf bis zu den Engeln des Geistes. Gioacchino bezieht sich für das dritte Zeitalter eindeutig auf den Engel aus der *Apokalypse*, Kapitel 14, der eine *ewige Heilsbotschaft* verkündet, die den Glauben der Schrift übersteigt.

Oberhalb der »intelligentia« befinden sich die drei höchsten, »ursprünglichsten« Sphären. Da gibt es zuerst »das Prinzip, das alle Geschöpfe in sich enthält« und darüber die Ursphären der reinen männlichen »forma« und der weiblichen »materia« – die beiden vollkommenen Mächte, die allen darunter liegenden Sphären Leben verleihen. Im vorigen Kapitel habe ich auf die essentielle Bedeutung der männlich-weiblichen Konjunktion hingewiesen, die immer wieder am Anfang von Schöpfung und Erlösung steht. Dieses androgyne Prinzip wird noch klarer, wenn wir die über allem thronende Logos-Figur näher betrachten. Über den Logos schreibt Johannes in seinem Evangelium: »Im Anfang war es [das Wort] bei Gott. Alles ist durch das Wort geworden, und ohne das Wort ist nichts geworden, was geworden ist« (1,2-3). Der Logos ist aus Gott geboren, ja, ist Gott! Und diese Geburt ist hinter der sitzenden Figur sogar aufgeschrieben. Ganz oben steht »Schöpfer von allem, Gott« und »erste Ursache«, und darunter »göttlicher Wille«. Für den in der Hermetik nicht geschulten Leser sind dies vermutlich zwei ähnliche Wendungen, die er ungefähr in diesem Sinne deutet: Gott schuf aus seinem göttlichen Willen heraus den Logos. Wir haben es hier jedoch mit einer Geburt infolge einer »Heiligen Hochzeit« zu tun. Denn mit »göttlichem Willen« ist in dieser Betrachtungsweise immer das weibliche göttliche Prinzip gemeint. Im *Poimandres* lesen wir: »Wem verdanken die Elemente der Natur ihr Dasein«, fragte ich. Er antwortete darauf wieder: *Der Willenstat Gottes, die das Wort in ihrem Schoß empfangen hat* und auf den schönen geistigen Kosmos sehend, diesen nachgebildet hat.« Ich frage: »Woher kamen nun die Elemente der Natur?« Jener entgegnete darauf: »Nach Gottes Willen hat die Natur den Logos empfangen, den schönen Kosmos gesehen und ihn nachgeahmt, und so wurde sie zu einem Kosmos durch ihre eigenen Elemente und Seelen, die aus ihr hervorgingen. *Der Geist, Gott der mannweiblich und der Leben und Licht ist, gebar durch das Wort einen zweiten Geist,* den Demiurgen, der als Gott des Feuers und Pneumas eine Art von Verwaltern, sieben an der Zahl, schuf, die in Kreisen den sichtbaren Kosmos umgeben; und ihre Verwaltungstätigkeit wird Schicksal (heimarmenä) genannt. Es sprang aber sofort der göttliche Logos von den unteren Elementen hinauf zu der reinen Schöpfung der Natur und vereinigte sich mit dem demiurgischen Geist denn er war von gleichem Sein ...«[5] Männliche und weibliche göttliche Kräfte bringen den *androgynen* Logos hervor, der seinerseits mit Hilfe von forma und materia den gesamten Kosmos erschafft.

Die ersten Christen sahen in Jesus den Prototyp eines Menschen, der diese Sphären durchschritten hat. Ich zitiere Paulus in seinem Brief an die Epheser 1,20-22: Er erklärt den Gläubigen, sie sollen ihre Kraft und Stärke aus dem schöpfen, was der Vater mit Jesus getan hat, »den er von den Toten auferweckt und zu seiner Rechten erhoben hat, hoch über alle Fürsten und Gewalten, Mächte und Herrschaften und über jeden Namen, der ... genannt wird. Alles hat er ihm zu Füßen gelegt und ihn, der als Haupt alles überragt über [alles] gesetzt.« Auch diese Situation wird auf der Abbildung dargestellt. Jesus hat bei seiner Himmelfahrt all jene überirdischen Sphären durchlaufen, ebenso wie er bei seiner Höllenfahrt in alle unterirdischen Sphären hinabgestiegen ist. Johannes vergegenwärtigt sich jedoch am Anfang seines Evangeliums, dass zunächst einmal, bei Jesu Geburt, der göttliche Logos aus dem göttlichen Pleroma auf Jesus herabgekommen ist.

Der Mystiker Ruusbroec (gestorben 1381) weiß (ebenso wie viele andere Mystiker), dass wir unsererseits ebenfalls diesen Weg gehen müssen. Er hat in diesem Zusammenhang das Symbol der himmlischen Leiter gebraucht, um zu erläutern, was er unter geistiger Entwicklung verstand. Im folgenden Zitat integriert Ruusbroec das alte hermetische Gedankengut hervorragend in den christlichen Glauben:

»Wenn du mit deinem Verstand von der Erde hinaufsteigen willst zum höchsten Himmel, dann musst du alle Elemente und alle Himmel, die dazwischen liegen, überschreiten, damit du Gott mit deinem Glauben in seinem Reich findest; und ebenso, aber in einer erhöhten Weise, musst du, *wenn du über den Glauben hinaus*, in das höchste deiner Wesensart *aufsteigen willst*, welches ein verborgener Himmel ist, (zunächst einmal) von außen mit allen guten Werken und von innen mit Tugenden und heiligen Übungen geschmückt sein und (anschließend) deine Sinne und deine ganze Vorstellungskraft und alle materiellen und veränderlichen Bilder, alle Formen und Begriffe und alle Betrachtungsweisen überschreiten. Erst dann kannst du emporgehoben werden in einen nicht eingebildeten, reinen Anblick, in göttliches Licht, so dass du das Reich Gottes und Gott in seinem Reiche schauen kannst.«[6]

Wir werden in einem späteren Kapitel sehen, dass Ruusbroec hier aus einer nachweislich christlichen Tradition schöpft, die davon ausgeht, dass der Mensch *über den Glauben hinaus* emporsteigen muss. Der Mystiker braucht in diesem Stadium auch nicht mehr an das göttliche Mysterium zu glauben, denn er erfährt es!

Reise der Seele durch die Himmelssphären

Sehen wir nun einmal die Figuren auf der Abbildung näher an, die auf der kosmischen Leiter aufsteigen. Zunächst stellen wir fest, dass das weltanschauliche Wachstum eines Menschen offenbar in gewisser Weise parallel zur Entwicklung der Struktur der Wirklichkeit verläuft. Dies ist wieder ein ausgesprochen hermetischer Gedanke. Ein Mensch, der »seiner« Natur folgt, folgt »der« Natur und umgekehrt. Onto- und Phylogenese sind in einem Menschen eng miteinander verwandt. Es ist bekannt, dass ein Fötus in der Gebärmutter in kürzester Zeit die verschiedenen

Stadien der gesamten Evolution von Jahrmillionen durchläuft. Mit der geistigen Entwicklung, die ein Mensch durchläuft, verhält es sich offenbar nicht anders. Jacob Needleman schreibt: »Die Evolution des Bewusstseins ist sowohl eine kosmische Tatsache als auch eine menschliche Möglichkeit. Darum ist die Entwicklung des menschlichen Seins im elementaren Sinne dazu bestimmt, einer ›Spur‹ zu folgen, die in der Art der Wirklichkeit schon für ihn markiert ist.«[7]

Als nächstes bemerken wir, dass Leben im spirituellen Sinne offenbar bedeutet, einen Weg zurückzulegen, einen Prozess zu durchleben, verschiedene Stadien zu durchlaufen. Ein Mensch ist ein Wesen, das im Werden begriffen ist. Er befindet sich immer in *einer bestimmten* Sphäre, nicht mehr und noch nicht in einer *anderen*! Vor diesem Hintergrund wäre es vollkommen lächerlich, das Innere eines Menschen als eine statische, unveränderliche Größe zu betrachten. Unsere Seele wird geboren und ist anfangs noch jung (im unteren Bereich sind noch eindeutig bartlose Jungen zu sehen), aber am Ende ihres Daseins hat die Seele einen »Bart«! Sie ist dann im »ordo seniorum« angelangt. Unsere Seele lebt in ihrer Kindheit noch von Milchbrocken und ist erst viel später soweit, feste Nahrung zu sich zu nehmen. Es wäre unmöglich, aber auch töricht, seine Flügel in Richtung eines Seraphim ausbreiten zu wollen, solange man noch mit Cupido-Stummelflügeln »in Venus« umherfliegt. In den 50-er Jahren des vergangenen Jahrhunderts wurde in Frankreich ein großer Katechet von seinem Bischof des Amtes enthoben, weil er geschrieben hatte, dass der Mensch eine Glaubens*entwicklung* durchmache. Das konnte nicht stimmen. Sobald man getauft war, und zwar gleich in der Wiege, war man ex opere operato bereits im Paradies, wenn nicht gar von göttlichem Pleroma erfüllt.

Was nun die Figuren selbst angeht, so fällt zunächst einmal ins Auge, dass keine der Seelen ganz von selbst aufsteigt. Natürlich wirkt offenbar in allen eine aufwärtsstrebende Kraft, aber daneben müssen alle auch selbst einen Beitrag leisten, um hinaufzukommen. Einige finden Hilfe bei anderen, andere betätigen sich sportlich (die Leiter!), niemandem gelingt es ohne weiteres. Wir haben es hier mit einer pädagogischen Situation zu tun: Auf dem Weg zum geistigen Erwachsenwerden wird Hilfestellung geleistet. Diese Seelen engagieren sich auf die verschiedensten Weisen. Manchmal müssen sie an den Haaren nach oben gezogen werden! Dies geschieht bei der ersten Gestalt ganz unten. Sicher, sie hebt seine Hand zum Zeichen, dass sie nach oben möchte (das ist offenbar wichtig), aber sie fühlt sich unsanft gezogen. Gerade die erste Erfahrung geistiger Bewusstwerdung ist häufig dadurch gekennzeichnet, dass man an den Haaren zu ihr hingezogen wird. Sprach Paulus nicht auch von

»entrückt« werden? Die zweite Figur hat gerade mit ihrer linken Hand Figur 3 losgelassen (ich nummeriere immer von rechts nach links in »aufsteigender« Linie), die ihrerseits von Figur 4 an der Hand nach oben gezogen wird. Dieser vierten Figur gilt meine besondere Sympathie. Sie ist in dieser ganzen Reihe der »Pädagoge« par excellence. Er bietet seinen Kopf als Stütze für Figur 6, gibt Figur 5 mit seinem Arm einen letzten Schubs und hat noch Augen für Figur Nummer 3 unter ihm, die er hinaufzieht. In einem Kontext, in dem jeder nach oben strebt, ist es außergewöhnlich selbstlos, wenn jemand seinen Blick nach unten richtet! Sicher, Figur 5, 6 und 7 gehen danach aus eigener Kraft weiter (mit Hilfe der Leitersprossen!), aber dass sie soweit gekommen sind, haben sie auch diesem »Lehrmeister« zu verdanken. Ist es ein Zufall, dass gerade er an dem entscheidenden Übergang vom Körper zur Seele steht? Die Figuren, die rechts aufsteigen, brauchen übrigens alle immer noch die Hilfe anderer. Figur 6 ergreift den Fuß von Nummer 7, und sogar Figur 8 (schon so weit in höheren Sphären angelangt!) ergreift noch die Hand von Figur 10, die die Füße des Herrn berührt. Sie alle sind Glieder einer Kette, angezogen von dem großen »Magnetiseur«, dem kosmischen Christus.

Hier wird demonstriert, dass geistiges Bewusstsein mit einer geistigen Entwicklung gleichzusetzen ist und dass es sich dabei um eine mühsame Reise handelt. In dem Text auf der Abbildung ist wörtlich die Rede von verschiedenen Initiationsgraden. Bei der Figur ganz oben links steht »o mi magister«, »Oh, mein Meister«, bei der Figur darunter »ephebi«, also »Jünglinge«. Die mittlere Gruppe wird »socii omnes«, »alle Gesellen« genannt, und bei den unteren Figuren steht »cetera turba«, »die übrige Menge«. Ein Mensch schreitet von einem Raum in den nächsten, und jeder verlangt einen Übergangsritus. Dies bringt Krisen mit sich, in denen wir nur zum Teil auf unsere eigenen Kräfte vertrauen können. Das Kind, das geboren werden soll, muss offenbar auch »geholt« werden, man muss ihm eine Hand reichen.

Zugleich wird hier jedoch auch gezeigt, dass, wenn man soweit ist, einen bestimmten Übergang zu vollziehen, offenbar auch Kräfte anwesend sind, die diesen Übergang unterstützen, die uns hilfsbereit auf die andere Seite ziehen. Needleman, der diese Abbildung kennt, hat das pädagogische Kraftfeld treffend umschrieben: »Wenn dies ein Universum des bewussten Gesetzes ist, das alle Wesen, die angezogen werden wollen, nach oben zieht, und schließlich sogar die, die nicht suchen, sondern nur suchen *wollen*; wenn dies ein solches Universum ist, und wenn unsere Erde Teil dieses Universums ist, wie sollte ich mir dann nicht einbilden, dass überall um mich herum die helfenden Kräfte bereitstehen, um mich blindlings an meiner Hand nach oben zu ziehen. … Man hat gesagt:

»Wenn der Schüler bereit ist, erscheint der Lehrer.« Wie könnten wir das nun als etwas anderes betrachten als ein kosmisches Gesetz, das beinhaltet, dass die äußeren Umstände, die durch die menschliche Geschichte geschaffen werden, niemals Hindernisse darstellen können?«[8]

Eine weltanschauliche Erziehung mit Hilfe der Sphären

In den vergangenen Jahrzehnten wurde immer wieder darauf hingewiesen, dass ein religionspädagogischer Ansatz unbedingt dem Horizont des Gegenübers Rechnung tragen müsse, der »Sphäre«, in der der Mensch sich befindet. Man dürfe keinesfalls übersehen, dass der Mensch ein Wesen sei, dass sich entwickelt. Es gälte, ihn in das Geheimnis der verschiedenen Sphären einzuweihen, kurz, es gehe um Mystagogie.

Für diese Überzeugung musste an zwei Fronten gekämpft werden. Auf der einen Seite stand ein theologischer Ansatz, der sich unmittelbar mit abstrakten Glaubenssätzen beschäftigte, die sich angeblich direkt auf unsere Glaubensinhalte bezogen, Spekulationen, die unvermittelt Gott, Christus und das Absolute im Auge hatten (ohne die jeweiligen »Sphären« zu berücksichtigen). Dabei sind dem Hermetiker zufolge achtundzwanzig Übergänge zu bestreiten, bevor wir Gottes Fußsohlen berühren dürfen! Und auf der anderen Seite musste ein Kampf gegen eine Form der Katechese geführt werden, die pragmatisch, säkularisiert und »aufgeklärt« empirisch war, die wertfrei präsentiert werden sollte wie ein Fachgebiet, bar jeder Spiritualität. Kein »Hokuspokus«! Eine No-nonsense-Mentalität.

Es klingt möglicherweise paradox, aber wenn es eine weltanschauliche Strömung gibt, die nicht nebulös ist, dann ist es die hermetische. Denn die Hermetik hat einen sehr kräftigen irdischen Nährboden, weil sie besser als jede andere weiß, dass der Baum erst dann mit seiner Krone in den Wolken wohnen wird, wenn er in der Erde fest verwurzelt ist. Zunächst einmal sind wir Kinder von Erde, Wasser, Luft und Feuer. Wir könnten die gesamte weltanschauliche Erziehung unserer Kinder auf diese Urelemente abstimmen. Wir müssen »elementar« beginnen. Man kann ein Kindergartenkind buchstäblich mit diesen Elementen »spielen« lassen und man wäre erstaunt, wenn man im fortgeschrittenen Alter auf diesem Weg kreativ weitergehen würden. Der französische Schriftsteller Yourcenar schreibt: »Ich bin der Meinung, dass sehr einfache Grundübungen notwendig sind, wenn ein Kind lernt, dass es im Schoß des

Universums existiert, auf einem Planeten, der Ressourcen bereithält, mit denen es später vorsichtig umgehen muss; dass es von Luft, Wasser und allen Lebewesen abhängig ist, und dass der kleinste Fehler oder die geringste Gewalt die Gefahr in sich birgt, alles zu zerstören.«[9] Selbstverständlich wirken diese Elemente auch als *Symbole* in unserer Kultur fort, zum Beispiel in der Kunst und in der Religion. Aber wir müssen darauf achten, nicht zu früh vom normalem Wasser zum Taufwasser zu springen. Wir müssen zuerst dieses »elementare« Leben wirklich leben, wenn es zur Symbolbildung dienen soll.

Dann folgen natürlich weitere Sphären, die ebenso notwendig sind und alle ihre eigene besondere Bedeutung haben. So wird ein Mensch im Laufe einer normalen Entwicklung automatisch in die Sphären von Venus und Mars gelangen. Geben wir unseren Schülern in den weltanschaulichen Lektionen wohl die Gelegenheit, ihre »Venus«-Erfahrungen zu machen, daraus ihre Lehren zu ziehen und daran zu wachsen? Ich erinnere mich daran, wie ich vor knapp 20 Jahren einen Studenten in seinem Katechese-Praktikum betreute und hinten in der Klasse meinen Stuhl zu einem 14-jährigen Mädchen herüberschob. Sie langweilte sich schrecklich in der Unterrichtsstunde über *Tobias.* Ich sagte zu ihr: »Das interessiert Dich nicht besonders, oder?« »Ich finde es stinklangweilig«, war die Antwort. Als ich sie fragte, wofür sie sich denn interessiere, antwortete sie: »Für Knutschen und Pils.« Instinktiv antwortete ich: »Das ist kein Stoff für den Katechismus.« Aber das war ein schwerer Irrtum. Für den Aufstieg der Seele ist Venus eine essentielle Phase, die man, wenn man sie nicht voll und ganz erlebt, ergreifend und ergriffen, niemals wirklich übersteigen wird. Im Katechismus beschäftigen wir uns häufig mit Themen, die körperlich noch gar keine Wurzeln geschlagen haben. Es ist nicht klug, die Seele auf Kosten des Körpers erreichen zu wollen.

Die Seele geht aus dem Körper hervor. Es fällt ins Auge, wie sehr die Seelensphären auf unserer Abbildung körperlich geprägt sind. Bevor wir zur rationalen und himmlischen Seele gelangen, haben wir es zunächst mit einer vegetativen und animalischen Seele zu tun. Wir kennen im Allgemeinen nur die beiden Kategorien kognitiv und affektiv. Als ich als Theologiestudent das Werk des Mystikers und Paläontologen Teilhard de Chardin entdeckte, war ich fasziniert von der *Tatsache*, dass unsere Seele offenbar aus den Gesteinsschichten des anorganischen Lebens stammte. Im vorigen Jahrhundert haben wir langsam wieder angefangen zu erkennen, wie viele – sowohl unbewusste als auch bewusste – Funktionen die menschliche Psyche birgt. Jung unterscheidet im Wachbewusstsein vier Funktionen: Gefühl, Erfahrung, Intuition und Denken. Es wäre schon ein gewaltiger Fortschritt, wenn wir uns in unserer pädagogischen Arbeit neben dem Appell an das Denken diesen anderen drei Funktionen in gleichem Maße zuwenden würden. Wir haben jedoch neben einem Wachbewusstsein auch noch ein Schlaf- und Traumbewusstsein, ein meditierendes Bewusstsein und ein visionäres Bewusstsein. Wir vergegenwärtigen uns wieder, dass gerade in unserer unbewussten Psyche die kraftvollsten spirituellen Archetypen wirksam sind. Uns wird klar, dass wir den Weg, den wir auf der Leiter der Sphären gehen müssen, am tiefsten mit Hilfe unserer Instinkte, unserer Phantasie und unserer Träume ergründen können. Ein paar Seiten über »Träume« zu Papier zu bringen ist etwas völlig anderes als unsere Träume tatsächlich in den Mittelpunkt unserer weltanschaulichen Erziehung zu stellen.

Initiation in die Wirklichkeit und Initiation in das eigene Selbst fallen größtenteils zusammen. Man wird nicht in Institutionen eingeweiht. Der Katechet und die Instanz, die er repräsentiert, haben nur vermittelnde Funktion. Ich will damit sagen, dass z.B. eine Kirche zwar bei dieser Initiation helfen kann, aber das ist etwas anderes als in die Kirche, in die Bibel oder in die Sakramente eingeweiht zu werden. Auf unserer Abbildung ist tatsächlich keine Sphäre mit dem Namen »Kirche«, »Taufe« oder »Glaubensbekenntnis« eingezeichnet. Wir blicken auf eine Vergangenheit zurück, in der solche Institutionen einer spirituellen Entwicklung eher im Wege standen als sie zu vermitteln.

Und dann (erst!) gelangen wir in die Engelssphären! In die Domäne des Geistes. In dem Moment, in dem wir Teil der Chöre dieser »seligen Geister« werden, bekommt unserer Seele Flügel. Wo finden wir noch »Engel« in unserer Katechese, buchstäblich und im übertragenen Sinne? Vor ein paar Jahren sollte ich eine Fotoausstellung über Engel im Amsterdamer Kulturzentrum »Melkweg« eröffnen. In meiner theologischen Ausbildung vor dreißig Jahren war dieses himmlische Geflügel so gut wie ausgestorben. Die Engel wurden als erste entmythologisiert. Aber siehe, an diesem vollkommen weltlichen Ort waren sie auf einmal wieder da, in ihrer ganzen Schönheit. Engel sind offenbar nicht kirchlichen oder biblischen Ursprungs, es sind menschliche Triebfedern, die unsere spirituellen, aufwärts gerichteten und herabfallenden Kräfte symbolisieren. Wo ein Mensch eine »Transformation vom Sichtbaren zum Unsichtbaren erfährt, erscheint der Engel«, schreibt Rilke. Dass sie wirklich existieren, führt Chagall uns vor Augen, und wir hören es bei Messiaen. Es sind die Künstler unter uns, die – wie immer in den vergangenen Jahrhunderten – als erste wieder einen »Blick« für ein solches religiöses Phänomen haben. Kunst ist hervorragend in der Lage, uns in höhere Sphären zu erheben.

Aber, und das mag überraschend sein, auch eine bestimmte Richtung der Wissenschaft. Alfons Rosenberg, der bekannte Symbolexperte, hat vorgeschlagen, lieber auf die Quantenphysiker als auf die Theologen zu hören, wenn man den Engeln wieder näher kommen will.[10] In der traditionell am höchsten geachteten empirischen Wissenschaft – der Physik – entstehen Ideen, die das moderne Wirklichkeitsverständnis fundamental in Frage stellen. Dagegen kracht die traditionell am höchsten geachtete, die Empirie übersteigende Wissenschaft – die Theologie – in allen Fugen, weil sie von einem Wirklichkeitsbegriff ausgeht, der schon für Newton überholt gewesen sein dürfte. Die Konzepte, mit denen die Quantenphysik arbeitet, erheben keinerlei Anspruch mehr, die Wirklichkeit so abzubilden wie sie ist. Diese Wissenschaftler haben sogar festgestellt (etwas, was die Mystiker schon seit Jahrhunderten wussten), dass es per definitionem unmöglich ist, die Wirklichkeit als eine Wirklichkeit außerhalb von uns zu beschreiben. Offenbar schildern Quantenphysiker die Welt auf eine Weise, die an den Sprachgebrauch der alten Alchemisten erinnert: symbolisch, ja esoterisch. Die Alchemisten hätten vollmundig bejaht, dass die Wirklichkeit ein Zusammenspiel von Energie- und Kraftfeldern ist. Aber selbst sie hätten ihre weisen Häupter geschüttelt, wenn jemand behauptet hätte, dass die Zeit gekrümmt sei oder die elementarsten Teilchen sich mit der Geschwindigkeit des Lichts bewegen. »Isolierte Materie-Teilchen sind Abstraktionen«, sagt Niels Bohr, einer der größten Atomphysiker. Seinen Fachkollegen David Bohm hätten die alten Hermetiker wie einen der ihren willkommen geheißen, denn er schreibt: »Man gelangt zu einer neuen Vorstellung von einer ungebrochenen Ganzheit, die die klassische Idee leugnet, man könne die Welt in getrennten und voneinander unabhängigen Teilen analysieren.«[11] In dieser Welt existieren wieder »Engel«! So war es auch nicht als Kuriosität gemeint, dass ich mich zu Beginn dieses Kapitels ausführlich mit einer hermetischen Abbildung aus dem 12. Jahrhundert beschäftigt habe. Denn daraus spricht ein Geist, der nicht nur eine lange Tradition besitzt, sondern zur Zeit erneut erscheint, und zwar in wissenschaftlichen Disziplinen, die von alters her als »profane« Wissenschaften betrachtet werden: Biologie (die »morphogenetischen Felder« von Sheldrake), Psychologie (das »kollektive Unbewusste« und das »Synchronizitätsprinzip« von Jung) und die Naturwissenschaften (die »Quantenfelder« von Bohr). Trotz unzulänglicher wissenschaftlicher Theorien fühlten sich die Menschen der Antike, des Mittelalters und der Renaissance noch mit dem All-Einen verbunden. Ungeachtet viel fortschrittlicherer Theorien (zum Beispiel auch der über die Evolution des Menschen und des Weltalls) erlebt manch ein moderner Mensch sich noch als grundsätzlich losgelöst von der Wirklichkeit.

Die Engel in meinem Theologiestudium waren zu »theoretischen Konstruktionen« entartet. Der wirkliche Engel durchbricht jedoch das echte, alltägliche Leben und erscheint mit einer Botschaft aus einer anderen Sphäre. Wir sind bestürzt, wenn er erscheint. Daher beginnt er auch meistens mit den Worten: »Fürchtet Euch nicht«!

Eine Urgeschichte über Engel steht in Genesis 28: Jakobs Traum. Er sieht eine Leiter, die vom Himmel zur Erde reicht. Auf dieser Leiter gehen die Engel Gottes hinauf und hinunter. Engel sind unsere irdischen spirituellen Kräfte, die aufsteigen und hinabsteigen. Da sind sie wieder: die Leiter, die Stufen, die Stadien, die Übergänge!

Die drei Phasen der Menschwerdung

Ein Erzieher ist Konfuzius zufolge mit einem Gärtner zu vergleichen. Er steckt keine Blätter an den Stängel, ebenso wenig hängt er die Blüten auf, sondern er bereitet liebevoll den Boden, damit der Samen seiner eigenen Natur gemäß wachsen kann. Im Grunde erzieht ein Mensch sich selbst, aus der dunklen Erde hinauf zur Sonne, wachsend, blühend, Frucht tragend und sterbend. Selbsterziehung ist die Basis jeder Erziehung. Sich selbst zu erziehen bedeutet: Fühlung mit dem Wachstumsprozess in sich selbst zu haben, ein Prozess, der nicht erst mit der Geburt beginnt. Bei seiner Geburt ist der Mensch eigentlich schon Jahrmillionen alt. An diesem Punkt hat mich wieder in hohem Maße Carl Jung instruiert und inspiriert. »Meine Überzeugung, dass der Mensch bei seiner Geburt ein sehr kompliziertes und vollkommen vollendetes Gehirn mit zahllosen Möglichkeiten bekommt, stößt auf viel Widerstand. Die meisten Menschen hängen weiterhin der Überzeugung an, dass alles, was sie erreichen, jede Reaktion ihrer Person auf die täglichen Ereignisse durch *ihre Erziehung und ihre Umgebung* bestimmt wird. Aber wenige wissen etwas über die Seele der Vorfahren und noch weniger glauben daran. Tragen wir aber nicht alle die gesamte Geschichte der Menschheit in uns? Warum ist es so schwer zu glauben, dass wir zwei Seelen haben? Wenn jemand fünfzig wird, hat nur ein Teil von ihm ein halbes Jahrhundert gelebt. Ein anderer Teil kann schon Millionen Jahre alt sein. Jedes neugeborene Kind kommt mit einem vollständig entwickelten Gehirn auf die Welt. Obwohl der Geist in den frühesten Stadien des Lebens noch nicht ganz Herr über den Körper ist, ist dieser Geist eindeutig dazu bestimmt, sich über die Begrenzung dieses Lebens, dieses Körpers zu erheben, das heißt: der Geist verfügt über das Vermögen, dies zu tun. Dies beeinflusst und bestimmt das Denken das ganze Leben hindurch. Das Neugeborene fängt nicht erst am Tag seiner Geburt an, seine geistigen Möglichkeiten zu entfalten. Sein Geist hat eine vollendete Struktur und ist als solcher das Ergebnis unzähliger Leben, die sich vor dem seinen abgespielt haben. Wir werden nie entdecken, bis wohin in der fernen Vergangenheit dieser unpersönliche Geist des Individuums zurückreicht.«[12] In einem seiner berühmtesten Gedichte beschreibt Wordsworth das neugeborene Kind als ein Wesen, das aus geistreichen Gefilden kommt. Es hat nur für einen Moment diese Herkunft vergessen und ist eingeschlafen. Wir sind jedoch aus Sternenstaub gemacht!

»Our Birth is but a sleep and a forgetting:
The Soul that rises with us, our life's Star,
Hath had elsewhere its setting,
And cometh from afar:
Not in entire forgetfulness,
And not in utter nakedness,
But trailing clouds of glory do we come
From God, who is our home:
Heaven lies about us in our infancy!«[13]

Dieses Jahrmillionen alte Wesen erlangt in einer menschlichen Person Selbstbewusstsein. Dieses Schauspiel fasziniert immer wieder aufs Neue. Und an dieser Stelle hinkt auch offensichtlich der Vergleich mit dem Samen. Der menschliche Keim unterscheidet sich von allen anderen dadurch, dass er, wenn er ans Licht kommt, Fragen stellt wie: Warum lebe ich eigentlich? Wer bin ich? Was kann ich wissen und wie soll ich handeln? Dieses Erwachen ist charakteristisch für den Menschen, und von diesem Moment an hat man von alters her bestimmte Phasen der Menschwerdung unterschieden. Man ist kein Mensch, man wird es. Erziehung hat wenig Sinn, wenn sie diesen Phasen der Menschwerdung nicht Rechnung trägt.

Der Schriftsteller Hermann Hesse (1877-1962) hat treffend in Worte gefasst, dass das geistige Erwachsenwerden des Menschen meistens in drei Phasen geschieht. Er weist darauf hin, dass er diese Phasen nicht selbst erfunden hat, sondern ihnen in den verschiedensten Kulturen und Formen begegnet ist. Auch er greift wieder auf die ternäre Struktur von Joachim von Fiore zurück. Hesse ist sich übrigens sehr wohl darüber im Klaren, dass er sich dem Menschen mit einem solchen Modell nur oberflächlich annähert. Ebenso wie man über Bäume sagen kann, dass sie immer eine Krone, einen Stamm und Wurzeln haben, wenn sie der Bezeichnung Baum gerecht werden wollen, muss auch ein Mensch diese ternäre Entwicklung durchlaufen. Damit sind die Phänomene »Baum«

und »Mensch« nur rudimentär umschrieben, aber wir vermuten, dass wir doch einige essentielle Merkmale erfasst haben. Wenn eines dieser Elemente fehlt, kann man eigentlich nicht mehr von einem »Baum« oder »Menschen« sprechen, so geheimnisvoll sie darüber hinaus auch bleiben mögen.

»Der Weg der Menschwerdung beginnt mit der Unschuld (Paradies, Kindheit, verantwortungsloses Vorstadium). Von da führt er in die Schuld, in das Wissen um Gut und Böse, in die Forderungen der Kultur, der Moral, der Religionen, der Menschheitsideale. Bei jedem, der diese Stufe ernstlich und als differenziertes Individuum durchlebt, endet sie unweigerlich mit Verzweiflung, nämlich mit der Einsicht, daß es ein Verwirklichen der Tugend, ein völliges Gehorchen, ein sattsames Dienen nicht gibt, daß Gerechtigkeit unerreichbar, daß Gutsein unerfüllbar ist. Diese Verzweiflung führt nun entweder zum Untergang oder aber zu einem dritten Reich des Geistes, zum Erleben eines Zustandes jenseits von Moral und Gesetz, ein Vordringen zu Gnade und Erlöstsein, zu einer neuen, höheren Art von Verantwortungslosigkeit, oder kurz gesagt: zum Glauben. Einerlei welche Formen und Ausdrücke der Glaube annehme, sein Inhalt ist jedesmal derselbe: daß wir wohl nach dem Guten streben sollen, soweit wir vermögen, daß wir aber für die Unvollkommenheit der Welt und für unsere eigene nicht verantwortlich sind, daß wir uns selbst nicht regieren, sondern regiert werden, daß es über unsrem Erkennen einen Gott oder sonst ein »Es« gibt, dessen Diener wir sind, dem wir uns überlassen dürfen. Dies ist europäisch und beinahe christlich ausgedrückt. Der indische Brahmanismus ... hat andere Kategorien, die sich aber ganz gleich deuten lassen.
Nochmals skizziert: Der Weg führt aus der Unschuld in die Schuld, aus der Schuld in die Verzweiflung, aus der Verzweiflung entweder zum Untergang oder zur Erlösung: nämlich nicht wieder hinter Moral und Kultur zurück ins Kinderparadies, sondern über sie hinaus in das Lebenkönnen kraft seines Glaubens. ...
Soweit kann ich die Stadien einer Menschwerdung, einer Entwicklungsgeschichte der Seele erkennen. Ich kenne sie aus der eigenen Erfahrung und kenne sie aus den Zeugnissen vieler anderer Seelen. Immer, zu allen Zeiten der Geschichte und in allen Religionen und Lebensformen, sind es dieselben typischen Erlebnisse, immer in derselben Stufung und Reihenfolge: Verlust der Unschuld, Bemühung um Gerechtigkeit unter dem Gesetz, daraus folgende Verzweiflung im vergeblichen Ringen um das Überwinden der Schuld durch Werke oder durch Erkenntnis und endlich Auftauchen aus der Hölle in eine veränderte Welt und in eine neue Art von Unschuld. Hundertmal hat die Menschheit sich diesen Entwicklungsgang in großartigen Sinnbildern vorgezeichnet: das uns geläufigste dieser Bilder ist der Weg vom paradiesischen Adam bis zum erlösten Christen.«[14]

Diese Sichtweise erscheint mir nachvollziehbar. Grob zusammengefasst wird die erste Phase eines Menschenlebens stark von unbewussten, intuitiven Bestrebungen bestimmt, die zweite Phase wird vorrangig durch bewusste Ziele gelenkt, insbesondere über Willen und Verstand, und in der dritten Phase schafft man es, diese beiden ersten Phasen zu verbinden und in dem, was ich hier Weisheit nennen möchte, zu übersteigen.

Diese Trias kehrt vielerorts, in den unterschiedlichsten kulturellen Traditionen, wieder. Auch Joachim von Fiore hat die drei Phasen nicht erfunden, aber er hat dafür gesorgt, dass der westliche Mensch sich ihrer auf theologisch-spiritueller Ebene bewusst wurde.

Ich möchte diese Idee anhand eines bestimmten Kulturproduktes, des Volksmärchens, illustrieren.

Wie wir wissen haben alle Kulturen in ihren Märchen mit Hilfe diverser Symbole den Gang eines Menschenlebens geschildert. Es handelt sich um eine Art Träume, in denen der Aufstieg und Untergang der Seele ausgestaltet wird und dem Träumer (dem Zuhörer) pädagogisch ein Spiegel vorgehalten wird. Viele Märchen geben eine Antwort auf die Frage, wie man als Mensch seine Bestimmung findet. Dabei ist in unserem Zusammenhang bemerkenswert, dass Märchen oft aus mehreren Episoden aufgebaut sind, die den drei oben genannten Phasen entsprechen. Es handelt sich um Dramen in drei Akten mit dem Titel »Menschwerdung«. Sie beginnen fast immer in einer Atmosphäre, die man paradiesisch nennen könnte, in einem unschuldigen Glück. Dieses Glück wird grausam zerstört und die Unschuld geht verloren. Einmal schicken Eltern ihre Kinder bewusst auf einen Irrweg, andere verlassen selber den paradiesischen Weg und begegnen Wolf oder Hexe. Hier befinden wir uns mitten in der zweiten Phase, der Phase der Prüfungen: Kämpfe auf Leben und Tod, Verbannungen, eingesperrt werden, auf immer einschlafen, verschlungen werden usw. Aber auf dem Höhepunkt der Finsternis bricht die dritte Phase an. Die Hauptfigur wird erlöst, begegnet der weisen Großmutter oder der Geißenmutter oder feiert Hochzeit mit dem Geliebten.

Dabei sollte angemerkt werden, dass Märchen keine moralischen Kategorien aufzeigen wollen. Wenn erzählt wird, dass Eltern ihre Kinder mutwillig den wilden Tieren preisgeben, geht es nicht darum, schlechte Eltern zu beschreiben. Vielmehr wird die unabwendbare Notwendigkeit ausgestaltet, dass ein Mensch das Kindliche ablegen muss. Das Kind wird quasi aus der Gebärmutter vertrieben. Rotkäppchen muss den elterlichen Pfad verlassen. Rotkäppchen im Bauch des Wolfs ist ein archetypisches Symbol. Anstelle von Wolf kann auch Schlange, Drache oder Hexe eingesetzt werden, aber die Urbedeutung ist identisch. Eva und die Schlange, Jonas und der Walfisch, die Frau und der Drache – es handelt sich um eine immer wiederkehrende Verbindung. Der Mensch begibt sich auf die Suche nach Weisheit, symbolisiert durch die Großmutter, aber im Wald angelangt verirrt er sich zwischen all den Blumen, die neben seinem Weg stehen. Er geht so sehr in die Irre, dass er meint, im Wolf die Weisheit zu erkennen. Dieser verkleidet sich bewusst als weise Großmutter. Im Verschlungen-und-wieder-neu-geboren-Werden begegnen wir dem Jahrhunderte alten Symbol von Sterben und Auferstehen. Und egal welche Vorkehrungen man trifft (Rotkäppchen wird ermahnt, nicht vom Weg abzukommen, Eva und Adam werden gewarnt, nicht von der verbotenen Frucht zu essen, bei Dornröschen werden alle Spinnräder zerstört), das Schicksal arbeitet so, dass man von dem Apfel isst, dem Wolf begegnet, die bemehlte Pfote des Wolfs für die Hand der eigenen Mutter hält, kurz, dass man die verbotene Tür öffnet wie im Märchen vom Ritter Blaubart.

Der berühmteste Bilderzyklus, den wir kennen, ist, wie Hesse schrieb, der von Paradies, Sündenfall und Erlösung. In der unversehrten Harmonie des Daseins von Adam und Eva entsteht plötzlich ein Riss: Warum sollten wir nicht vom Baum der Erkenntnis probieren? In vielen Märchen wird letztendlich von der – möglicherweise vergifteten – Frucht gegessen. Wer diesen Apfel isst, fühlt sich plötzlich dem Baum des Lebens entfremdet, er gerät ins Exil und geht einer Reise voller Entbehrungen entgegen, auf dem Weg zur Erlösung.

Die pädagogischen Grundsätze, die wir in den Märchen beobachten, sind unseren eigenen rationalen Überzeugungen als Erzieher oft diametral entgegengesetzt. Ich will nur einige nennen: Eine gute Erziehung versucht nicht, das paradiesische Glück zu bewahren, sondern sollte Impulse geben, das Paradies zu verlassen. Eine gute Erziehung bemüht sich nicht, die Dunkelheit des Lebens auf Distanz zu halten, sondern ermutigt dazu, in diese Dunkelheit hinabzusteigen. Eine gute Erziehung nimmt den anderen nicht an die Hand und begleitet ihn auf Schritt und Tritt, sondern lässt los. Dem Wolf begegnet man allein, das muss so sein. Ein guter Erzieher weiß, dass es positiv ist, wenn ein Mensch in eine Krise gerät. Ein Mensch muss mit den großen unbewussten Kräften in seinem Leben in Berührung kommen, auch auf die Gefahr hin, dass diese Kräfte seinen Untergang bedeuten könnten. Gerade dadurch erhält er die Chance zu reifen. Nach diesem Märchen-Intermezzo werde ich den Rest dieses Kapitels der Aufgabe widmen, jede der drei Phasen einzeln unter die Lupe nehmen.

Der Mythos von Paradies, Sündenfall und Erlösung spielt sich in unserem Alltagsleben ab. Es ist der Mythos der »Jedermann«-Figur. Die erste Phase fällt mit den Kinderjahren zusammen. Sie zeichnet sich in erster Linie durch ein instinktives Bewusstsein aus. Natürlich erhält das bewusste Gehirn (der Kortex) nach und nach eine immer wichtigere Rolle, aber zumindest zu Anfang ist seine Bedeutung noch untergeordnet. Die erste Zeit unseres Lebens spielt sich praktisch noch vollständig auf einer unbewussten Ebene ab. Wir sind noch eng mit den Elementen verbunden, die uns hervorgebracht haben. Dies verändert sich allmählich; wir sehen Linien, unterscheiden eine Innen- und eine Außenwelt, bis wir uns eines Tages mit uns selbst beschäftigen. Am Anfang jedoch stehen wir noch in direkter Verbindung zum Urgrund unseres Seins. Diese Allverbundenheit ist natürlich im Mutterleib am größten, aber im Vergleich zum restlichen Leben bewegen sich auch unsere Kinderjahre noch in einer Art Mutterschoß, aus dem wir eines Tages vertrieben werden, in den dunklen Wald hinein.

In einem bemerkenswerten Buch gelangt Edward Robinson zu der überraschenden Entdeckung, dass viele Erwachsene die tiefgehendsten Erfahrungen ihres Lebens in ihrer Kindheit ansiedeln. Er legte ca. 4.000 Erwachsenen eine Reihe von Fragen im Zusammenhang mit ihren weltanschaulichen Haltungen vor. Aus den Antworten wird deutlich, dass sehr viele Menschen sich noch explizit an Erfahrungen aus ihrer Kindheit erinnern, die sie tief beeinflusst haben. Robinson zitiert Edwin Muir: »Ein Kind hat von der menschlichen Existenz ein ganz eigenes Bild, an das es sich wahrscheinlich nie mehr erinnert, sobald es dieses Bild verloren hat: die ursprüngliche Vision der Welt. Ich stelle mir dieses Bild als einen Zustand vor, in dem die Erde, die Häuser auf der Erde und das Leben jedes menschlichen Wesens mit dem Himmel verbunden sind, der sie überspannt; als schlösse der Himmel an die Erde und die Erde an den Himmel an. Bestimmte Träume überzeugen mich davon, dass ein Kind diese Vision hat, in der eine vollständigere Harmonie aller Dinge untereinander besteht als es sie je wieder kennen wird.«[15] Es ist nicht entscheidend, ob Menschen sich tatsächlich noch so daran erinnern und ob sie es beschreiben können, sondern dass offenbar jeder Mensch diese Erfahrung gemacht hat. »Ich glaube«, schreibt Robinson, »dass das, was ich ›die ursprüngliche Vision‹ der Kindheit genannt habe, nicht einfach nur eine Erfindung der Phantasie ist, sondern eine Form von *Wissen*. Und zwar eine [Form von Wissen], die für die Entwicklung eines jeden reiferen Verständnisses von essentieller Bedeutung ist.«[16] Es gibt ein intuitives Schauen, das direkt aus den tieferen, unbewussten Schichten unserer Psyche hervorgeht, wo alles als Eins erfahren wird. Es handelt sich um eine ganzheitliche Betrachtung der Wirklichkeit, um die Erfahrung, dass alles mit allem zusammenhängt.

Ein Mensch stößt so auf Einsichten und Überzeugungen, die als solche für den Kortex nicht zu fassen sind. Dies sind jedoch Offenbarungen, die – bewusst oder unbewusst – ein ganzes Leben tragen können. Die erste Phase, von der Hesse spricht, lässt sich mit folgenden Worten charakterisieren: »Es handelt sich um Zustände der Einsicht in Tiefen der Wahrheit, die für den analysierenden Intellekt unergründlich sind. Es sind Erleuchtungen, Offenbarungen voller Bedeutung und Wichtigkeit, so unaussprechlich sie auch sind. Und in der Regel tragen sie noch viele Jahre eine merkwürdige Beweiskraft in sich.«[17]

Hier wird nicht behauptet, dass die Erfahrungen der Kindheit, *schöne* Erfahrungen wären, auch wenn Wörter wie »paradiesisch«, »Einheit« oder »Vision« dies nahe legen könnten.

Darum geht es keineswegs, und es stimmt ja auch nicht. Ich spreche hier ausschließlich über den *Charakter* der Kindheitserfahrungen, der freudvollen wie der angsterfüllten. Sie weisen alle eine gewisse »Ungespaltenheit« auf, die mit der intuitiven Natur dieser Erfahrungen zusammenhängt. Mitunter können solche Erfahrungen sogar beängstigend sein, ein Schaudern hervorrufen. Ein Kind verfügt noch nicht über die analytische Fähigkeit, sich von der Wirklichkeit zu distanzieren. Daher wäre es eine Lüge, die Kindheit als eine ausschließlich glückliche Zeit darzustellen. Sie ist allerdings sehr wohl eine ganzheitliche Zeit.

Phase der Schuld

Nach dieser visionären Phase folgt die Zeit, die in vielen Kulturen als Finsternis, dunkler Wald, Exil oder Verzweiflung umschrieben wird. Dies ist im Grunde überraschend, weil diese Phase sich dadurch auszeichnet, dass das »Licht« des Verstandes Einzug hält! Der Mensch gelangt zur Erkenntnis von Gut und Böse, seine Augen öffnen sich. Aber nun sieht er auch, dass er nackt ist und dass sich das Paradies in einen Irrgarten verwandelt hat. Das Kosten von der Frucht der Erkenntnis bringt uns in ein Land, das mit Dornen und Disteln überwuchert ist.

Wenn wir uns die Merkmale unseres kortikalen Bewusstseins vor Augen führen, wird deutlich, warum das so ist. Denn was tut unser Alltagsbewusstsein? Es macht Fotos von der Wirklichkeit, es bewegt sich in einer Welt der Abbildungen, die wir Gedanken nennen. Das Denken jedoch macht die Wirklichkeit nicht gegenwärtig, sondern distanziert sich von ihr, es konstruiert Abstraktionen. Nun ist es durchaus eine faszinierende Fähigkeit, sich von einem Gedanken zum anderen zu bewegen und einen solchen Gedankengang mit Hilfe von Schlussfolgerungen zu erweitern, aber das Denken selbst kann sich niemals außerhalb dieser Gedanken bewegen. Die Tragik des Denkens besteht darin, dass es eine unüberwindbare Grenze zwischen dem Gegenstand der Gedanken und den Gedanken selbst zieht.

Eine weitere typische Eigenschaft des Menschen besteht darin, dass er auch zu sich selbst Distanz gewinnen kann. Er kann sich als ein einzelnes Wesen denken, als ein »Ich«. Und dennoch wäre es ein großer Irrtum zu glauben, dass er ein »Ich« *sei*! Die Erkenntnis, dass dies eine Illusion ist (die Essenz des Buddhismus!), dass dieses »Ich« sterben muss, dass er es loslassen muss, leitet die dritte Phase ein. Der Verstand aber muss aus Erfahrung klug werden. Darum ist dies die Phase des »Schadens«, der ihn dabei unterstützen soll. Denn dem Verstand ist es nicht möglich zu kapitulieren, wenn er nicht wirklich an seine Grenzen gestoßen ist, wenn er nicht selbst die Dornen und Disteln gespürt hat.

Es gibt noch einen weiteren Grund, weshalb das Erwachen des Verstandes mit der Wahrnehmung einhergeht, in einem Labyrinth gelandet zu sein. Er besteht darin, dass der Verstand zwar alle wichtigen Lebensfragen stellen, aber unmöglich aus sich selbst beantworten kann. Ich zitiere hier den Philosophen Bergson: »Es gibt Dinge, nach denen nur der Verstand suchen, die er jedoch aus eigener Kraft niemals finden kann. Diese Dinge könnte nur der Instinkt finden, aber dieser wird sie niemals suchen.«[18] Die Klarheit der verstandesmäßigen Begriffe und das Vermögen zu unterscheiden und zu analysieren, besitzen zunächst eine enorme Anziehungskraft. »Der Verstand lässt sich als das unbegrenzte Vermögen umschreiben, nach jedem willkürlichen Gesetz zu zergliedern und nach jedem willkürlichen System wieder zu vereinigen.«[19]

In der zweiten Phase ist die Ganzheit verloren gegangen, würde Jung sagen. Der Verstand ist nicht in der Lage, Leben zu er-fassen, zu be-greifen. So erlebt der Mensch letztendlich in dieser Phase eine gewisse Auflösung. Und es kann lange dauern, bis ihm klar wird, worin die Ursache dieser Erschütterung liegt. Jung schreibt, dass ein Mensch zu der Erkenntnis gelangen muss, »dass die größten und wichtigsten Lebensprobleme genaugenommen alle unlösbar sind; sie müssen es auch sein, denn sie sind alle Ausdruck der Polarität, die zwangsläufig jedem System eigen sein muss, das seine treibende Kraft in sich selbst trägt. Sie können niemals aufgelöst werden, man kann nur darüber hinauswachsen.«[20] In der ersten Phase erfahren wir das Leben als ein Ganzes, in der zweiten Phase nehmen wir dieses Ganze auseinander und analysieren es. Aber die Wirklichkeit existiert als ein Ganzes. Unsere unbewusste, intuitive Erfahrung war sehr wohl eine Wirklichkeitserfahrung. In all unseren Analysen gleitet uns die Wirklichkeit durch die Finger. Es ist, als wollte man fließendes Wasser in einen Eimer füllen. Auf den ersten Blick scheint dies möglich zu sein, aber wenn wir damit fertig sind, sehen wir, dass es kein fließendes Wasser mehr ist, das sich im Eimer befindet. Das lineare Ursächlichkeitsdenken ist jedoch in sich selbst so klar, dass es unermüdlich fortfährt zu analysieren und nach den letzten Ursachen zu suchen. Auf zahlreichen Wegen versucht es, sich die Zukunft gefügig zu machen, obwohl es wieder und wieder feststellt, dass das zu nichts führt. Hinzu kommt, dass die Emotionen nicht aufhören uns anzutreiben, jene »ursprüngliche Vision« wieder zu finden. Der Verstand kann sie zwar verdrängen, aber gerade als verdrängte Emotionen verstärken sie ihren Zugriff auf unsere unbewusste und bewusste Psyche.

An erster Stelle steht hier das bleibende Verlangen nach Ganzheit, nach Heil. Mit Hilfe verschiedener Befriedigungen versucht der Intellekt diesem Verlangen gerecht zu werden. Da verstandesmäßige Befriedigungen hier jedoch grundsätzlich oberflächlich sein müssen, eilt der Mensch von einer vermeintlichen Erfüllung zur nächsten. Bis er schließlich einsieht, dass sein Kortex ihm niemals das geben kann, wonach dieser instinktive Hunger verlangt.

Eine zweite Emotion, die häufig eine Rolle spielt, ist die Sorge um den Erhalt des eigenen Lebens. Das »Ich« will seine Seele retten. Gerade ein Mensch, der von seiner unbewussten Psyche losgelöst operieren will, sucht angsterfüllt nach einem sicheren Refugium, versucht, sein Leben gegen den Tod, seinen Genuss gegen das Leid zu sichern und so alles Unheil abzuwehren.

Eine dritte Emotion, die im dunklen Wald immer gegenwärtig bleibt, ist ein permanentes Schuldgefühl. Wie Hesse sagt, ist der Mensch versucht, ein Gerechter zu sein. Er merkt jedoch ein ums andere Mal, dass er seinen eigenen Prinzipien nicht genügen kann. Er ist ständig mit einem schlechten Gewissen auf der Suche nach einem guten Gewissen.

Wenn unser Ich-Gefühl und unsere rationalen Fähigkeiten sich gebildet haben, geraten die Gefühle erneut in heftige Bewegung. In dieser Periode müsste es zu einer »Hochzeit« zwischen der bewussten und der unbewussten Psyche kommen. Aber bei vielen sind zu diesem Zeitpunkt die bewussten Funktionen noch vorherrschend. Dies ist selbstverständlich zu einem Großteil auf den Zeitgeist und unser Erziehungs- und Schulsystem zurückzuführen. Viele von uns fangen mit dem Erwachsenwerden erst an, wenn sie es biologisch längst sind. Dies führt meist zu einem noch größeren emotionalen Druck, und wir jagen Illusionen noch unerbittlicher hinterher. So kommt es, dass wir »Erwachsene« auf allerlei Schleichwegen beobachten können. Bei dem einen wird die Bedrohung von innen zu übermächtig, er gerät in Stress und leidet unter psychosomatischen Krankheiten. Bei anderen erleben wir, wie ein »Heiliger« entsteht, jemand, der augenscheinlich imstande ist – wenn auch um den Preis starker Verdrängungen –, übertrieben tugendhaft seinen Mann zu stehen.

Der Zustand einer Person am Ende der zweiten Phase lässt sich mit dem eines Menschen vergleichen, der Durst hat und auf einem gefrorenen Fluss steht. Die Phase geht zuende, sobald er nicht mehr versucht, seinen Durst anderswo zu löschen, sondern anfängt, den Boden zu betrachten, auf dem er steht. Er muss zu der Einsicht gelangen, dass er diesen Boden aufbrechen muss, um das fließende Wasser zu erreichen.[21]

Zweite Phase der Unschuld

Wie können wir den Übergang von der zweiten zur dritten Phase beschreiben? Laut Hesse handelt es sich um einen Übergang von der Schuld zur Unschuld, aber diese zweite Unschuld ist anders als die der ersten Phase. Im Christentum kennt man den Ausdruck: Werdet wie die Kinder. In dieser Aufforderung werden implizit ebenfalls die drei Phasen angesprochen: Man war ein Kind, man ist es eine Zeitlang nicht, aber man soll wieder werden wie ein Kind. Es steht dort nicht: »werdet Kinder«; denn das wäre die reine Regression. Nein, man wird aufgefordert *wie* ein Kind zu werden, eine Hochzeit zwischen der »ursprünglichen Vision« und dem kortikalen Bewusstsein zu schließen. Vor dem Hintergrund der Thematik dieses Buches haben wir es in dieser Phase mit einem symbolischen Bewusstsein, mit einer zweiten Naivität zu tun.

Die Lebensprobleme sind genaugenommen alle unlösbar, schrieb Jung. Manche Menschen wachsen jedoch über diese Probleme hinaus, während andere an ihnen Schiffbruch erleiden. Dieses Darüber-hinaus-Wachsen »erwies sich bei näherer Betrachtung *als eine Erhöhung der Bewusstseinsebene.* Höhere und weitere Perspektiven öffneten sich, und durch diese Erweiterung des Horizonts verlor das unlösbare Problem seine Dringlichkeit. Es wurde nicht in sich selbst logisch aufgelöst, sondern verblasste gegenüber einer neuen und stärkeren Lebensrichtung. Es wurde nicht unbewusst gemacht, sondern erschien nur in einem anderen Licht und wurde dadurch auch anders. Was auf einer niedrigeren Ebene Anlass zu den wildesten Konflikten gegeben hätte, schien nun, von einer höheren Ebene der Persönlichkeit betrachtet, wie ein Sturm im Tal, den man von der Spitze eines Berges aus sieht.«[22]

Dass eine Erhöhung der Bewusstseinsebene stattfinden muss, ist hier nach meinem Dafürhalten von essentieller Bedeutung. Hesse schreibt, dass ihr eine gewisse Verzweiflung des Verstandes vorangegangen sein muss. Der Verstand muss einsehen, dass seine Weise, nach Gerechtigkeit und Frieden zu suchen, ein ums andere Mal scheitert und aussichtslos ist. So gelangt er in ein kritisches Stadium.

Es hat übrigens überhaupt keinen Sinn, die zweite Phase überspringen zu wollen. Das gelingt nicht. Der Kortex muss wachsen, blühen, Früchte tragen und absterben, d.h. seinen eingeschränkten Wert erkennen. Solange das Alltagsbewusstsein nicht in eine Krise gerät, wird es sich immer weiter quälen und niemals aufgeben. Der Mensch muss selbst entdecken, dass er auf gefrorenem Boden steht. Dass dies einschneidende pädagogische Konsequenzen mit sich bringt, dürfte jedem klar sein.

Schließlich muss noch erwähnt werden, dass der Übergang von der zweiten zur dritten Phase nicht durch eine Verstandestat realisiert wird, auch wenn der Verstand anerkannt hat, wie beschränkt er ist. Der Verstand muss nicht etwa etwas tun, sondern etwas sein lassen! Wir müssen die Kräfte, denen wir uns widersetzen, an die Oberfläche kommen lassen, den Schatten wieder zulassen, in das dunkle Wasser hinabsteigen! Davon handelte das vorige Kapitel. Und wie sollte dies anders geschehen können als durch einen langsamen Prozess des Zuhörens, durch Stille und Aufmerksamkeit? Der Mensch hat über die Hirnrinde wirklich keinen Zugriff auf das Tiefste in ihm selbst. Wenn (wieder) eine Hinwendung zu unserem unbewussten Streben entsteht, öffnen sich die Energiekanäle zwischen dem Bewussten und dem Unbewussten.

Wenn ein Mensch begriffen hat, dass sein Leben ein Mysterium und ein Rätsel ist und er die Unsicherheit, die dies für seinen Intellekt bedeutet, mit Freude akzeptieren kann, dann steht er an der Schwelle zum entscheidendsten Schritt seiner Menschwerdung. »Wie ein Schwimmer sich im nirgends greifbaren Wasser zuhause fühlt und sein einziger Halt darin besteht, die lebendige Bewegung zu kennen, die den Eigenschaften des Wassers angepasst ist, so ist der erwachte Mensch in dem mysteriösen Strom des Weltgeschehens zu Hause, an dem er selbst aktiv Anteil nimmt mit dem, was ihn beseelt, was in ihm lebt, seinen Anlagen.«[23]

Ein Mensch, der diese Signale der dritten Phase erlebt, lebt »für nichts«. Paradoxerweise hat er nur eine Gewissheit, und zwar, dass er seine Gewissheiten verloren hat.

Zum Schluss noch folgende Bemerkung: Ich habe oben die drei Phasen so beschrieben als folgten sie nacheinander. Dies trifft für die erste und die zweite Phase halbwegs zu, aber die dritte Phase lässt sich sicherlich nicht chronologisch nach der zweiten Phase einordnen. Es handelt sich eher um drei Dimensionen, die fortwährend ineinander übergehen und permanent Teil von uns sind. Sie bilden auch keinen unumkehrbaren Prozess: Der Rückfall in die kindliche Unschuld wird nur selten gelingen, aber es passiert uns häufig, dass wir nach Momenten der Erlösung wieder unter die Gesetze von Angst, Schuld und Moral zurückfallen.[24] Aus pädagogischer Sicht hat es wenig Sinn, Menschen mit Informationen über ein Stadium zu versehen, das sie (noch) nicht aus eigener Erfahrung kennen. Für jemanden, der sich in der ersten Phase befindet, ist die Erfahrung von »Schuld« nicht zu fassen, und für jemanden in der zweiten Phase klingt es seltsam, dass eine »zweite Unschuld« existieren könnte. Diese Bewusstseinsstadien verlangen nach einer Begleitung, die ihnen gerecht wird. Diese Agogik der Seele, in ihrem Aufstieg und Untergang, steht im Mittelpunkt des nächsten Kapitels.

3. Ein Plädoyer für Mystagogie

»Das Unglück der westlichen Welt lag
immer in der schlechten Gewohnheit,
Glaubensbekennntnisse, starre Regeln
und Dogmen zu liefern anstatt das direkte
Erleben des Königreichs selbst;
wir versuchen mit einem Brei aus Worten
einzufangen, was nur mit visionärer
Aufmerksamkeit eingefangen werden kann.«
Theodore Roszak

In diesem Kapitel werden die wichtigsten Facetten des theologischen Begriffs »Mystagogie« beschrieben, und zwar unter Bezugnahme auf das Gedankengut des Theologen Karl Rahner. Der Mystagoge vermittelt nichts, sondern ruft etwas hervor. Er ist kein Transformator für göttlichen Strom, will uns nicht auf das Aggregat Kirche anschließen, sondern arbeitet mit uns wie eine Hebamme, die uns dabei hilft, dass das Wesentlichste aus uns selbst geboren wird.

Theologie ist Anthropologie

In den vorhergehenden Kapiteln haben wir in groben Zügen gesehen, auf welchen Wegen sich das symbolische Bewusstsein im Leben eines Menschen offenbart. In diesem Kapitel beschäftigen wir uns in diesem Zusammenhang mit zwei fundamentalen Fragen. Was sagt ein solches Bewusstsein über den Menschen aus und wie müssen wir einen Menschen erziehen, wenn wir von diesem Bewusstsein ausgehen? In der Antike beantwortete man die erste Frage wie folgt: »Der Mensch ist ein Mysterium« und die zweite mit: »Das erfordert eine Initiation, eine Einweihung.« Einweihen-in-ein-Mysterium fasste man in einem Wort zusammen: Mystagogie. In diesem Kapitel will ich die wichtigsten Charakteristika dieser speziellen Anthropologie und Agogie zusammenfassend nennen, und zwar ausgehend vom zeitgenössischen Gedankengut des bekannten Theologen Karl Rahner (1904-1984). In den Kapiteln vier, fünf und sechs vertiefe und illustriere ich diese Charakteristika noch weiter, indem ich vor allem Beispiele und Gedankengänge aus der Antike präsentieren werde. Ich möchte an dieser Stelle jedoch bereits betonen, dass es mir dabei nicht um die Antike an sich geht. So sehr ich auch davon überzeugt bin, dass es sich hierbei um relevantes, historisches Material zum Thema Initiation in das symbolische Bewusstsein handelt, beschäftige ich mich damit in dieser Studie zuerst und vor allem, weil es eine dem Menschen eigene und daher auch für den modernen Menschen interessante Thematik ist. Meiner Meinung nach handelt es sich hier um *die* Thematik im Kontext der heutigen religiösen Krise.

Es gibt ein berühmtes Zitat von Rahner, in dem er dieses noch zuspitzt. »Der Fromme von morgen wird ein ›Mystiker‹ sein, einer, der etwas ›erfahren‹ hat, oder er wird nicht mehr sein.«[1] Dieser Gedanke impliziert, dass heutige Jugendliche eine »Mystagogie« brauchen, und eben keine »Glaubensinstruktion«, wenn sie sich zu den »Frommen von morgen« entwickeln sollen. Rahner ist sich darüber im Klaren.

»Die Frömmigkeit von morgen wird nicht mehr durch die im voraus zu einer personalen Erfahrung und Entscheidung einstimmige, selbstverständliche öffentliche Überzeugung und religiöse Sitte aller mitgetragen, die bisher übliche religiöse Erziehung kann also nur noch eine sehr sekundäre Dressur für das religiös Institutionelle sein.«[2] Gerade die Jugendlichen von heute kennen im Allgemeinen wenig bis gar keine explizit christlichen oder kirchlichen Kategorien, an die man anknüpfen könnte. Sie befinden sich qua Weltanschauung in einer Art »Leere«. Der Theologe Knoblauch schreibt: »Die unsichtbare Religion der Jugendlichen … zeigt deutlich in eine Richtung: sich auf das eigene Ich zu orientieren als den letzten bedeutungsvollen Horizont.«[3] Für die Jugendlichen bleiben die Fragen nach dem »Sinn« und dem »letztendlichen Sinn« des Lebens. Diese werden jedoch bewusst oder unbewusst abgekoppelt von den traditionell verkündeten Sichtweisen des Systems. »Sinn« ist ein ganzheitliches Erlebnis. Gerade mit dieser ganzheitlichen Erfahrung muss man die Jugendlichen ansprechen, will man sie und ihre Weltanschauung überhaupt noch erreichen. Mystagogie so wie Karl Rahner sie versteht, also Menschen dabei zu begleiten, das Geheimnis ihres eigenen Lebens verstehen zu lernen, erscheint mir auch für Jugendliche adäquat. Und je nachdem inwieweit Älteren dieselbe Ausgangsposition bewusst ist, gilt das natürlich auch für sie.

Ich beginne damit, Rahners Standpunkt kurz zusammenzufassen. Das dient uns dazu, den roten Faden seiner meist komplexen Überlegungen nicht aus den Augen zu verlieren. Der Standpunkt selber ist übrigens außergewöhnlich klar und lautet: Wenn das Christentum glaubt, Nichtchristen oder den eigenen Mitgliedern sozusagen von außen einen spirituellen Überbau anbieten zu müssen, dann irrt es gewaltig. Jede

Kultur im Allgemeinen und jedes Individuum im Besonderen sind von Natur aus bereits auf Gott ausgerichtet, ob sie sich dessen nun bewusst sind oder nicht. »Heilsvermittlung« heißt nicht, das Heil von außen zu übertragen, sondern dem anderen Menschen dabei zu helfen, sich in einem Bewusstseinsprozess dem bereits in ihm vorhandenen Heil zu nähern bzw. dieses in sich zu erkennen. Sein Leben lang hat Rahner auf diese anthropologische Basis aller Theologie gepocht, eine Basis, die Christen und Nichtchristen gemeinsam haben.

Der Schlüsselbegriff, mit dem Rahner hier arbeitet, wird von ihm »Transzendentalität« genannt. Diese Dimension gehört seiner Meinung nach zur Ordnung des menschlichen Seins. Es geht hier um einen ontologischen Standpunkt. In der Ausarbeitung seiner Sicht der Dinge stützt Rahner sich wenig auf die Psychologie und verwandte Wissenschaften. Seine wichtigste Hilfswissenschaft ist die Wissbegierde. Er hat auch stets darauf hingewiesen, dass das Schmecken und psychologische Erfühlen der Transzendenz nur deshalb möglich ist, weil der Mensch von seinem Wesen her dazu disponiert ist, weil er von Natur aus ein Wesen ist, das auf Transzendenz gerichtet ist, unabhängig von allen tatsächlichen, christlichen und nichtchristlichen Erfahrungen und Kategorien.

Das »Sein« ist darum für Rahner auch kein leeres Wort. Es ist etwas, an dem ich teilhabe, das gleichzeitig aber über mich hinausgeht. Es transzendiert mich zur Welt, zum anderen, zu Gott. Darum ist die Frage »Wer bin ich?« keine Frage, die mich in mich selbst einschließt, sondern im Gegenteil für das Sein öffnet. Ich bin immerhin nur soweit Person inwieweit ich mich selber transzendiere. Mein Sein ist seinem Wesen nach Offensein.

Auf der einen Seite ist der Mensch aus einer Vielfalt von Wirklichkeiten zusammengesetzt, aus sich oft widersprechenden Richtungen, auf der anderen Seite bildet derselbe Mensch eine echte und ursprüngliche Einheit. »Der Mensch muß diese Vielheit des Gegebenen, des Aufgegebenen und die Entzogenheit des Herrschenden als eine im Geheimnis seines Daseins ursprünglich und zukünftig verborgene Einheit aushalten.«[4] Die Verwendung des Wortes »Mysterium« ist hier nicht zufällig und kommt bei Rahner immer wieder vor. Ein Mysterium ist etwas anderes als ein Problem. Der Mensch *hat* Probleme, aber *ist* selber ein Mysterium. Probleme sind Aufgaben, die im Prinzip immer zu lösen sind. Mysterien sind Erfahrungen, die uns umgeben, bei denen wir nicht das Bedürfnis haben, sie zu lösen. Trotz aller wissenschaftlicher Erkenntnisse weiß man eigentlich noch nichts über den einen ganzen Menschen. Wittgenstein schreibt in diesem Sinne: »Wir spüren, dass selbst dann wenn alle *möglichen* wissenschaftlichen Fragen beantwortet sind, unsere Lebensprobleme im Ganzen noch nicht berührt worden sind. Tatsächlich bleibt dann noch nicht einmal mehr eine Frage über; und das ist gerade die Antwort.«[5] Was die tiefste Einheit eines Menschen ausmacht, bleibt eine offene Frage, eine Frage, die eher größer wird statt abzunehmen. Der Mensch selbst ist, »indem er nicht Sache, sondern Subjekt als Ekstase in das ihm entzogene Geheimnis ist.«[6] Man darf darum laut Rahner auch nicht den Eindruck haben, dass eine Wissenschaft wie die Theologie in der Lage sein könnte, Licht in eine Sache zu bringen, die in ihrem Tiefsten voller Mysterien ist. Wenn ein Mensch schon keinen Zugriff auf seine eigene Transzendenz hat, ist es erst recht ausgeschlossen, dass er den transzendenten Gott selbst »fassen« kann. In einem Vortrag, gehalten am Vorabend eines Festes von Thomas von Aquin, geht Rahner auf das Studium der Theologie ein. Dieses hat seiner Meinung nach das Ziel, »den Menschen aus der übersichtlichen Helle seines Daseins hinauszuzwingen in das Geheimnis Gottes hinein, wo er nicht mehr begreift, sondern ergriffen wird, wo er nicht mehr räsoniert, sondern anbetet, wo er nicht bewältigt, sondern selber überwältigt wird. Nur dort, wo die Theologie der begreifenden Begriffe sich selbst aufhebt in die Theologie der ergreifenden Unbegreiflichkeit, ist sie Theologie. Sonst ist sie im Grunde doch nur menschliches Geschwätz, mag sie noch so richtig sein. Das ›Adoro Te devote, latens Deitas, quae sub his figuris vere latitas‹ muß nicht dauernd lyrisch gesagt werden, aber das innerste Prinzip alles theologischen Denkens und Erkennens sein.«[7]

Rahner hat sein Leben lang diesen transzendentalen Ausgangspunkt verteidigen und zu Zeit und Unzeit aufzeigen müssen, dass die großen Dogmen von Gnade, Offenbarung, Schöpfung und Erlösung, richtig verstanden, zu dieser transzendentalen Disposition nicht im Widerspruch stehen und auch nicht stehen dürfen. Die heftigen Diskussionen, die sein Standpunkt manchmal hervorrief, sind im nachhinein betrachtet jedoch verständlich, denn sein Standpunkt ist ohne Frage einer der herausforderndsten in der modernen Theologie und aktueller als jemals zuvor.

So geht Rahner zunächst davon aus, dass diese Transzendenz keine abgesonderte Dimension des Menschen ist, sondern »ein Grundmoment an all dem ist, als was er sich (in Erkenntnis, Freiheit, Interkommunikation, Hinkünftigkeit auf Zukunft, Tod usw.) erfährt.«[8] Man kann sich dann auch nicht mehr länger mit den einfachen Schemata, die die traditionelle Verkündigung uns anbietet, zufrieden geben. Diese seien »von der Tradition der Verkündigung angebotene Schemata (Natur – Übernatur; Leib – Seele; Wissen – Glauben; Welt – Kirche; Kultur – Religion; kontingente Geschichte – ewig bleibendes Wesen usw.) als angeblich selbstverständliche erste Ausgangspunkte einer theologischen Anthropologie.« Gibt man sich doch damit zufrieden, »dann ist es wenigstens heute – nicht mehr vermeidlich, daß der plural immer schon in seiner Erfahrung ›zerstreute‹ Mensch vermeint, sich in seinem realen Selbstverständnis immer schon auf der einen Seite dieser Unterscheidungen angesiedelt zu erfahren und sich sogar zu solcher Selbstinterpretation von der Kirche ermächtigt und ermuntert zu empfinden. Dann aber kann ihm die theologische Anthropologie in ihrem Eigenen nur noch vorkommen wie ein seltsamer ideologischer, letztlich überflüssiger, die erfahrene ›Wirklichkeit‹ nicht berührender ›Überbau‹ als eine Ideologie, die er kritisch, soziologisch, empiristisch oder wie immer zersetzen und fallenlassen kann.«[9]

Eine solche Stellungnahme ist mehr als deutlich. Seit ich im Fach ›Katechese‹ arbeite gibt es eine anhaltende Diskussion über die Erfahrungskatechese und die Offenbarungskatechese. Sie scheinen einander auszuschließen. Rahner behauptet jedoch, dass ›Transzendenz‹ *Teil der menschlichen Erfahrung ist* und dass das Christentum keine Baufirma ist, die sich auf Überbaukonstruktionen spezialisiert hat. Der Mensch ist von Natur aus bereits vollständig transzendental ausgerichtet, ob er schon zu einer Kirche gehört oder nicht, gläubig ist oder nicht. Es geht darum, »daß die wahre Selbsterfahrung des Menschen eine … transzendentale, von der Gnade getragene religiöse Erfahrung ist, die in allen regionalen Erfahrungen des Menschen latent gegeben ist, so daß *diese* an sich zwar bleibend welthaft, aber nicht säkularistisch in sich verschlossen, regional, aber nicht autonom sind.«[10] Hier macht Rahner eine wichtige Unterscheidung. Der Mensch ist als ›weltliches‹ Wesen auf Gott gerichtet, aber wenn er diese Gerichtetheit in sich nicht erkennt oder verdrängt, wird er zu einem säkularistischen Wesen. Rahner verweist immer wieder auf zwei Reduktionen, denen das Mysterium Mensch unterliegt. Auf der einen Seite ist da die säkularisierte Gesellschaft, die ihn objektiviert, auf der anderen Seite die klerikale Kirche, die versucht, ihn sich völlig einzuverleiben, was im Grunde auf dasselbe hinausläuft, da auch sie damit negiert, dass der Mensch ein *von Natur aus* transzendentales Wesen ist. Die Kirche »darf Gott nicht aussagen als etwas ›extrinsezistisch‹ an den Menschen Herangetragenes, das existentiell nicht verifizierbar ist, sondern als den, auf den hin der Mensch in dieser unausweichlichen Grunderfahrung *immer schon* existiert, auch wenn er davon thematisch nichts weiß.«[11] Die Kirche ist kein »physiologischer Organismus … in dem ein ›übernatürlicher Blutkreislauf‹ aus Gnade, objektivistisch gesehen, kreist.«[12] Es handelt sich hier um ein prächtiges Plädoyer für die geistige Autonomie des Menschen.

Eine solche Sicht der Dinge stellt den üblichen Blick auf die ›Heilsvermittlung‹ und den ›Heilsprozess‹ auf den Kopf. In *Über die Möglichkeit des Glaubens heute* richtet Rahner sich an den modernen Menschen, dem es nicht mehr so direkt einleuchtet, warum er Christ werden sollte. Rahners Antwort zeugt von tiefem Verständnis für diesen Menschen. Er schreibt: »Wenn also gesagt wird, man solle aus der Erfahrung des eigenen Daseins heraus erfahren, ob das Christentum die Wahrheit des Lebens sei, dann ist keine Überforderung angemeldet. Dann ist nur gesagt: verbünde dich mit dem Echten, dem Fordernden, dem nach dem Ganzen Verlangenden, dem Mut zum Geheimnis in dir; dann ist nur gesagt: geh weiter, wo immer Du jetzt gerade auch stehen magst, folge dem Licht, auch wenn es jetzt noch klein ist, hüte das Feuer, auch wenn es jetzt noch nieder brennt, rufe das Geheimnis an, gerade weil es unfaßbar ist. Geh und Du wirst finden, hoffe, und Deine Hoffnung ist schon inwendig mit der Erfüllung begnadigt. Wer so sich aufmacht, mag weit vom amtlich verfaßten Christentum entfernt sein, er mag sich vorkommen wie ein Atheist, er mag bekümmert meinen, nicht an Gott zu glauben, die Konkretheit der christlichen Lehre und Lebensführung mag ihm seltsam und fast erdrückend vorkommen. Er soll weitergehen, seinem Licht im innersten Grund des Herzens folgen. Dieser Weg ist schon inmitten des Zieles.«[13]

Aber worin liegt dann noch die Bedeutung einer Institution wie der Kirche? Sie scheint dem Heilsprozess eher im Wege zu stehen, anstatt dass sie ihn fördert. Um welche Art ›Vermittlung‹ geht es denn dann bei der ›Heilsvermittlung‹, wenn wir nicht die Absicht haben dürfen, das Heil selbst zu vermitteln? Wie können wir den modernen Menschen dann noch dazu bewegen, christliche Kategorien zu bejahen?

Die Antwort von Rahner lautet wörtlich: »Letzlich freilich kann diese Anleitung nur dadurch heute geschehen, daß die kategoriale Vermittlung der transzendenten Gottesbegegnung in Wort, Sakrament und kirchlichem Leben so gestaltet und auch unmittelbar verständlich wird, daß alle diese Vermittlung nichts ist und nichts sein will als die Einweisung in jenen geheimnisvollen Vorgang, in dem der Mensch vom Grund seines geistigen, begnadeten Daseins her der unmittelbaren Selbstmitteilung des Geheimnisses Gottes in absoluter und vergebender Nähe begegnet.«[14]

Das Kernwort hier lautet ›Einweisung‹. Das Christentum setzt über die Wirklichkeit, die in uns lebt, ins Bild, verweist darauf. Der Mensch erkennt in den vorgestellten christlichen Kategorien den Heilsprozess, der sich in ihm oder ihr ereignet. Die so genannten christlichen Werte und Wahrheiten sind *Symbole* für das, was er in sich selber erfährt. Auf einmal erkennt der Mensch sich selber, in der christlichen Konfiguration, die ihm vorgestellt wird, geht ihm ein Licht auf: in der Parabel, die ihm erzählt wird, im Initiationsritus, der ihm angeboten wird, im Bild, das gezeigt oder im Lied, das angestimmt wird. Es findet eine ›Illumination‹ statt. *Es wird nichts vermittelt, sondern etwas aufgerufen, was ein wesentlicher Unterschied ist.*

Natürlich muss das Christentum von den Symbolen und Mythen des heutigen Menschen ausgehen und daran anknüpfen. Ich gehe darauf im folgenden Kapitel weiter ein. Es ist jedoch genauso wichtig, wenn nicht sogar wichtiger, und das meint Karl Rahner hier, dass das Christentum sich selber wieder als Symbol versteht! Denn worin liegt die Stärke einer jeden Weltanschauung? In ihrem symbolischen Verweisen! Rahner war sich wie kein anderer darüber im Klaren, dass wir noch einen langen Weg vor uns haben, bevor unsere Dogmen wieder als Symbole erfahren werden. Die objektivistische Weise, mit der die Wahrheiten des Glaubens häufig präsentiert werden, hat damit wenig Affinität. Er schreibt: »In dem Augenblick nämlich, in dem man sich wirklich der geistigen Situation stellt, wie sie mit der Weltlichkeit der Welt gegeben ist, entstehen so viele neue Verständnisschwierigkeiten für die christliche Botschaft, werden so viele bisherige Selbstverständlichkeiten fraglich, sind so viele neue Verständniszugänge zu suchen, daß das Ganze der christlichen Botschaft gewissermaßen fundamentaltheologisch und dogmatisch neu durchdacht werden muß, damit es wirklich glaubwürdig und verstehbar erscheinen kann.«[15] Als Beispiel nennt er das Dogma von der Inkarnation. Der heutige Mensch erhält den Eindruck, »man mute ihm (man verzeihe die Kraßheit des Beispiels) mit dem Dogma von der Inkarnation des Logos dieselbe gedankliche und existentielle Unvollziehbarkeit zu, wie sie der Christ ohne weitere Diskussion ablehnt, wenn er hört, der Dalai-Lama betrachte sich als die Inkarnation Buddhas. Es kann und muß in der Theologie über Gott und seine Geheimnisse so geredet werden, daß der Mensch von heute immer die Rückbindung der Einzelsätze des Dogmas in jenes ursprüngliche Geheimnis versteht, das auch er in seinem rationalen Weltverständnis immer noch erfährt und anzuerkennen ist.«[16]

Theologie ist also vor allem Anthropologie. In seinem Buch *Die Theologische Dimension der Frage nach dem Menschen*, 1975 erschienen, formuliert Rahner es noch einmal unumwunden. »Die gegenwärtige Theologie muss unbefangen beim Menschen beginnen, bei seiner Selbsterfahrung, bei seiner Existenz, und genau betrachtet, muss sie auch bei ihm enden. … Die christliche Botschaft, die den Menschen gebracht werden soll, ist kein Angebot von etwas Fremdem oder von außen Kommendem, sondern ein Hervorrufen und Interpretieren des Innersten im Menschen, der tiefsten Dimension seiner Existenz.«[17]

Mystagogie

Der Ausdruck ›das Hervorrufen und Interpretieren des Innersten im Menschen‹ ist in der Tat eine gelungene Umschreibung dessen, was Rahner unter ›Mystagogie‹ versteht.

Rahner hat diesen Begriff dem katechetischen Lehrmodell der Kirchenväter entlehnt. Worte, in denen ›agogik‹ vorkommt, sind bekannt, zum Beispiel Pädagogik und Andragogik. Das griechische Wort ›agein‹ bedeutet ursprünglich ›begleiten, leiten, mit-führen‹. Ein Pädagoge war ursprünglich jemand, der das Kind vom Haus aus zur Schule begleitete. Der Mystagoge nun war derjenige, der einen ›Myste‹ begleitete. Ein ›Myste‹ war ein Mann oder eine Frau, die in die ›Mysterien‹ eingeweiht werden sollten. Ein ›Mystagoge‹ begleitete diese Initiationsschüler auf ihrem Weg der Initiation.[18] Analog zu der Initiation in die heidnischen Mysterien kannte das frühe Christentum seine eigenen jährlich wiederkehrenden Ostermysterien, während derer die Katechumenen einen Initiationsritus durchliefen. Die Kirchenväter verwendeten hier den Begriff ›mystagogische Katechese‹. Kennzeichnend für diese Katechese war, dass sie erst dann erteilt wurde, nachdem die Katechumenen in die Mysterien von Taufe, Firmung und Eucharistie eingeweiht worden waren. Es handelte sich um eine Katechese, die das Mysterium symbolisch deutete, nachdem es bereits erfahren worden war. Die allegorische Exegese, die bezeichnend für die Kirchenväter war, passte hervorragend zu dieser Form der Katechese.[19] Es war undenkbar, dass man das Mysterium jemandem vor der Initiation erklärte. Es gab hier sogar so etwas wie ein ungeschriebenes Gesetz, später ›disciplina arcani‹ genannt, das besagte, dass man gegenüber Nichteingeweihten von den Geheimnissen des Glaubens zu schweigen habe. In Kapitel fünf geht es vor allem um diesen Begriff.

Mystagogische Seelsorge bedeutet zusammengefasst: Die Geheimnisse des Glaubens konnten erst dann gedeutet werden, wenn der Mensch sie erfahren hatte. Erfahren konnte er sie erst dann, wenn er dazu bereit war. Der Mystagoge verhalf ihm zur Einsicht in den dafür nötigen Bewusstseinsprozess.

Nach Rahner geht die ›Mystagogie‹ über den Rahmen der sakramentalen Initiation hinaus. Grundsätzlich aber teilt er die Auffassung der

Kirchenväter, dass es um die erlebnishafte Begleitung eines Menschen auf seinem oder ihrem Weg der Initiation in das ›Mysterium‹ der eigenen Seele geht. »Überhaupt bedarf es in dieser Stuation der Weltlosigkeit Gottes und der Gottlosigkeit der Welt einer viel reflexer durchdachten und immer neu erprobten und eingeübten *Mystagogie* in die eigentliche religiöse Erfahrung.«[20] Es geht hier um eine Begleitung, die die Erfahrung des Mysteriums zum Ziel hat, nicht jedoch dessen Verständnis.

Es gibt im Grunde auch nichts zu verstehen. Wie die Kirchenväter ist sich auch Rahner darüber bewusst, dass diese Erfahrung sich jeglicher Vermittlung entzieht. Man kann das Heil auch nicht mit Worten vermitteln. Es vollzieht sich. Rahner schreibt: »Soweit dies überhaupt im Bereich des menschlichen Bemühens liegt, müßte die Kirche bei all ihrem Tun die Mystagogin sein, die den Menschen anleitet, die innere Erfahrung der Gnade Gottes zu machen. Zwar entzieht sich eine solche Erfahrung, die das Ereignis des Heiles selber und nicht nur ihre kategoriale Vermittlung ist, notwendig der unmittelbar zugreifenden und sich vergewissernden Reflexion. Aber es gibt diese Erfahrung dennoch, und sie kann im Menschen wachsen.«[21]

Mystagogie beschreitet also nicht den Weg der reflexiven, kategorialen Vermittlung des Heils, sondern eben gerade den Weg der Erfahrungen. Transzendentale Erfahrungen und Mystagogie rufen einander hervor.[22] Es geht nicht darum, dass wir künstliche Bewässerungssysteme entwickeln, sondern dass wir dem Menschen dazu verhelfen, das lebendige Wasser selbst anzubohren. Rahner schreibt: »Wir brauchen eine Mystagogie für die religiöse Erfahrung, von der viele meinen, dass sie sie nicht in sich selbst entdecken können, eine Mystagogie, die so vermittelt werden muss, dass jemand sein eigener Mystagoge werden kann.«[23]

Für Rahner ist ›Mystagogie‹ also eindeutig ein Begriff des Handelns, ein Begriff der praktischen Theologie. Der Mystagoge verfügt über bestimmte Kenntnisse, agogisches Wissen und Fähigkeiten, die nötig sind, um die Erfahrung des Mysteriums zu lehren. Nicht jeder kann daher so einfach Mystagoge sein. »Diese Mystagogie kann heute nicht mehr bloß der konkreten religiösen Erfahrung einzelner Prediger, den Aszeten und Mystikern überlassen werden. Der Mensch von heute wird auch in der Dimension seiner theoretischen, satzhaften Überzeugungen nur dann ein Glaubender sein, wenn er eine wirklich echte, persönliche religiöse Erfahrung gemacht hat, immer neu macht und darin durch die Kirche eingeweiht wird. Eine bloße Vermittlung satzhafter, kategorialer Lehrsätze des christlichen Dogmas genügt nicht. …

Diese Mystagogie in die religiöse Erfahrung geschieht aber nicht allein durch eine schulmäßige Eintrichterung eines Katechismuswissens.

Es ist zudem einfach nicht wahr, daß das, was diese Mystagogie inhaltlich und methodisch darüber hinaus besagt, in genügender reflexer Klarheit und Einübung vom Durchschnitt des Klerus schon besessen wäre. ... Nur bedarf es in steigendem Maße heute bei jedem Christen, nicht um ›vollkommen‹ zu werden, sondern um ein wirklich Glaubender zu werden und zu bleiben, einer solchen Mystagogie in eine ursprünglich religiöse Erfahrung, wie sie die eigentlichen Exerzitien des Ignatius von Loyola für ihre Zeit waren. Wenn man heute sich keinen Psychotherapeuten denken kann, der durch rein theoretisches Studium ohne eine Lehranalyse sein Handwerk lernt, so kann man sich ebensowenig den heutigen religiösen Mystagogen denken, der bloß von einem begrifflichen theologischen Studium her kommt und darüber hinaus nur das bißchen an Einweihung in das ursprüngliche religiöse Leben hat, das ihm durchschnittlich in einem Seminar geboten wird, wobei Studium und aszetische Belehrung des Seminars auch noch einmal sehr weit auseinander liegen.«[24]

Eine rein konzeptuelle Theologie ist nicht in der Lage, Menschen von außen eine religiöse Erfahrung zu vermitteln oder einzureden.[25] Um Menschen in religiöse Erfahrungen einzuweihen braucht man eine *praktische* Theologie. Diese verfügt jedoch im heutigen Leben der Kirchen noch über so wenige Instrumente, dass sie zurückgreifen muss auf »außerchristliche Methoden der Vertiefung, um dieses Defizit auszugleichen.«[26] Am Ende seines Lebens wurde Rahner klar, dass er über diese ›Einübungstechniken‹ viel zu wenig geschrieben hatte. Dass man mit Hilfe spezieller Übungen in das Mysterium seines persönlichen Lebens vordringen und dabei jahrhundertealte Lehrmodelle wie zum Beispiel Yoga heranziehen kann, erkannte er erst später. Rahner berief sich mit seiner Theologie auch kaum auf psychologische Kategorien. 1974 gibt er in einem Brief an den Theologen Fischer zu, dass sein Werk in dieser Hinsicht eine Lücke hat. Er schreibt: »Es ist natürlich klar, dass für eine Mystagogie ... mehr nötig ist als sich allein reflexiv der transzendenten Dimension bewusst zu sein. Es gehören auch die Übungen und Techniken dazu, die in allen entwickelteren Religionen (mit mehr oder weniger Esoterik) eingeübt und ausgeübt werden: mit dem eigenen Körper umgehen lernen, zur Einkehr kommen, Stille usw. ... Aus diesem Blickwinkel habe ich eigentlich nie über eine umfassendere Mystagogie gesprochen. ... Ich muss diese Lücke leider ehrlich bekennen.«[27]

Rahner hat ›Mystagogie‹ meiner Meinung nach am zutreffendsten mit dem Begriff ›Mäeutik‹ charakterisiert. Diesen Begriff entnimmt er auch der griechisch-christlichen Antike. Es handelt sich wahrscheinlich um das berühmteste Lehrmodell, das wir in unserer Kultur kennen, nämlich um die sog. ›Hebammenlehre‹ des Sokrates. Die Mystagogie stößt beim Menschen einen Bewusstseinsprozess an, und zwar nicht indem sie allerlei bestehende Werte und Wahrheiten vermittelt, sondern indem sie von innen heraus eine Dynamik in Gang setzt, durch die der Mensch selber neues Leben gebiert. Bereits 1959 schrieb Rahner über »die Mäeutik eines individuellen Christentums von innen heraus« und 1961 »über die Hermeneutik und Mäeutik dieser ursprünglicheren im Sein verwurzelten Gotteserfahrung.«[28] Mystagogie als Hebammenlehre. Dies ist Rahners stärkste Metapher, um zu verdeutlichen, worum es in einer mystagogischen Katechese geht. Der Katechet vertraut dem Katechumenen keine fremden Kinder an, auch nicht ein göttliches Kind, sondern hilft einem anderen Menschen dabei, selber sein oder ihr eigenes Kind zur Welt zu bringen und so geistig wiedergeboren zu werden. Denn das ist das Geheimnis aller Mysteriengottesdienste: geistig wiedergeboren zu werden. In Kapitel acht gehe ich ausführlich auf die sokratische Methode ein.

Plädoyer für eine mystagogische Ausbildung der Weltanschauung (Katechese)

Wenn ich die Gedanken Rahners auf mich einwirken lasse, werden mir die Konsequenzen für die Ausbildung der Weltanschauung, vor allem bei Jugendlichen, immer deutlicher und rufen eine doppelte Reaktion hervor. Auf der einen Seite bin ich bestürzt über Rahners Radikalität, aber auf der anderen Seite fühle ich mich auch getröstet, weil viele katechetische Initiativen, die sich in den vergangenen Jahrzehnten entfaltet haben und erheblichen Widerstand sowie Verdächtigungen auslösten, in diesem Sinne nun doch theologisch zu verantworten sind. Im Nachhinein muss vielleicht sogar gesagt werden, dass wir noch zu wenig Mut gezeigt haben. Während wir glaubten, das Glaubensgut bewahren und sicherstellen zu müssen, ließen wir es in Wirklichkeit vielleicht verkümmern oder bauten riesige Wälle darum herum auf. An dieser Stelle will ich dem Mystagogie-Gedanken Rahners zwei pädagogisch-didaktische Optionen entlehnen. Es sind zwei Optionen aus vielen möglichen, die mir jedoch fundamental scheinen. Sie sind nicht unbekannt. Ich hoffe jedoch, dass sie durch Rahners Sichtweise mehr theologischen Tiefgang erhalten haben und so deutlich wird, wie unentbehrlich sie für die zukünftige Gestaltung und Anlage der Katechese sind.

Ausgangspunkt: die konkrete Situation des Menschen

Die erste große Option lautet: In der mystagogischen Katechese ist der konkrete Mensch mit seiner Eigenschaft als transzendentales Wesen der Ausgangspunkt. Die bedeutendste Lehrsituation ist eine, in der man der lernenden Person hilft, seine oder ihre Bedeutungswelt zu erforschen, auszutesten, zu interpretieren und sich bewusst zu machen. Der Ausgangspunkt sollte dabei immer die konkret gegebene existenzielle Situation sein, nicht weil so ein Ausgangspunkt didaktisch schlau ist (man wird sein Anliegen dann immer einfacher anbringen können), sondern weil sich dort der heilige Boden befindet, der betreten werden soll. Auch wenn der Lernende nach der Meinung des Katecheten in die verkehrte Richtung läuft, zum Beispiel nach Emmaus anstatt nach Jerusalem, schließt er sich ihm an und beginnt Fragen zu stellen, nicht jedoch Antworten zu geben und erst recht nicht in ›die‹ richtige Richtung zu zeigen.

Wenn meine Mutter die Hebamme des Dorfes auf dem Fahrrad vorbeifahren sah, pflegte sie zu sagen: »Die holt wieder ein Baby.« In der Katechese müssen wir uns darüber im Klaren sein, dass wir etwas holen, etwas aufrufen, aufwecken, nicht jedoch etwas bringen oder vermitteln. Einen Wert kann man nun einmal nicht wie ein Stück Information vermitteln. Das würde den Schüler davon entbinden, unbedingt eine Wahl treffen zu müssen, denn es geht ja um seine oder ihre Wahrheit, um sein oder ihr Geheimnis. Jedes selbstentdeckte Lernen ist sinnvoll und fruchtbar. »Selbst entdeckt« lernen heißt nicht, dass es dazu keine Impulse von außen geben darf, zum Beispiel von einem Mystagogen. Es bedeutet aber, dass der Moment des Lernens erst dann aufbricht, wenn jemand die Bedeutung des Lernstoffes selber erfahren hat, unabhängig davon, wie der Lerninhalt vermittelt wird und woher er kommt. Und wenn auch die ganze Welt etwas weiß, aber ich selber habe es noch nicht erfahren, schreibt Kierkegaard einmal, dann hat es keine Bedeutung für mich. Erst innerhalb des eigenen Puzzlebildes wird das fehlende Teilchen auf einmal bedeutungsvoll. Wenn man sozusagen ein Teilchen gereicht bekommt, jedoch keinen Bezug zum eigenen Puzzle sieht, steht man vor einer neuen Puzzleaufgabe. Es ist nicht so, dass wir die Wahl zwischen vielen Lehrmodellen hätten, sondern dieses maieutische Modell ist unausweichlich, wenn wir denselben theologischen Standpunkt wie Rahner einnehmen. Den Standpunkt nämlich, dass Gott schon lang und breit mit dem Menschen im Gespräch ist, der von uns katechetisch begleitet wird – ob der Mensch sich dessen nun bewusst ist oder nicht. Es gibt daher auch tatsächlich nichts zu vermitteln, sondern es muss im wahrsten Sinne des Wortes etwas entfaltet, entwickelt werden. In der Katechese müssen wir die Menschen dort abholen, wo sie stehen, und wo sie stehen, da steht Gott!

Gerade bei einer mystagogischen Katechese muss die gravierende Unterscheidung zwischen ›der Wahrheit an sich‹ und ›der Wahrheit für mich‹ getroffen werden. Zuverlässig vom göttlichen Mysterium zu sprechen ist nur in dem Maße möglich, wie der Mensch dafür reif ist. An einem bestimmten Moment auf meinem Lebensweg gibt es eine Wahrheit für mich, und es gibt die eigentliche Wahrheit. Diese zwei können aus meiner Perspektive himmelweit auseinander liegen. Es ist immer von Menschwerdung die Rede. In der nicht-mystagogischen Katechese sind wir oft geneigt, immer die eigentliche Wahrheit zu verkündigen und dabei auch schon einmal die Frage zu vernachlässigen, ob wir es mit Kindern oder mit Erwachsenen zu tun haben. Wir wissen viel zu wenig über die Glaubensentwicklung und vermitteln Kindern oft Stoff, der eher für Erwachsene bestimmt ist bzw. Erwachsenen vermitteln wir Inhalte, als würden wir mit Kindern sprechen. Abgesehen davon, dass Verkündigung von außen an sich schon wenig sinnvoll ist, geht es gerade darum, auf das aufmerksam zu machen, was jemand in diesem Moment bereits in sich trägt. Und wenn wir dann unbedingt etwas vermitteln wollen, sagt Rahner, lasst das dann Trost, Sicherheit und Liebe sein.

Wir sollen von den Symbolen und Mythen der anderen Menschen, der anderen Kultur, ausgehen, darauf aufbauen. Wo finden wir denn die Symbole und Mythen unserer Zeit, könnten wir uns fragen. Meistens suchen wir diese meiner Meinung nach viel zu weit weg oder schlagen in den Büchern der Wissenschaftler zu Symbolen nach. Letzteres ist nicht verkehrt, wir sollten allerdings bedenken, dass die Antwort direkt vor unseren Füßen liegt. Wir stolpern geradezu über die Symbole des modernen Menschen. Ich zähle diese hier absichtlich litaneiartig auf. Die träumerische Einbildungskraft des modernen Menschen und somit auch die der Jugendlichen geht nämlich immer von denselben jahrhundertealten Fragen aus: Woher komme ich? Was ist auf dieser Welt meine Aufgabe? Wohin gehe ich? Die Einbildungskraft wird nahezu ständig angeregt: von unserem Essen und Trinken, unserer Sexualität, unserer Partnerwahl, unserer Umwelt, unserem Materialismus, unserem Beruf, unseren Sinnesorganen, unseren Träumen, unserem Spiel, unserer Kleidung, unserer Freizeit, unserem Leben und Sterben, unserer Karriere, unseren Idealen, unserem Mann-, Frau-, Kind-, Altsein, unserem behindert oder nicht behindert sein, unserem krank oder gesund sein, unserem Selbst, unserem Ich, unserem Land, unserer Fresssucht, unserer Genusssucht, unserer Zärtlichkeit und Leidenschaft, unseren oralen, analen und genitalen Neigungen, unseren Trieben, unserem Biest- und

Engelsein, unserem Schicksal, unserem Platz in Raum und Zeit, unserem kosmischen Ort und so weiter und so weiter. Dort und nirgendwo anders liegen die Inhalte einer mystagogischen Katechese. Darin und dadurch umgibt das Mysterium uns. Diese Welt müssen wir aufrufen, mit ihr müssen wir ins Gespräch kommen, darin muss die transzendente Dimension aufleuchten.

Der Pastoraltheologe Knobloch geht in seinem Handbuch *Praktische Theologie* ausführlich auf den Mystagogie-Gedanken Rahners ein. In dem Kapitel ›Mystagogische Seelsorge – ein Prozess der Subjektwerdung‹ unterscheidet er zwei Formen der Seelsorge. Häufig will Seelsorge den Menschen noch immer an das ›Aggregat Kirche‹ anschließen. Es geht dann im Wesentlichen darum, dass Menschen an der kirchlichen Liturgie teilnehmen, beten und nach den kirchlichen Regeln leben. Eine solche Seelsorge vermittelt uns im Grunde, dass es genügt, sich von der Kirche und ihren Pastoren leiten zu lassen. Die Voraussetzung ist dann nur, dass sich der namenlose Mensch mit einem kirchlichen Organismus verbindet. Natürlich handelt es sich hier auch um Seelsorge, die jedoch eine ›Seele‹ meint, die ein Leben lang an der Hand des Pastors laufen muss. »Es wäre eine grobe Verzerrung der Mystagogie, wenn man den Seelsorger als ›Transformator‹ eines göttlichen Stromes versteht, mit dem das Individuum oder genauer gesagt die Seele ohne den Seelsorger nicht in Kontakt kommen kann. Das jedoch ist das komplette Gegenteil einer mystagogischen Seelsorge. Es gibt noch einen zweiten schwerwiegenden Unterschied, da Gott in dieser Konstruktion nur zu bestimmten Zeiten mit dem Individuum in Berührung kommt, nämlich wenn der für den Gebrauch geeignete göttliche Strom abgenommen wird. Und schließlich finden bei diesem Verständnis von Seelsorge das wirkliche Leben des Individuums, seine Biographie und die Spuren, die Gott in dieser Biographie hinterlassen hat, überhaupt keine Beachtung.«[29]

Suche nach grünen Wiesen

In der zweiten katechetischen Option geht es um die Antwort auf die Frage: Welche spezifischen Techniken, Arbeitsweisen, Behandlungsmethoden braucht ein Mystagoge? Ging es bei der ersten Option um das Ziel und den Inhalt, geht es jetzt um die Frage nach der spezifischen Methode. Welche Art Werkzeug hatte die Hebamme bei uns auf dem Dorf in ihren zwei Taschen, wenn sie ein Kind holen ging? Es waren allesamt Gegenstände, die der ›Erweckung‹ und ›Entbindung‹ dienen sollten.

An dieser Stelle möchte ich folgende Grundregel nennen: Verwende Methoden, die dafür sorgen, dass du mit deinen Katechumenen tatsächlich den transzendenten Raum betrittst. Verwende vielfältige Techniken und Arbeitsformen, die nicht informieren, sondern initiieren und symbolisieren. Es ist inzwischen wohl deutlich geworden, dass das nackte, objektive Wort hierzu das am wenigsten geeignete Werkzeug ist. Stattdessen eignet sich das erweckende, poetische, narrative Wort besser. Aber abgesehen von Worten gibt es noch einen ungekannten Reichtum anderer transzendentaler Methoden. Wie können wir auf mystagogische Weise unsere Inhalte zur Schau stellen? Zunächst einmal in allerlei Kunstformen: Bild, Drama, Tanz, Theater, Musik, Prosa und Poesie. Ein Künstler ist wie kein anderer in der Lage, der Transzendentalität unseres Seins auf die Spur zu kommen.

Wir leben in einer Zeit, in der noch vor kurzem die curriculäre Katechese galt. Diese beinhaltete, dass ein Team aus Wissenschaftlern Themen für den Unterricht aus Lebensthemen ableitete, und zwar unabhängig von pädagogischen Lernprozessen. Man gliederte die Themen in kognitive, affektive und attitudinale Aspekte auf und übertrug diese dann auf geeichte Arbeitsweisen, und zwar so, dass man sie anschließend wieder empirisch bewerten konnte, um zu sehen, ob das Lernziel erreicht wurde. Ich hatte stets meine Fragen hinsichtlich dieser Methode in der Katechese und sie erscheint mir ganz sicher ungeeignet, wenn es um mystagogische Katechese geht. Lieber keine Katechese als so eine. Können wir uns einen Jesus oder einen Sokrates auch nur annähernd so vorstellen? Ihnen waren exoterische Lernprozesse fremd, Prozesse also, an deren Beginn man das Ergebnis bereits genau kennt. So etwas ist hervorragend, wenn es darum geht, die Funktionsweise eines Benzinmotors zu erklären, jedoch absolut ungeeignet, wenn es um das transzendentale Mysterium Mensch geht. In diesem Fall brauchen wir esoterische Lernprozesse, das heißt wörtlich: nach innen gerichtete Prozesse. Ich meine mit diesem Begriff also nichts ›Okkultes‹. Esoterisch lehren bedeutet wörtlich: in das eigene Geheimnis der Seele einweihen. Das *Katholische Pädagogische Zentrum* organisierte vor einigen Jahren einen Studientag für Katechumenen, der ganz im Zeichen dieser Herangehensweise stand. Die organisierten Workshops hatten die Titel: ›von Musik umgeben‹, ›Drama‹, ›Geschichten erzählen‹, ›zugunsten der Zeichnungen den Text in Kauf nehmen‹, ›sakraler Tanz‹, ›um das Geheimnis kreisen‹, ›die Kunst der Kunstbetrachtung‹ und ›Schule feiern‹.[30] Was kennzeichnet diese Workshops? Die Tatsache, dass sie alle sich von Anfang an im symbolischen Raum bewegen. Die Arbeitsweisen richten sich nicht auf ein Ziel im curriculären Sinn des Wortes, sind kein Mittel zum Zweck. Nein, sie gehen sofort von der mysteriösen Wirklichkeit der Katechese aus. Man tanzt nicht, um etwas zu erreichen, man kreist nicht um das Geheimnis, um nach einer Zeit wieder damit aufzuhören, man erzählt keine Geschichte, weil das eine so schöne Methode ist. Nein, es bleibt uns Menschen eigentlich nichts anderes übrig, als uns tanzend, einkreisend und erzählend zu bewegen. Ich meine, dass eine mystagogische Katechese darum auch immer den Charakter eines Workshops haben muss. Rahner weist immer wieder darauf hin, dass bei dieser Art Katechese etwas ›getan‹, ›geübt‹ werden muss.

Aber dann muss es auch Übungsmaterial im Überfluss geben. Methodisch ist es darum wichtig, dass man mit den Katechumenen grüne Wiesen aufsucht, sich dabei den weisen Rat von Epictetus vor Augen haltend: »Auch die Schafe zeigen ihren Hirten ja nicht wieviel sie gefressen haben, indem sie das Gras wieder zum Vorschein bringen, sondern sie verarbeiten das Futter im Innern und produzieren äußerlich sichtbar Wolle und Milch«[31] Keine curriculäre Reproduktion also, sondern mystagogische Verarbeitung. Es geht darum, Prozesse in Gang zu setzen, nicht darum, Ergebnisse zu liefern.

Wählen Sie darum Methoden, bei denen der Ausgang unvorhersehbar ist sowie Verspieltheit, Kreativität und Spontaneität im Mittelpunkt stehen. Erklären Sie nicht fortwährend alles. Man erzählt einem Kind ja auch Märchen, aber unterrichtet es nicht in Märchenkunde. Ich denke, dass wir unser ›Erweckungs‹-Material, erst recht in einer Zeit, in der christliche Wahrheiten und biblische Inhalte reif für eine umfassende Metamorphose sind, auch aus anderen Gebieten schöpfen müssen: aus der Mythologie, aus Märchen und Folklore, Romanen, Gedichten, aus Oper und Tanz, aus den Geschichten, die uns erzählen, wie Neurosen, Psychosen und Stress entstehen, aus unseren Träumen, aus der Archäologie, Paläontologie, Biologie, Astronomie, Ethnologie und Tiefenpsychologie, aus der Mode, aus Filmen, Sport, der audio-visuellen Kultur und so weiter und so weiter.

Wenn Gottesdienst und Kirche noch einigermaßen lebensweckend sein wollen, dann müssen sie sich aus der Haltung des Begreifenwollens lösen und stattdessen ergriffen werden vom Symbol. Außerdem müssen wir dafür sorgen, dass der Mensch der Gegenwart das Mysterium auch in einem gegenwärtigen Kontext erkennen kann. Ich meine damit, dass uns dieses Mysterium heute nicht so sehr im Kontext von Chalcedon, Nicäa oder Ephesus bewusst wird, sondern im Kontext von Utrecht, Heemstede, Auschwitz, Südafrika und dem Kosovo.

Natürlich müssen wir immer wieder probieren, auf diesen grünen Wiesen besondere christliche Grassorten anzubieten. Natürlich kann eine biblische Geschichte, ein christliches Ritual, ein christliches Mysterium uns auch zur Wiedergeburt führen, verweisend und interpretierend sein. Es geht dem Mystagogen jedoch nicht um das Christentum als solchem. Die wichtigste Frucht des Christentums ist der Hinweis auf eine neue Wirklichkeit, das Reich Gottes. Und wir wissen es aus dem Mund des Herrn selber: Dieses Reich ist *in* uns! Es geht darum, visionär aufmerksam zu sein. Nichts steht von vorneherein fest. Wir sind dafür da, Situationen aufzubrechen, seien sie säkular oder klerikal, in denen die Vision verdrängt wird. Dies ist kein didaktischer, sondern ein theologischer Ausgangspunkt.

Der Pädagoge Abram schreibt: »Zwischen dem Individuum und Gott steht kein Vermittler, der angebetet werden muss, sondern ein Lernprozess.«[32] Vor allem die römisch-katholische Tradition neigt dazu, immer wieder Mittler zwischen uns und Gott zu schieben, Seelsorge zu organisieren, das Glaubensgut selbst zu vermitteln. Dies steht im krassen Gegensatz zu einer mystagogischen Ansprache des Menschen und vor allem der heutigen Jugendlichen, die in ihrer Existenz nur wenig oder gar keine Verbindung mit den speziellen Kategorien des christlichen Glaubensgutes spüren. Als postmoderne Individuen erwarten sie wenig oder kein Heil von einer Verkündigung, die mit überindividuellen Wirklichkeitsinterpretationen wie religiöser Offenbarung, wissenschaftlicher Erkenntnis oder ideologischen Systemen arbeitet. Rahner hat uns wieder darauf aufmerksam gemacht, dass bei genauer Betrachtung ein Appell an die eigene geistige Autonomie der einzig richtige theologische Ausgangspunkt ist und dass dies innerhalb einer bestimmten Tradition auch immer wieder betont wurde.

Es geht nicht darum, eine Lehre zu vermitteln, sondern darum, eine Erfahrung zu bewirken. Martin Buber schreibt: »Ich habe keine Lehre, sondern ich führe ein Gespräch.«[33] Wir sollten mit jung und alt ins Gespräch kommen und im Gespräch bleiben, ausgehend von der Idee, dass es im Christentum um ein Geheimnis geht, nicht um eine Lehre.

Dass wir uns an dieser Stelle ein Beispiel an der Kirche der Antike nehmen können, wird sich in den folgenden Kapiteln zeigen.

4. Die Christianisierung der Heiden setzte die Paganisierung der Christen voraus

»Dadurch, dass das Christentum die großen Bilder und Symbole des Menschen aus den Naturreligionen übernahm, erbte es zugleich deren Kräfte und Einflüsse auf die tiefsten Schichten der Psyche.«
L. Beirnaert

Im Hinblick auf Symbolisierungsprozesse gehen wir bei der Frühkirche in die Lehre. Dieser jüdischen Sekte ist es auf überraschende Weise gelungen, den größten Teil der griechisch-römischen Kultur innerhalb weniger Jahrhunderte zu christianisieren, obwohl sie (zunächst) keinerlei Macht besaß, ja sogar verfolgt wurde. Das Geheimnis dieser Christianisierung bestand darin, die Botschaft so zu präsentieren, dass der Andersgläubige sie als eine Spieglung dessen sah, was in seiner eigenen Seele geschah. Die Kirche erfand nicht in erster Linie neue Bilder und Symbole, sondern verstand es vielmehr, ihre Botschaft auf der Grundlage bereits universell gegenwärtiger Archetypen zu strukturieren.

Die Christianisierung hatte ihre eigene Pädagogik

In dieser Studie werde ich mehrmals auf wichtiges historisches Material zurückgreifen, um belegte Symbolisierungsprozesse nachzuweisen. Dieser historische Rückblick, bei dem ich jeweils die aktuelle Relevanz des Vorgestellten aufzeigen möchte, umfasst drei Kapitel. Im vorliegenden Kapitel geht es um das sonderbare Phänomen der Christianisierung der griechisch-römischen Kultur durch die junge christliche Kirche. Dabei stehen zwei Fragen im Mittelpunkt; erstens: Können wir in unserer westlichen Kultur, die sich mit großer Geschwindigkeit dem Christentum entfremdet, etwas daraus lernen, wie es dem frühen Christentum gelungen ist, die sie umgebende nichtchristliche Kultur zu christianisieren? Und zweitens: Wie kommt es, dass in unserer Zeit bestimmte Strömungen, eben auch der nichtchristlichen Kulturbereiche, mit Hilfe religiöser Symbole eine große Anziehungskraft ausüben, während die Kirche, die doch von alters her ein Patent auf diese Symbole hat, kaum noch Einfluss genießt?

Am Schluss wird sich zeigen, dass die Antworten auf diese Fragen – und somit letztendlich auch die Fragen selbst – sehr nahe beieinander liegen.

Jung hat wiederholt darauf hingewiesen, dass es der Kirche der Kirchenväter offensichtlich vorzüglich gelang, eine ganze Kultur auf eine gesunde Art und Weise religiös zu erziehen. Das Christentum stand offenbar für Dinge, die Nichtchristen als lebenswichtig betrachteten. Es hat mich immer fasziniert, wie es sein konnte, dass diese winzige jüdische Kultreligion mit sektiererischen Zügen (denn so wurde das Christentum von Außenstehenden doch wahrgenommen) nach und nach eine ganze Kultur, die ja ihrerseits bereits verschiedene religiöse Strömungen kannte, so tief berührte. Was zog Heiden *als* Heiden an diesem Glauben so an, dass sie innerhalb weniger Jahrhunderte geradezu massenhaft zu dieser Religion übertraten?[1] Dabei darf man nicht vergessen, dass das Christentum damals (noch) kaum politische Macht besaß, ja systematisch verfolgt wurde. Wie ging die frühe Kirche vor, worin bestand ihre Agogik? In diesem Kapitel soll gezeigt werden, dass das Christentum der ersten Jahrhunderte noch stark von einer nonkonformistischen und universalistischen Haltung geprägt war. In den darauf folgenden Jahrhunderten identifizierte es sich jedoch inhaltlich zunehmend mit den erworbenen Standpunkten und wurde konformistisch und partikularistisch. Wo es in den ersten Jahrhunderten noch vielfach um Mystagogie ging, darum, einen Menschen in dem Erleben seiner selbst als ein Mysterium zu begleiten, werden die Mysterien in den späteren Jahrhunderten von diesem Menschen losgelöst verkündet und als abstrakte Fertigkonstruktionen weitergegeben. Selbstverständlich ist diese Formulierung sehr schwarz-weiß. Natürlich gab es auch in der Kirche der ersten Jahrhunderte schon starke reaktionäre Strömungen und hat die Kirche andererseits gerade ab dem 5. Jahrhundert immer wieder bedeutende mystische Strömungen erlebt. Trotzdem erscheint mir diese Sichtweise im Groben und Ganzen richtig. Mystische Strömungen mussten sich meistens mit einem Platz am Rande der offiziellen Kirche begnügen, aber in den ersten Jahrhunderten waren es gerade die großen, zentralen Persönlichkeiten der offiziellen Kirche, die mystische Vorstellungen vertraten.

Wie konnte das Christentum zu einer universellen Volkskirche heranwachsen? In der modernen Bedeutung des Wortes existierte natürlich das Phänomen einer populären Kultur in den ersten Jahrhunderten unserer Zeitrechnung noch nicht; es entstand erst im Mittelalter.[2] Wenn man dennoch versucht, in der Antike etwas Vergleichbares zu finden, muss man überrascht feststellen, dass das Christentum selbst, in den Augen der Oberschicht, eine Art Populärkultur darstellte. Wo das Christentum in unserer heutigen Kultur zweifellos Teil der etablierten Ordnung ist, war dies in den ersten Jahrhunderten eben gerade nicht der Fall. Es kollidierte vielmehr mit den Gruppierungen der oberen Schichten der Gesellschaft und übte eine starke Anziehung auf die mittleren und unteren Klassen aus. Es wurde von der Elite nicht selten als Bedrohung empfunden. Christen hatten eine Moral, die als gefährlich, sittenwidrig und unterminierend betrachtet wurde und sie stifteten zu bürgerlichem Ungehorsam an. Sie ließen sich in den ersten Jahrhunderten auch nicht auf eine Strömung festlegen, sondern beherbergten viele Richtungen (später Häresien genannt) und waren längst noch nicht so hierarchisch strukturiert, wie dies ab dem 4. Jahrhundert in zunehmendem Maße geschehen sollte. In den Augen vieler respektabler Heiden handelte es sich um eine gefährliche, zügellose, eigenwillige und götzendienerische Sekte. Sie begingen jedes Jahr im Frühling ihre eigenen Mysterienfeste mit Ritualen und Symbolen, die häufig schamlos der umgebenden, offiziellen Kultur entlehnt zu sein schienen. So, wie in unserer Zeit in der populären Kultur christliche Symbole benutzt werden, verfuhr das Christentum mit den heidnischen Symbolen. Die große Stärke des Christentums lag offenbar in der Fähigkeit, ein auf den ersten Blick fremdes Erbe für sich zu nutzen.

Dem ökumenischen Theologen Fiolet zufolge war es charakteristisch für das junge Christentum, dass es sich nicht scheute, die Heilige Schrift buchstäblich und im übertragenen Sinne ins Griechische und Lateinische zu übersetzen; dass es wagte, für die Entwicklung seiner Glaubensvorstellungen die griechische Philosophie zu verwenden und diese für die Formulierung seines Bekenntnisses zu benutzten; dass es von der Verwaltungsstruktur des römischen Reiches Gebrauch machte, ja, sogar Elemente des Kaiserkultes und der Mysterienreligionen in die eigene Liturgie inkorporierte. Dieser Mut zur Enkulturation und diese religiöse Flexibilität enthielten ein großes Versprechen für die Zukunft. Für Fiolet nahm die Entwicklung des Christentums jedoch eine tragische Wendung, als es ihm nach dem Fall des römischen Reiches nicht gelang, einen ähnlich inspirierenden Übergang von der römischen in die germanische Welt zu vollziehen. Dort hätte es wieder neue Ausdrucksformen für sein Glaubensbekenntnis, seine Organisationsstruktur und seinen Gottesdienst finden müssen. »Nach 476 hat die Kirche weiter Latein gesprochen. Aber die griechisch-römischen Formulierungen ihrer Dogmen wurden nicht mehr von einer gegenwartsbezogenen Erlebniswelt getragen. Sie schlugen in einem kulturellen Vakuum auf.«[3] Dieses Unvermögen hat sie seither verfolgt und bei der Christianisierung der afrikanischen, indianischen und asiatischen Kulturen ist sie immer eine weiße, hellenistisch-europäische Kultur geblieben. Durch die annähernde Identifikation mit einer einzigen Kultur hatte sie ihre Flexibilität verloren und es gelang ihr nicht mehr, andere Kulturen wirklich zu inkorporieren. Dass die Christianisierung der Germanen und Kelten vergleichsweise leichter funktionierte als die der anderen Völker, hängt damit zusammen, dass diese Völker im Grenzgebiet der römischen Kultur lagen. Darüber hinaus ist die relativ große Resonanz, auf die die christliche Botschaft dennoch weltweit stieß, auch darauf zurückzuführen, dass die hellenistische Kultur selbst synkretistisch und universalistisch war. Der politische Unifizierungsprozess unter Alexander dem Großen (gestorben 323 vor Christus) kennt in der Weltgeschichte nicht seinesgleichen. In seinem kosmopolitischen Weltreich wurden bis dahin völlig unterschiedliche Kulturen vereinigt. Exklusive und partikularistische Standpunkte wurden vom Prinzip her und häufig auch tatsächlich besiegt. Es gelang ihm, all diese Völker auch durch eine Sprache zu verbinden, das Koine-Griechisch. Religiöser Synkretismus wurde zu einem Ideal, östliche und westliche Religionen durchdrangen einander, Götter und Göttinnen übernahmen gegenseitig die Rollen und Bedeutungen der anderen und richteten sich an die ganze Menschheit, ethnische Vorbehalte bröckelten. In dieser Kultur ist das Christentum entstanden, und es wurde fundamental durch sie geprägt. Man kann sogar sagen, dass die hellenistische Kultur sich dank des Christentums erhalten hat.

Je weiter eine Kultur in den späteren Jahrhunderten von dieser hellenistischen Weltsicht entfernt war, umso mühsamer verlief die Christianisierung. Daher kam es auch regelmäßig vor, dass sie mit Feuer und Schwert erwirkt wurde. Dies geschah vor allen Dingen, als das Christentum sich von einer Subkultur zur Staatsreligion entwickelt hatte. Bereits 378 ließ Papst Damasus auf dem römischen Konzil verkünden, dass Beschlüsse der Kirchenkonzile der weltlichen Obrigkeit fortan mit Waffengewalt abgerungen werden könnten.[4] Bonifatius' Missionierung im 8. Jahrhundert sollte der Prototyp einer Christianisierung werden, die die andere Kultur »aufhob«, d.h. abschaffte, ausrottete.

In seinem faszinierenden Buch *Kerstening en ontkerstening van Europa* (Christianisierung und Entchristianisierung Europas) weist Wessels, Professor für Missionswissenschaften, darauf hin, dass das Christentum aber auch stets eine andere Form der »Aufhebung« einer anderen Kultur kannte, bei der die fremde Kultur erhoben und transformiert wurde – im Geiste von Matthäus 5,17: »Meinet nicht, ich sei gekommen, das Gesetz oder die Propheten aufzulösen. Ich bin nicht gekommen, um aufzulösen, sondern zu erfüllen.« Die Christianisierung der hellenistischen Kultur verlief größtenteils nach diesem zweiten Modell.[5] Auch wenn die

Kirche die religiösen und moralischen Auffassungen dieser Kultur immer scharf kritisiert hat, ist es ihr in Wirklichkeit gelungen, die kulturelle Basis von diesem religiösen Überbau abzukoppeln und ausgezeichnet für ihre eigene Christianisierung einzusetzen. Etwas Ähnliches tun auch die Popularkulturen in unserer Zeit. Sie rühren nicht an die Kirche als religiöse Struktur, lösen aber die großen Archetypen aus ihrer Tradition.

Vor diesem grob skizzierten Hintergrund möchte ich auf die Suche nach Antworten auf die beiden anfangs gestellten Fragen gehen. Ich tue dies in drei Schritten. Zunächst möchte ich auf die ausgesprochen universellen Züge der frühen Kirche eingehen, eine absolute Bedingung für diese Art der Christianisierung; als zweites will ich zeigen, dass sich die junge Kirche elementar von der sie umgebenden jüdischen und heidnischen Kultur durchdringen ließ; und als drittes werde ich mich mit der tiefsten Ebene der Christianisierung beschäftigen, der Ebene der Mythen und Symbole der sie umgebenden Kultur.

Universalismus als Voraussetzung der Christianisierung

In seinem Brief an die Galater schreibt Paulus: »Da gibt es nicht mehr Juden und Griechen, Sklaven und Freie, Mann und Weib. Denn ihr alle seid einer in Christus Jesus« (3,28). Das Christentum ist diesem Gedanken Pauli durch die Jahrhunderte treu geblieben. Obwohl der hellenistische Judaismus anfangs ein hervorragender Vermittler für die Verbreitung dieses Gedankens war (er war, wie Tertullian es ausdrückte, ein wunderbarer Schutzschirm; vgl. Apol 21,1,5), nahm die junge Kirche bald eine antagonistische Haltung gegenüber dem Judentum ein. In Christus gab es nach dem Autor des Briefes an die Kolosser »nicht Heide und Jude, Beschneidung und Vorhaut, Barbar und Skythe, Sklave und Freier« (3,11). Nach einem anfänglichen Richtungsstreit über die richtige Richtung in Jerusalem, der mit einer jüdischen Verfolgung im Jahre 62 einherging, stellte sich das junge Christentum schon früh als eine Religion ohne ethnische Bindungen auf. Tertullian hat dieses Prinzip treffend ausgedrückt: »Fiunt, non nascuntur Christiani« (Apol 18,14) – »Christ wird man, man ist es nicht durch die Geburt.«

Das Christentum war daher im Bezug auf das Judentum selektiv. Es verstand sich ausdrücklich als Kind der Verheißung des Alten Testaments und übernahm dieses auch in der im Judentum gebräuchlichen griechischen Übersetzung, der Septuaginta, aber es distanzierte sich von den typischen rituellen Formen des Judentums. So ließ man ein essentielles Merkmal, die Beschneidung, fallen. Die Wahrheiten in der Bibel wurden als universell menschlich betrachtet, und wo der jüdische Kontext allzu explizit zutage trat, nahmen die Kirchenväter eine metaphorisch-typologische Deutung in Anspruch. Auch nationalistische Tendenzen waren dem Christentum fremd. Hinzu kam, dass das hellenistische Judentum seinerseits, obwohl universeller und zahlenmäßig viel größer als das Judentum in Palästina[6], sich allmählich immer weiter von der es umgebenden Kultur distanzierte – wie die Aufstände der Jahre 70, 115 und 135 anzeigen – und seinen ethnischen Charakter wieder stärker betonte.[7]

So wichtig diese Frage auch ist, in diesem Kontext fehlt der Raum, um ausführlich auf die Beziehung zwischen Judentum und Christentum in den ersten Jahrhunderten unserer Zeitrechnung einzugehen. Fiolet ist der Meinung, dass die Jerusalemer semitische Gemeinde schon in der *Apostelgeschichte* in den Hintergrund rückt und mit dem Untergang dieser Stadt sogar ganz aus dem Bild verschwindet. »Dadurch, dass die Kirche von ihren semitischen Wurzeln losgelöst wurde, wurde der Bruch mit Israel endgültig. Hier liegt das Ur-Schisma, auf das alle anderen Gegensätze und Abspaltungen innerhalb der Kirche zurückzuführen sind.«[8] Meines Erachtens muss dies, auch im Licht neuerer Erkenntnisse, nuancierter betrachtet werden. Aus der Literatur geht beispielsweise hervor, dass Jesus und seine Jünger stark vom *esoterischen* Judentum inspiriert wurden, das mit dem offiziellen Judentum in einem gespannten Verhältnis stand. Dieses esoterische Judentum vertrat ebenfalls universelle Auffassungen und kannte Bräuche (z.B. Taufe und Eucharistie), die zu einem Mysterienkult gehörten.[9] In seinem Meisterwerk *Asclepius*, das sich mit den Einflüssen des esoterischen Judentums auf das frühe Christentum und die Hermetiker auseinandersetzt, beschäftigt sich der Gnosisexperte G. Quispel mit einer ganz neuen Auffassung in der Christologie. Denn die Idee eines »zweiten Gottes«, eines »Menschensohns«, die Überzeugung, dass Gott sich in anthropomorpher Gestalt inkarniert hat, ist Hauptbestandteil sowohl der Evangelien als auch des esoterischen Judentums.[10] Es ist jedenfalls sicher, und dafür sollen im Folgenden Bespiele genannt werden, dass das Christentum sich vom hellenistischen Judaismus in der Diaspora stark inspirieren ließ. Sein wichtigster Vertreter, Philo von Alexandrien, hat die größten Kirchenväter bis weit ins 4. Jahrhundert hinein beeinflusst. Die typologische Auslegung des Alten Testaments zum Beispiel geht auf ihn zurück. Das offizielle Judentum hat jedoch diese Formen des Judaismus in den Jahrhunderten danach nie integriert, sondern eher negiert. Die gnostischen Elemente des esoterischen und hellenistischen Judentums sind in die Kabbala eingeflossen.

Das Christentum hat folglich durchaus semitische Wurzeln, die es in einem Judaismus vorfand, der universelle Züge trug und ebenfalls keine ethnische, nationalistische Gemeinschaft sein wollte.[11]

Eine weitere Voraussetzung für die Ausbreitung des Christentums war, dass es nicht durch geographische Bindungen gehindert wurde. In diesem Punkt unterschied es sich von konkurrenten Bewegungen auf dem religiösen Feld, die häufig Götter und Göttinnen verehrten, die an einen bestimmten Stadtstaat oder ein Volk gebunden waren. Der Gott der Christen war universell, »der Gott der Götter« (Praet). Diesen einen Gott hatten sie zwar aus dem Judentum entlehnt, aber sie sollten nicht zögern, sein Wesen neuplatonisch zu interpretieren und zu »erweitern«.

Wichtig ist in diesem Zusammenhang auch – ich habe oben schon darauf hingewiesen –, dass das Christentum nicht das regionale Aramäisch als Verkehrssprache wählte, sondern das universale Koine-Griechisch. Die Evangelien wurden direkt in dieser Sprache geschrieben. Die Botschaft Jesu wurde sozusagen sofort übersetzt. Für die Christen wurde Griechisch zu ihrer Muttersprache. Dies hat dazu geführt, dass typisch biblische Begriffe, wie zum Beispiel »Gerechtigkeit«, »Versöhnung«, »Sünde« und »Barmherzigkeit« eine Bedeutungsveränderung erfahren haben. Jager schreibt: »Die Übersetzungen und Anpassungen an den griechischen und hellenistischen Kontext, vor allem da, wo es den Gottesnamen und das Gottesbild betraf, die sich bereits in der Septuaginta vollzogen hatten, stellten einen wesentlichen Faktor für die Verbreitung des christlichen Glaubens dar. Die christliche Mission im ersten Jahrhundert ist ohne dies nicht denkbar.«[12]

Das Christentum machte auch keinen Unterschied nach Ständen oder Klassen, wenn es um den möglichen Beitritt zu seiner Kirche ging. Man machte es den Christen sogar zum Vorwurf, dass sie auch Sünder aufnahmen (vgl. Orig., *Contra Celsum* III,59; Porph., fr. 88). Sie mussten sich des Verdachts sexueller Ausschweifungen erwehren, weil sie sowohl Männer als auch Frauen zuließen. Gerade auf Frauen übte das Christentum dabei offenbar eine große Anziehungskraft aus. In unseren Augen mag an der Haltung der Kirche gegenüber Frauen einiges zu bemängeln sein, aber in den ersten Jahrhunderten, als noch viele Priester verheiratet waren und die männliche Vorherrschaft noch nicht definitiv durchgesetzt war, als die frauenfreundlicheren, gnostischen Christen noch nicht mundtot gemacht worden waren, war die christliche Haltung gegenüber Frauen – in diesem kulturellen Kontext – bemerkenswert offen. »Die Rolle der Frauen für das Wachstum des Christentums« ist ein besonders beachtenswertes Kapitel in der faszinierenden Studie des Soziologen Stark über die Entstehung des Christentums. Christliche Frauen genossen einen beträchtlich höheren Status innerhalb ihrer eigenen Subkultur als heidnische Frauen in der Hochkultur. Der höhere Status bezog sich vor allem auf die Stellung der Frau in der Familie, aber Frauen bekleideten auch führende Positionen in der Kirche.[13]

Ein anderer Aspekt des christlichen Universalismus bestand darin, dass er keine sozialen oder finanziellen Barrieren errichtete. Arme und Reiche, Sklaven und Freie konnten sich in das christliche Mysterium einweihen lassen. Die Kirche verlangte kein spezielles Initiationsgewand, kein Entgelt für den Priester, keine teuren Opfergaben. Sie demokratisierte die offiziellen Mysterien.[14] Auch Sklaven konnten Priester oder Bischöfe werden.

Das Christentum kannte darüber hinaus keine intellektuellen Beitrittsbeschränkungen. Es konnte seine Weltanschauung in einigen einfachen, für jeden verständlichen Aussagen wiedergeben. Es gab keine Hindernisse in Form eines elitär-philosophischen Fachjargons, obschon das Christentum den Anspruch erhob, die wahre Philosophie zu besitzen. »Bei uns«, schreibt Justinus, »kann man die Dinge lernen und hören aus dem Mund von Menschen, die nicht einmal die Buchstaben des Alphabets kennen.« (1 Apol 60)

Dies bedeutet übrigens nicht, dass das Christentum daneben nicht auch die hoch abstrakte neoplatonische Philosophie integrierte, als sie ihre wichtigsten Wahrheiten formulierte. Dadurch wurde das Christentum zu einer Religion, die allmählich auch die Elite anzusprechen verstand. Gerade dieser Neoplatonismus war freilich stark von einer besonders universalen Betrachtung des Menschen und der Wirklichkeit gekennzeichnet, mit einem Gespür für Menschen, die etwas anderes wollten als polytheistische, partikularistische Einfärbungen des Glaubens.

Schließlich muss noch angemerkt werden, dass das Christentum im Vergleich zu anderen Religionen, in denen Initiationen mitunter mit ekstatischer Selbstverstümmelung, Selbstkastrationen oder obszönen Schauspielen einhergingen, wenn überhaupt, dann nur wenige psychologische Widerstände weckte.

Bemerkenswert war nun, und das unterschied das Christentum von allen anderen Mysterienreligionen, dass es nicht nur die universelle Berufung eines jeden Individuums zu Gott verkündete, sondern seine Universalitätsansprüche innerhalb einer organisierten Gemeinschaft, der Kirche, umsetzte.[15] Es gab zwar auch in der Antike den Gedanken der individuellen Entfaltung; diese war jedoch den Mitgliedern der Minderheit der herrschenden Klasse vorbehalten und sie geschah auf Kosten der Mehrheit des einfachen Sklavenvolks. Indem das Christentum den Wert *jedes* Individuums verkündete, entstand eine neue, kollektive Kultur.

Durch die Organisierung stellte es nach außen einen bedeutenden Machtfaktor dar. Nach der Überzeugung vieler Historiker war es vermutlich gerade diese stark strukturierte Kirche, die die Aufmerksamkeit Kaiser Konstantins auf sich zog und die ihm politisch gelegen kam. Von Anfang an befand sich die junge Kirche hier jedoch in einem Spannungsfeld. Auf der einen Seite appellierte die universale Vorstellung des Christentums an das Individuum, an jedes Individuum, das nach der christlichen Botschaft vollkommen einmalig war. Der Einzelne war mit einer unsterblichen Seele geschaffen worden und genoss die persönliche Zuwendung Gottes. Auf der anderen Seite bedeutete der Zusammenschluss zu einer fest strukturierten Gemeinschaft, dass ein Stück dieser Individualität wieder aufgegeben werden musste. Im zweiten und dritten Jahrhundert wütete daher unter den Christen ein heftiger Streit über die Frage, von welchem Geist eine solche Gemeinschaft getragen sein sollte: »Einig in Freiheit« oder »Einig im Gehorsam«. Nach dem vierten Jahrhundert wurde die Kirche als Kollektiv, auf Kosten der individuellen Entwicklung, unverhältnismäßig stärker. Das individuelle Erfahrungswissen, die Gnosis, geriet in ein schiefes Licht. Die Kirche des Gehorsams hatte den Sieg davongetragen.

Die Christianisierung einer Kultur setzt die Paganisierung der Kirche voraus

Es ist besonders schwierig, in den ersten vier Jahrhunderten das typisch Eigene des Christentums auszumachen. Denn es entlehnte seine wichtigsten Überzeugungen fast unverschämt aus der sie umgebenden Kultur. Praet spricht in diesem Zusammenhang von der Bekehrung des Christentums.[16]

Das Christentum ging ausgesprochen synkretistisch vor. Man könnte behaupten, dass das wichtigste eigene Merkmal dieser Religion darin bestand, ihren Anspruch auf Universalität um eine zentrale historische Person herum zu bündeln. Wobei einer der wichtigsten Titel des Jesus von Nazareth, Messias-Christus, wiederum dem Judentum entlehnt war. Hierzu muss allerdings angemerkt werden, dass wir kaum noch feststellen können, wofür der historische Jesus wirklich eintrat. Wahrscheinlich predigte er das nahende Ende der Welt und stand an der Spitze einer millenaristischen Bewegung. Von dieser Botschaft hat das junge Christentum jedoch schnell abgelassen. Außerdem wissen wir nicht, ob der historische Jesus eine ebenso universale Weltsicht hatte wie zum Beispiel Paulus. Die Informationen aus den Evangelien sind hier alles andere als eindeutig. Bei Matthäus 10,5 lesen wir: »Geht nicht auf den Weg zu den Heiden und betretet keine Stadt der Samariter« und bei Matthäus 28,19 steht: »Darum gehet hin und machet alle Völker zu Jüngern«. Im Übrigen stellen wir fest, dass das Interesse an der historischen Person Jesu in den ersten Jahrhunderten nicht besonders groß war. Vielmehr predigte man den Christus, den Logos und den Menschensohn, der sich in Jesus inkarniert hatte.

Es ist also vielleicht fraglich, ob das Christentum hiermit in die Fußstapfen des historischen Jesus trat, aber es ist eine unstrittige Tatsache, dass es sich durch die Adaption von Überzeugungen und Bräuchen verschiedener anderer weltanschaulicher Bewegungen profilierte. Wir haben bereits gesehen, dass es die Septuaginta aus dem hellenistischen Judentum übernahm. Und diese wurde später ohne Scheu als eine »praeparatio evangelica« gedeutet. Ebenso verhielt sich das Christentum gegenüber der heidnischen Kultur. Natürlich gab es Kirchenväter, wie beispielsweise Tertullian und Hieronymus, die eine ausgesprochene Abneigung gegen »Athen« hatten, aber die Mehrheit war unverkennbar prohellenistisch. Man entnahm den Anschauungen der heidnischen Philosophen nicht nur zahlreiche Ideen, sondern war auch davon überzeugt, hiermit nichts grundlegend Fremdes zu integrieren. Augustinus zufolge hatten die heidnischen Dichter unbewusst die Wahrheit gesprochen und man konnte sich sogar auf sie berufen. Clemens von Alexandrien nannte die Worte Homers inspiriert.[17]

Als Paulus auf dem Areopag zu den Athenern sprach, erntete er nicht viel Beifall, aber seine Predigt über den Altar des »unbekannten Gottes«, über den Gott, der nicht in Tempeln wohnt, die von Menschenhand gemacht sind, sondern der selbst der Tempel ist, in dem wir leben, uns bewegen und sind, enthält nicht nur typisch stoische Überzeugungen, sondern ist auch charakteristisch für die christliche Verkündigung.

Justinus fragt sich in seiner ersten *Apologie*, warum die Christen verfolgt werden und die Heiden nicht. Er stellt fest, dass es nicht an unseren Auffassungen liegen könne, denn diese unterschieden sich kaum von denen der Heiden. Er führt verschiedene Beispiele von menschgewordenen Göttersöhnen wie Hermes und Asclepius im Heidentum an (vgl. 1 Apologie 20,4; 21,1-2).

In unserer säkularisierten Zeit kommen uns bestimmte dogmatische Ansichten der Kirche typisch christlich vor, aber in den ersten vier Jahrhunderten waren dies allgemein verbreitete Überzeugungen, die

Christen und Heiden gemeinsam hatten. Sicher, das Christentum distanzierte sich radikal von den heidnischen religiösen Praktiken, aber es distanzierte sich keineswegs von heidnischen religiösen Symbolen und Begriffen. Es sah sich selbst als Erfüllung der göttlichen Erziehung des Menschengeschlechts, die seiner Überzeugung nach im Judentum und im Heidentum geleistet werden musste. »Die Saat des Evangeliums keimt in dem Acker auf, der von der Philosophie bewässert wird«, schreibt Clemens. »Die Philosophie wurde den Griechen gegeben, um die Ohren beider [= der Juden und der Griechen] an die frohe Botschaft zu gewöhnen« (Strom. VI,6,11,1). Derselbe Gott, der den Menschen beide Testamente geschenkt hat, hat auch den Griechen die griechische Philosophie gegeben. Clemens von Alexandrien und Origenes haben hier ein Fundament gelegt, das in den beiden darauf folgenden Jahrhunderten weiterwirkte. Es würde hier zu weit führen, darauf einzugehen, wie viele essentielle christliche Wahrheiten in ihrer Formulierung und Bedeutung der hellenistischen Philosophie entlehnt sind. Ich beschränke mich auf ein einziges Beispiel, den Logosgedanken, den der Autor des Johannesevangeliums schon so früh formuliert hat. Den Logosgedanken haben die Christen von dem jüdischen Philosophen Philo von Alexandrien übernommen. Sein Logosbegriff war wegen seiner universellen Ausstrahlung ein Fund ersten Ranges. Philo vereinigte in diesem Gedanken das schöpferische Wort aus der Genesis, die Weisheit der Sprüche, die Ideenlehre Platons, die Theorie des Aristoteles über den Intellekt und die Lehre der Stoa über den Logos. Philo wird deshalb von manchen als Vater der christlichen Philosophie bezeichnet. Dieser Logos wurde von den Christen definiert als Sohn Gottes, als große kreative Kraft der Schöpfung, als »logos spermatikos«, das Wort Gottes, das seinen fruchtbaren Samen überall, auch außerhalb des Christentums, verbreitet. Im zweiten Kapitel sind wir ihm auf der Abbildung aus dem 12. Jahrhundert begegnet. Die Theologie der Dreifaltigkeit baut darauf auf und diese steht wiederum in enger Beziehung zur Emanzipationslehre des Neuplatonismus. »Der Neuplatonismus ist nicht verschwunden«, schreibt Praet, »er wurde einfach fortgesetzt und von christlichen Neuplatonikern übernommen«.[18]

So wichtig dieser intellektuelle Überbau für die Kirche auch gewesen sein mag – denn damit fand sie Eingang in die intellektuelle Elite –, hierin liegt sicher nicht die Ursache für die große Anziehungskraft, die sie auf das Volk ausübte. Gager schreibt: »Das Christentum hatte das Beste aus zwei Welten zu bieten: Philosophie und populäre Anziehungskraft. Es kann kein Zweifel bestehen, dass die populäre Anziehungskraft das wichtigere Element für den letztendlichen Sieg des Christentums bildete, aber die schrittweise Wiederverwertung der Philosophie vervollständigte ihn.«[19] Um die Unterstützung des Volkes zu erlangen verfolgte das Christentum eine ähnliche Integrationspolitik und knüpfte an die Mythen und Symbole des Volkes selbst an.

Die junge Kirche integrierte zunächst wichtige mystische Figuren und Götter. So entlehnten die Kirchenväter mehrfach Bilder aus der Reise des Odysseus und übertrugen sie auf die Kirche. Die Odyssee wurde mit der Lebensreise des Christen verglichen; Odysseus' Abstieg in die Unterwelt wird von Justinus angeführt, um zu zeigen, dass schon Homer eine Ahnung vom Fortleben der Seele hatte. Die Begegnungen Odysseus' mit den Sirenen und mit Circe werden des Öfteren im christlichen Sinne kommentiert. In seinem Schiff sah man ein Symbol für die Kirche, und der an den Mast gefesselte Held symbolisierte den standhaften Christen oder auch den an das Kreuz gebundenen Christus selbst. Hugo Rahner meint, die Christen zeigten hier, dass sich ihre Denkweise nicht von der ihrer heidnischen Zeitgenossen und ihrer Vorfahren unterschied. Es handelt sich nicht um künstlerische Willkür oder Wildwuchs. Sie fahren mit ihnen auf demselben Schiff, auf demselben Meer in dasselbe Vaterland.[20]

Eine zweite mystische Figur, die die Christen integrierten, war Orpheus, der Sänger, Dichter und Besucher der Unterwelt. Er konnte durch seine Gesänge nicht nur Menschen und Tiere, sondern sogar die unbeseelte Natur bezaubern. Er stieg in die Unterwelt hinab, um seine verstorbene Frau, Euridike, zu befreien. Die Kirche zögerte nicht, diese Figur in einen engen Zusammenhang mit Christus zu bringen. Für Clemens ist Christus wie Orpheus. Schließlich hat auch er eine chaotische Wirklichkeit erlöst. »Dieser [= Christus] gab dem Universum eine harmonische Ordnung und brachte den Missklang der Elemente zu einem geordneten Wohlklang, so dass ihm die ganze Welt zu Harmonie wurde« (Protrepticus, eine Mahnrede an die Heiden 1,5,1). In den orphischen Mysterien wurde Orpheus als der gute Hirte verehrt und dargestellt. Zu Anfang gab es im Christentum noch keine Abbildungen von Christus, er wurde durch abstrakte Symbole dargestellt. Als man in den Katakomben Christus selbst darstellte, geschah dies in der Form des Hirten Orpheus. Er symbolisierte den Heiland. Orpheus, der seine Schafe vor Sünden und Tod rettete und sie auf seinen Schultern sicher nach Hause brachte, ist in der ältesten Katakombe, in Lucina, zu sehen. Er wird auch als der bartlose, junge Hirte Orpheus dargestellt, an den Seiten flankiert von einem Schaf und einer Orante, die ihn stellvertretend für die Menschheit um Hilfe anfleht.

Im Allgemeinen gilt der heidnische Ursprung des Symbolismus in den Katakomben praktisch als gesichert. »Es war die griechische Mythologie, der man die dekorativen Elemente der ersten Märtyrergräber entlehnte«, schreibt Coulton.[21] Und Rzepkowski zufolge ist die Verflechtung der beiden Kulturen zu diesem Zeitpunkt so innig, dass man sich die Frage stellen kann, »ob die Theologie der (Kirchen-)Väter eine Deutung und Erklärung der bildenden Kunstwerke bietet oder ob umgekehrt die Bildwerke auf ihre besondere Weise das Christentum interpretieren.«[22]

Das berühmte Fisch-Symbol für Christus hat vermutlich ebenfalls einen Bezug zu Orpheus, da der Name Orpheus von einem Terminus für »Fisch« abgeleitet ist. Auf einem Pokal aus dem dritten oder vierten Jahrhundert vor Christus wird Orpheus als ein »Menschenfischer« dargestellt. Hier spielt die alte Vorstellung hinein, dass der Fisch Mensch wird. Dass Motive wie »der gute Hirte« und »Fischfang« bereits in den Evangelien stehen, ist nur eine Bestätigung für den Gedanken, dass das Christentum Symbole aus Motiven ableitete, die es schon Jahrhunderte vor ihm gab.[23]

Als dritte mystische Figur möchte ich Asclepius nennen, den Sohn des Apollo. Er ist in der antiken Welt der Gott der Heilung und der Medizin. In Epidaurus suchte man bei ihm Heilung über Inkubationsrituale mit Hilfe von Traumorakeln. Es gab viele solcher Tempel, in denen der Heilschlaf praktiziert wurde. Als das Christentum Einzug hielt, begegnete es diesem Gott auf seinem Weg sehr häufig, der als Erlöser, Heiland und Retter überall verehrt wurde. Asclepius und Jesus weisen eine große Ähnlichkeit auf. Beide sind Gottessöhne, die sich als Mensch inkarniert haben und in ihrem irdischen Leben Kranke heilen, Tote erwecken, selbst den Tod erleiden und ihren Gläubigen nach ihrem Tod leibhaftig erscheinen und wieder zum Himmel auffahren. Von allen Heilsbringern ist er zweifellos der berühmteste und bekannteste. Justinus räumt ein, dass Asclepius und Jesus einander stark ähneln, ist jedoch der Meinung, dass Christus Asclepius übertrifft (1 Apol 1,21). In den ersten Jahrhunderten gab es auch im Christentum selbst verschiedene Beispiele für Inkubationsrituale in den Kirchen. Die Christen kamen dort nachts zusammen, um mit Hilfe ihrer Träume über ihren »Asclepius« Heilung von körperlichen und geistigen Qualen zu erlangen. Solche Versammlungen fanden vor allem in Kirchen statt, die dem heiligen Michael geweiht waren. Noch heute gibt es Kirchen in Griechenland, in denen Menschen neben dem Schrein eines Märtyrers oder Heiligen schlafen, um seinen Segen zu empfangen, wie dies einstmals beim Schrein des Asclepius geschah. Ich beschränke mich auf diese drei christianisierten Götter, obwohl man noch viele andere Beispiele anführen könnte – wie Theseus, der im Labyrinth auf Kreta gekämpft hat, Aeneas, den göttlichen Held Vergils und die heidnische Sybille von Cumae, die noch von Michelangelo in der Sixtinischen Kapelle abgebildet wurde.

Wenn man von einer populären Kultur in der Antike sprechen möchte, so De Meyer, dann meint man eine Kultur, in der es noch keine deutliche Trennung zwischen Arbeit und Entspannung gab, in der religiöse Feiertage die davon verschiedene Arbeitszeit markierten, in der Anfang und Ende der Arbeitszeiten religiös-rituell begangen wurden, wo der religiöse und der landwirtschaftliche Kalender zusammenfielen und die oberen wie die unteren Gesellschaftsschichten ihre Demut gegenüber den Naturgewalten und den höheren Mächten des Glaubens gemeinsam zelebrierten.[24] Der Kirche gelang es, durch ihre Eingliederungs- und Anpassungspolitik sich nahtlos in diese populäre Kultur zu integrieren.

So wurden die Märtyrer- und Heiligenkulte absichtlich als Ersatz für die heidnischen Kulte eingesetzt. Es gab in diesen Jahrhunderten kaum weltliche Zerstreuungen, und die religiösen Feiern bildeten für die meisten Menschen die einzigen Feiern, die sie erlebten. In der antiken Welt sorgte das Christentum für Kontinuität, indem es an den Gräbern der Märtyrer Feste und Trinkgelage zuließ.[25]

Das Christentum wählte für seine eigenen Kirchen Orte aus, die Jahrhundertlang der Konzentrationspunkt heidnischer religiöser Gefühle gewesen waren, beispielsweise heilige Quellen. Es übernahm verschiedene rituelle Feiertage, wie landwirtschaftliche Fruchtbarkeitsfeste oder Feste, die den Rhythmus der Jahreszeiten anzeigten. Das Christentum integrierte auch die zahlreichen Figuren, die als Vermittler zwischen Himmel und Erde fungierten. Sie blieben in christianisierter Form als Engel, Teufel und Heilige bestehen. Man ersetzte die heidnischen Symbole in den Tempeln durch Kruzifixe, christliche Inskriptionen, Votive und Reliquien und nahm sie in den christlichen Kultus auf. Untersuchungen haben gezeigt, dass auf diese Weise vorchristliche und sogar vor-griechische Bräuche übernommen und transfiguriert wurden.

So erschien Maria in der Ikonographie wie die ägyptische Göttin Isis, übernahm deren »tausend Namen« und wurde als Himmelskönigin und Herrin der Wellen verehrt – Titel, die vordem Isis getragen hatte. Maria, die ihr Kind auf dem Schoß hält, geht direkt auf Isis mit Horus zurück. Auf dem Konzil von Ephesus erhielt Maria den Titel Theotokus, Gottesmutter, den einstigen Titel der Mysteriengöttin Cybele, der Mutter der Götter. Sebastian übernahm die Rolle Apollos als Banner der Pest. Die Robigalia waren Feste, die jährlich zu Ehren des Gottes Robigus gefeiert wurden, um das Korn vor Krankheiten zu schützen. Am selben Tag, dem 25. April, fand in der Kirche die große Litanei der Christen statt, die derselben Route folgte, allerdings mit dem Unterschied, dass ihr Ziel der Petersdom war.

Von den ersten Christen wissen wir nicht, ob Sie den Tag der Geburt Christi feierten, aber es ist bekannt, dass im Osten und in Ägypten dieses Fest nach und nach am 6. Januar, dem heidnischen Neujahrsfest, gefeiert wurde. Auf den 25. Dezember fiel im antiken Kalender die Wintersonnenwende, und die Heiden feierten an diesem Tag die Geburt der Sonne. Um 300 übernahmen die Christen diesen Tag als Geburtstag Christi. Was für Weihnachten gilt, gilt ebenso für Ostern, das vorher ein typisches Mondfest war.

Den gesamten Christianisierungsprozess zusammenfassend schreibt Praet: »Das Christentum ... stützt sich ab dem 4. Jahrhundert zum größten Teil auf die direkte Wiederverwertung des althergebrachten Paganismus. Die heidnischen Götter wurden zu Dämonen degradiert, und als solche auch aus ihren Heiligtümern vertrieben. Aber ihre Tempel, Titel, Funktionen, Feste und Riten wurden mit den kleinstmöglichen Änderungen übernommen von Christus selbst, von Maria oder von dem niedrigeren christlichen ›Pantheon‹ der Engel, Heiligen und Märtyrer.«[26]

Die wichtigste Form der Kulturassimilierung durch das Christentum habe ich aber noch gar nicht genannt: Das Christentum zeigt eine verblüffende Ähnlichkeit mit den umgebenden Mysterienreligionen. Im Gegensatz zur offiziellen, in der Öffentlichkeit begangenen Staatsreligion handelte es sich hier um »geheimgehaltene« Kulte, an denen Tausende und Abertausende teilnahmen. Wenn man in eine solche Religion eingeweiht werden wollte, war dies nur nach langer Vorbereitungszeit möglich, in der man diversen Prüfungen unterzogen wurde. Nach diesem Läuterungsprozess fand schließlich die feierliche Initiation statt. Im nächsten Kapitel werde ich ausführlich auf die Parallele zwischen der Weihung der Katechumenen durch die Kirchenväter und der Initiation der Mysten (Initianden) durch die heidnischen Priester eingehen. Es ist immer ein Streitpunkt gewesen, inwiefern die Christen hier bewusst Anleihen machten. Da es jedoch wahrscheinlich unbewusst geschah, sind die Übereinstimmungen zwischen beiden Religionen umso verblüffender.

Im Rahmen des vorliegenden Kapitels, das eine allgemeine Übersicht bieten soll, begnüge ich mich mit einem Beispiel: den erstaunlichen Parallelen zwischen dem Christentum und dem Mithraskult. Dieser Kult war der in der griechisch-römischen Kultur am weitesten verbreitete. Mithras war ein indo-iranischer Gott, der bereits im 4. Jahrhundert vor Christus erwähnt wird. Er war als Lichtträger zur Erde gesandt worden, um Fruchtbarkeit zu bringen. Allmählich entwickelte er sich zu einem Sonnengott und schließlich zu einem segensreichen Kriegsgott.

Zwischen Mithras und Christus wie auch zwischen den dazugehörigen Kulten bestehen große Ähnlichkeiten. Sowohl Mithras als auch Christus werden auf wundersame Weise in einer Höhle geboren und bei beiden wird diese Geburt durch Hirten verkündet. Von einer Höhle steht zwar nichts in den Evangelien, aber schon im 2. Jahrhundert erscheint das Höhlenmotiv in der christlichen Literatur und Origenes erwähnt, dass man in Bethlehem die Geburtsgrotte besuchen kann. Hieronymus teilt mit, dass dort früher Adoniskulte stattgefunden haben.

Beide Kulte kennen die Taufe als Initiationsritus und ein Mahl, bei dem Brot und Wein verzehrt werden und das in beiden Fällen einen Bezug zu einem Opfer hat. In einem Punkt haben die Christen mit Sicherheit auf den Mithraskult zurückgegriffen, und zwar für das Geburtsdatum Christi. Man feierte das Fest der Geburt Mithras' am 25. Dezember. Er war der Sonnengott, der zum Zeitpunkt der Sonnenwende herabstieg, der »sol invictus«, die unbesiegbare Sonne. Mithras, der Sonnengott, wurde zwischen 270 und 275 zu *dem* Gott in Rom ausgerufen. Die Kirche legte das Weihnachtsfest auf den 25. Dezember, auf einen Tag also, an dem sich zahlreiche symbolische Linien kreuzten. Sie rief Christus zum neuen Licht, zur wahren und einzigen Sonne aus. In der Katakombe von Pietro e Marcellino ist Helios als Christussymbol abgebildet. In einem Mausoleum unter dem Petersdom hat man ein Bild von Christus in der Gestalt des Helios gefunden wie er, auf einem Triumphwagen stehend, von zwei Pferden gezogen aus dem Hades zu seinem Vater aufsteigt.[27] Unter der Kirche St. Clemente in Rom sind noch die Überreste eines Mithrastempels zu sehen. Hatch schreibt über das alte, heidnische Mysterienritual: »Es erstand wieder zu neuem Leben [in der christlichen Liturgie], und obwohl es lediglich als Überlebendes besteht, atmet es immer noch dieses neue Leben. Die prächtigen Zeremonien des östlichen und des westlichen Kultes ..., das Überleben und in bestimmten Fällen das galvanisierte Überleben dessen, was ich im Grunde meines Herzen nicht als eine *heidnische* Zeremonie bezeichnen kann, denn, auch wenn sie Ausdruck eines weniger erleuchteten Glaubens war, so wurde sie doch zu Ehren Gottes und mit einem Herzen begangen, das nicht weniger ernsthaft nach Gott suchte und nach Heiligkeit verlangte als unseres.«[28]

Wessels stellt fest: »Das Christentum hat keine neue Kultur gebracht, sondern die alte griechisch-römische erneuert, verjüngt und gereinigt.«[29] Praet verbindet diesen Gedanken mit den Mysterienkulten und schreibt: »Das Christentum hat seinen letztendlichen Sieg nur erlangt, weil es seine Anziehungskraft allmählich erweiterte, indem es jene Merkmale der rivalisierenden Kulturen kopierte und integrierte, die noch größten *Survival value* zur Befriedigung der religiösen Bedürfnisse des antiken Menschen hatten. ... Durch diese Übernahmen hat das Christentum über das

Heidentum triumphiert, aber in eben diesem Prozess ist das Christentum auch ›heidnisch‹ geworden.«[30]

Aus verschiedenen jüngeren Untersuchungen geht hervor, dass der Erfolg der Christianisierung des griechisch-römischen Reiches folglich nicht in den Argumenten zu suchen ist, die jahrhundertelang angeführt wurden, wie »die erlösende Wirkung des Jenseits«, die »Historizität des Christentums«, die »Wunder«, die »Märtyrer« und die »ausgeprägte Missionierungstätigkeit«. Was diesen letzten Punkt angeht, so kannte die christliche Kirche in den ersten Jahrhunderten kaum so etwas wie Missionierung ad extra. Die Christen warben ihre neuen Glaubengenossen hauptsächlich unter Bekannten, Freunden und Verwandten. Auch exogame Ehen spielten eine große Rolle, vor allem mit Blick auf die hochstehende Position der Frau.[31] Das Christentum war in erster Linie eine typische Stadtreligion, die sich nur selten explizit an ländliche Regionen richtete. Dort wohnten buchstäblich die »Pagani«, die Heiden. Ein Grund, von dem man stark annimmt, dass er für die Heiden Anlass war, sich taufen zu lassen, war die »Caritas«, die die junge Kirche sowohl unter ihren Gläubigen als auch unter den Fremden übte. Davon profitierten vor allem jene, die finanziell nicht gut gestellt waren, wie Witwen, Waisen und Gefangene.[32]

Praet ist der Meinung, dass die Anziehungskraft des jungen Christentums vor allem auf der psychologischen Ebene zu suchen ist. Die zahlreichen Entlehnungen aus der umgebenden Kultur »bildeten eine *psychologische Kontinuität* für die Heiden und erleichterten ihre Bekehrung, die ab dem 4. Jahrhundert immer häufiger durch nicht-religiöse Faktoren wie soziale oder ökonomische Gründe oder Gewaltanwendung motiviert war.«[33]

Mit anderen Worten, in den ersten Jahrhunderten konnte die nicht offiziell anerkannte und überdies verfolgte Kirche nur an die Psyche der Heiden appellieren, an die bewusste wie auch an die unbewusste. Dieser Gedanke erscheint mir ausgesprochen wichtig für das Verständnis der Christianisierung in der frühen Kirche einerseits, andererseits aber auch für die Entchristlichung der heutigen Kirche. Dies will ich nun weiter ausführen.

Die Christianisierung ist im Grunde ein Symbolisierungsprozess

Der Erfolg der Christianisierung wird erst richtig verständlich, wenn wir sie als einen Symbolisierungsprozess betrachten. Wessels verweist in diesem Zusammenhang auf die interessanten Erkenntnisse des Religionswissenschaftlers Mircea Eliade in seinen bahnbrechenden Studien über Symbolisierungsprozesse. In seinem Buch *Ewige Bilder und Sinnbilder* macht Eliade diesen Gedanken anhand des Fülle von Wassersymbolen deutlich. Er zeigt, dass diese Symbolik weltweit vergleichbare Formen kennt. Es gibt das Wasser des Lebens und das Wasser des Todes. Die Taufe wird immer wieder als ein initiatorischer Tod präsentiert, der letztendlich zum Leben führt; das Untertauchen steht nicht für Erlöschen, sondern für den Beginn eines neuen, schöpferischen Lebens usw. »Unveränderlich bewahrt das Wasser dieselbe Funktion, egal in welcher Religion es auftreten mag: Es löst auf und beendet die Formen, es ›wäscht die Sünden fort‹, es reinigt das alte und bringt neues Leben.«[34] Eliade stellt fest, dass die Kirchenväter sich nicht gescheut haben, »bestimmte vorchristliche und universale Werte der Wassersymbolik für den eigenen Gebrauch zu benutzen ..., und sie bereicherten [diese Werte], indem sie sie auf die historischen Geschehnisse der Passion Christi übertrugen.«[35] Wir erkennen hier denselben Prozess der Übernahme und Integration wie oben. »Es ist leicht zu erkennen, dass die jüdisch-christliche Symbolik der Taufe in keinerlei Widerspruch zu der in der ganzen Welt verbreiteten Wassersymbolik steht. Wir finden darin alles wieder.«[36] Eliade arbeitet die verschiedenen Bilder aus: die Symbolik der »Sintflut«, der »Wasser des Todes«, der »Nacktheit des Täuflings«, der »Monster der Tiefen des Wassers« usw.

Eliades Interpretation dieser »Übernahme« ist meines Erachtens für ein tieferes Verständnis des Phänomens der Christianisierung von grundlegender Bedeutung.[37] Aus seiner Betrachtungsweise geht hervor, dass von einer *bewussten* »Übernahme« eigentlich keine Rede sein kann. Eliade geht davon aus, dass uns diese Symbole seit der Urgeschichte als unausrottbare Archetypen begleiten. Es sei nicht so, dass wir diese Bilder aus anderen Kulturen entlehnten, sondern, dass die Bilder selbst uns bewegen. Hier geht es um das Bild des Wassers, aber mit allen anderen archetypischen Bildern verhält es sich genauso. Eliade meint, »dass jede neue Sinnverleihung immer durch die Struktur des Bildes selbst bedingt ist, sogar so sehr, dass man über ein Bild sagen kann, dass es auf die Erfüllung seines Sinns *wartet*.[38] Eliade zitiert Beirnart, der schreibt, »dass eine Beziehung zwischen den dogmatischen Vorstellungen, den Symbolisierungen der christlichen Religion und den Archetypen besteht, die ihre Kraft aus den Natursymbolen schöpfen. Wie könnten die Täuflinge die symbolischen Bilder begreifen, mit denen man sie konfrontiert, wenn diese nicht ihrer verborgenen, unbewussten Erwartung entsprächen?«[39]

Hier wird etwas Bemerkenswertes und zugleich Grundlegendes formuliert. Dort, wo Zeichen nicht mehr mit den unbewussten Erwartungen eines Menschen korrespondieren und somit nicht zu Symbolen werden können, ist Religion nicht mehr in der Lage, mit dem Menschen in Kommunikation zu treten. Wenn dies aber der populären Kultur wohl gelingt, so ist das darauf zurückzuführen, dass ihre Symbole sich eben aus genau jenem archetypischen Material herleiten, das die verborgene, unbewusste Erwartung erfüllt. Dogmen sind natürlich alles andere als Symbole und dasselbe gilt für moralistische Vorschriften. Rationalisierungen und Ritualisierungen sind niemals in der Lage, unsere irrationalen Bedürfnisse zu befriedigen. Aber die Christianisierung fand auf der irrationalen Ebene statt. Wie man es auch wendet, eine Religion kann nur mit Hilfe von Symbolen, von archetypischen Bildern, bestehen. Keine Religion inspiriert uns aufgrund abstrakter Begriffe. Die Sprache der Religion ist der Mythos, das heißt, die Sprache der Einbildungskraft! Wenn die Religion nicht imstande ist, die Phantasie anzuregen, hat sie keine Wirkung. »Dadurch, dass das Christentum die großen Bilder und Symbole des Menschen aus den Naturreligionen übernahm, erbte es zugleich deren Kräfte und Einflüsse auf die tiefsten Schichten der Psyche. Wenn auch die mythische und archetypische Dimension fortan einer anderen (nämlich der christlichen) untergeordnet ist, ist sie dadurch nicht weniger wirklich geworden. ... Dass Christus und die Kirche an die großen Urbilder – wie Sonne, Mond, Holz, Wasser, Meer usw. – angeknüpft haben, heißt, dass die affektiven Kräfte, auf die diese Bilder hindeuten, ›evangelisiert‹ wurden.«[40]

Die Affekte der Heiden wurden berührt durch die *christianisierten* Mythen des Orpheus, Odysseus und Asclepius, durch die *christianisierten* Rituale bei Ernte-, Meeres-, Jahreszeiten- und Jahresfesten, durch die *christianisierten* rituellen Mahlzeiten und Waschungen. Die junge Kirche hat die Wirkung dieser klassischen Symbolisierungsprozesse instinktiv gespürt, so sehr sie in ihren Predigten auch bewusst dagegen gewettert haben mag. Eliade schreibt: »Gott hat sich sogar in das kollektive Unterbewusstsein eingeschaltet, um es zu erlösen und zur vollständigen Entfaltung zu bringen. Christus ist in die Hölle hinabgestiegen. Wie hätte dieses Heil unser Unbewusstes erreichen sollen, wenn es darüber nicht gesprochen hätte, wenn es die Kategorien dieses Unbewussten nicht übernommen hätte?«[41]

Verschiedene Ursymbole hat das Christentum auf diese Weise »erhoben« und vervollkommnet, z.B. das uralte Symbol des Lebensbaums. »Das ›Heil‹, das durch das Kreuz offenbart wird, bedeutet keineswegs die Aufhebung der vorchristlichen Werte des Weltenbaums/der Weltesche, des Symbols schlechthin für die totale *renovatio*. Im Gegenteil, das Kreuz krönt nun die anderen Werte und Bedeutungen.«[42]

Ein anderer großer Archetyp, den das Christentum christianisiert hat, ist der des Hinabsteigens in die Unterwelt. Wir begegnen ihm nicht nur in der griechischen Mythologie wie zum Beispiel bei Orpheus, sondern praktisch überall, z.B. auch in schamanistischen Traditionen. Das bedeutet nicht, dass wir Jesus als Orpheus oder als einen Schamanen sehen sollen. Es bedeutet, dass wir es hier mit einem universalen Thema zu tun haben, auf dessen Stamm auch das Christentum den Spross seiner Botschaft gesetzt hat. Wo das Christentum Anklang fand, geschah dies nicht auf der Basis einer partikularistischen, sondern auf der Grundlage einer universalen Thematik. Eliade nennt noch viele andere Ursymbole, die christianisiert wurden. Dem Christentum ist es dank seiner universalen Ausrichtung häufig gelungen, örtlich begrenzte Symbole archetypisch zu erneuern. »Eine gallische Fontäne, die seit der Urgeschichte als heilig galt – durch die Anwesenheit der ein oder anderen lokalen oder regionalen Gottheit –, wurde nun heilig für die ganze Christenheit, nachdem sie der Jungfrau Maria geweiht worden war. Alle Drachentöter wurden mit St. Georg oder einer anderen christlichen Heldenfigur gleichgesetzt, alle Donnergötter mit dem heiligen Elias. Die Volksmythologie verliert so ihren regionalen und provinziellen Charakter und wird ökumenisch.«[43]

Die innovativste Erneuerung durch das Christentum war Eliade zufolge jedoch die Heiligung der Geschichte selbst. Das Christentum zeigte, dass das Heilige, der Heilige sich *inkarniert* hat und von Olymp hinabgestiegen ist. Es hat eine Hierophanie der Geschichte stattgefunden. »Aus religionsgeschichtlicher Sicht betrachtet bietet die jüdisch-christliche Religion uns die höchste Form der Hierophanie: die Verwandlung eines historischen Ereignisses zu einer Offenbarung des Heiligen.«[44]

Der Grund für den Erfolg dieser jüdischen Sekte, die in einem entlegenen Winkel des griechisch-römischen Reiches entstanden war, besteht darin, dass sie in praktisch jeder Hinsicht eine universale, mythisch-kosmische Vision hatte. Eliade schreibt: »Man kann sich ... die Frage stellen, ob die ›Zugänglichkeit‹ des christlichen Glaubens nicht zu einem Großteil seiner Symbolik zu verdanken ist; ob die universellen Bilder, die er seinerseits übernimmt, nicht in entscheidendem Maße die Verbreitung seiner Botschaft vereinfacht haben. ... Die Christianisierung der europäischen Bevölkerung ist vor allen Dingen aufgrund der Bilder geglückt: man fand sie überall wieder; sie mussten nur einen neuen Sinn bekommen, neu integriert werden und neue Namen erhalten. ... Die Bilder sind ›Zugangswege‹ zu einer Welt, die die historische Welt übersteigt. Darin besteht sicherlich nicht ihr kleinstes Verdienst: Mit ihrer Hilfe werden die unterschiedlichen ›Geschichten‹ mit einander verbunden.«[45]

Shelly fasst das Ganze treffend zusammen. »Das Christentum, in seiner allgemeinen Reinheit, wurde der exoterische Ausdruck der esoterischen Lehrsätze der Poesie und Weisheit der Antike.«[46]

Die Konsequenzen

Vor dem Hintergrund der hier skizzierten historischen Perspektive müssen wir uns meines Erachtens zunächst fragen, ob ein bestimmter Zweig der Theologie wohl angemessen auf die jüngsten Strömungen der Säkularisierung und Entmythologisierung reagiert hat. Menschen, die sich der Elektrizität bedienen, so Bultmann, können nicht mehr an die »wunderliche« Welt der Bibel glauben. Seiner Meinung nach muss man die Wahrheit eines Mythos aus der mythischen Hülle herausschälen und dann existentiell interpretieren. Aber wird die Botschaft auf diese Weise nicht über den Träger hinaus auch des Kerns beraubt, der ja gerade überweltlicher Natur ist? Ich glaube, dass die Wirkung der Säkularisationstheologie der religiösen Entwicklung der Christen nicht dienlich war. Sie konnte mit der mythischen, symbolischen Prägung der christlichen Botschaft nichts anfangen. Die historisch-kritische Exegese war zwar in der Lage, verschiedene literarische Genres in der Bibel zu unterscheiden. Sie konnte nachweisen, dass es rein historisch-empirisch betrachtet keine Wunder, keine Himmel- oder Höllenfahrten gegeben haben kann. Aber sie war, bedingt durch ihre Methode, kaum imstande, den Gehalt der Botschaft aufzuspüren, der die Historizität übersteigt. Sie machte sich nicht hinreichend bewusst, dass die Sprache der Bilder, vom Mythos bis zum Märchen, eine andere Art von Wirklichkeit, und zwar die symbolische Wirklichkeit, berührt. Dort entsteht Religion. In Anlehnung an Jung hat Drewermann gezeigt, dass es z.B. der analytischen Psychologie offenbar sehr wohl gelingt, die religiöse Dimension unseres Lebens sichtbar zu machen.[47] Wie sollte aber die Kirche wieder einen Bezug zu den Mythen und Symbolen unserer Zeit finden, wenn ihre eigenen Mythen und Symbole zu eindimensionalen Zeichen erstarrt sind? Die Botschaft des Christentums muss nicht entmythologisiert, sondern entdogmatisiert werden. Wenn das westliche Christentum wieder Wurzeln in der westlichen Gemeinschaft schlagen will, muss es sich wieder zu einem Mythos entwickeln. Die Bibel ist eine fast unerschöpfliche Quelle von Mythen – von der Schöpfungsgeschichte bis zur apokalyptischen Endvision. Hier ist nicht der Ort, um die Merkmale eine Mythos zu analysieren; ich will lediglich im Rückgriff auf die ersten beiden Kapitel auf einen wichtigen Aspekt hinweisen: Ein Mythos weiht das menschliche Individuum in die unvermeidlichen Phasen des geistigen Erwachsenwerdens ein und integriert damit zugleich sein Leben zwischen Himmel und Erde.

Natürlich will ich nicht darauf hinaus, dass tatsächlich die alten Mythen erneut proklamiert werden sollten, sondern es geht mir eher darum, (wieder) *ein mythisches Bewusstsein* zu wecken. Man kann den Mythos des Orpheus in einem katechetischen Projekt zwar wortgetreu unterrichten, aber damit erreicht man noch nicht das mythische Bewusstsein eines Menschen. Dasselbe gilt für die »Auferstehung am dritten Tage« und für viele andere christliche Mythen. Es geht vor allem darum, ein Gespür für die eigenen Mythen unserer Zeit zu bekommen, für gegenwartsbezogene Bilder, die uns ermuntern, in die Unterwelt hinabzusteigen, Bilder, die auf aktuelle Art und Weise auf das »leere Grab« und die »Auferstehung« hindeuten. Archetypen können ein griechisches oder jüdisches, aber auch ein zeitgenössisches jugoslawisches oder afrikanisches Gesicht bekommen. Die »Wasser des Todes« sehen in unserer Zeit anders aus als im Hellenismus. Orpheus kann uns in einer vollkommen anderen Gestalt erscheinen als der klassischen. Die Kräfte, die hier im Spiel sind, bewegen uns, nicht wir sie! Wir müssen auf die Suche gehen nach unseren eigenen Drachen, die getötet werden müssen, nach unseren eigenen Quellen, die geheiligt werden müssen. In der Populärkultur finden wir Beispiele dafür. Die Vertreter dieser Kultur haben häufig viel bessere Antennen für Bilder, die sowohl gegenwartsbezogen als auch archetypisch sind. Ebenso wie die alte Kirche, sollte unsere Kirche den instinktiven Positionsbestimmungen unserer populären Kultur vertrauen.

Ich will hier drei aktuelle Formen einer solchen (populären) Kultur nennen. Auf der politisch-gesellschaftlichen Ebene gibt es Bewegungen wie das *Rote Kreuz*, *Amnesty International*, *Greenpeace*, *Unicef* oder *Ärzte ohne Grenzen*. Sie zeigen in ihren universellen, weltweiten Zielen eine große Übereinstimmung mit denen der jungen Kirche der ersten Jahrhunderte. Man kann sogar sagen, dass sie nicht zufällig in einer christlichen Kultur entstanden sind. Der sakrosankte Zeichenwert der heutigen Kirche kontrastiert jedoch scharf mit der grenzüberschreitenden, weltweiten Anziehungskraft dieser Einrichtungen. Die Kirche von heute kann einem Vergleich mit diesen flexiblen Institutionen, die mit einem Minimum an Macht und Hierarchie weltweit operieren und nicht nach Freund oder Feind, Rasse, Kultur oder Religion fragen, kaum standhalten.

Eine zweite zeitgenössische Gestaltung von Symbolisierungsprozessen gibt es in der Welt der Kunst. Literatur, Film und Musik, Theater und Architektur bieten Millionen von Männern und Frauen, sowohl in der Elite- als auch in der Populärkultur ein unwahrscheinliches Potential an Inspiration, auch für die Seele. Es ist bezeichnend, dass die Welt der Schönheit heute größtenteils unabhängig vom kirchlichen Geschehen agiert. Die Kirche beschäftigt sich vornehmlich noch mit dem Wahren und Guten. Dabei war die Welt des Schönen von alters her immer eine *kulturelle* Angelegenheit. Sie war Teil des Kultus. Kunst existiert auf Grund von Symbolisierungsprozessen.

Und schließlich taucht in den letzten Jahrzehnten eine sehr breitgefächerte Form von (populärer) Kultur im religiösen Bereich auf, die sich fast völlig außerhalb der Kirche entwickelt und ebenfalls weltweit operiert, die so genannte New Age Kultur. Zahlreiche Strömungen dieser Bewegung lassen sich von den gnostischen Wurzeln des jungen Christentums wieder inspirieren; Wurzeln, die seit dem 4. Jahrhundert durch die offizielle Kirche unbarmherzig weggeschnitten wurden.

Wenn das Christentum wieder lebendig werden will, muss es sich der Herausforderung stellen, seine Botschaft so zu verkünden, dass ein Mensch darin eine Spiegelung und Ansprache dessen sieht, was seine eigene Seele bewegt. Das beinhaltet – und das ist wahrscheinlich die schwierigste Aufgabe –, dass das Christentum selbst wieder ein Element populärer Kultur werden muss: flexibel, differenziert, mehrdimensional, undogmatisch und vor allen Dingen frei. Wir haben keine Ahnung, wie ein solches Christentum in den kommenden hundert Jahren aussehen könnte. Wahrscheinlich aber müssen fast alle Wahrheiten, die uns heute unumstößlich erscheinen, aufgebrochen werden, weil sie aus einer anderen Zeit stammen. Die großen Mythen der Kirche sind zu Konzepten geworden. Schöpfung und Inkarnation, Dreifaltigkeit, Offenbarung, Erbsünde, göttliche Natur, Unfehlbarkeit, Transsubstantiation, Gnade ... diese Konzepte erwecken das, was in einer Menschenseele liegt, nicht mehr zum Leben. Um Paulus zu paraphrasieren: Ich glaube, dass wir einer Zeit entgegengehen, in der das Christentum gottlos werden muss mit den Gottlosen und unkirchlich mit den Unkirchlichen. Die mystischen Theologen haben das übrigens immer schon gewusst. Um Gott zu finden, schrieb Eckehart, muss ich Gott selbst entsagen. Wahrscheinlich müssen wir einer partikularistisch gewordenen Kirche entsagen, um wieder spirituell zu werden. Das Christentum muss wieder zu einer Bewegung werden.

In seinem aufschlussreichen Buch *Populaire cultuur* schreibt De Meyer, dass »die postmoderne Welt sich dahin entwickelt, wieder ... eine gemeinsame Kultur zu schaffen, die an die der primitiven Gesellschaften erinnert, aber nun auf weltweiter Ebene mit Hilfe von Prozessen wie Globalisierung, Multimedialisierung und interaktiver Kommunikation.«[48] Die hellenistische Kultur war solch eine primitive gemeinsame Kultur ersten Ranges. Damals hatte die Kirche noch Antennen dafür; und derzeit vollzieht sich erneut eine weltweite »Hellenisierung« unserer Kultur. Es ist jedoch fragwürdig, ob die heutige Kirche in der Lage ist, daraus noch einmal ihre Kraft zu entlehnen, obwohl doch gerade sie aufgrund ihrer Vergangenheit dafür hervorragend ausgerüstet wäre.

Von Tertullian stammt der bekannte Ausspruch, dass die menschliche Seele von Natur aus christlich sei. Aber diese Aussage lässt sich auch umkehren, und ich würde dem Christen unserer Zeit zu diesem Motto raten: *Die christliche Seele ist von Natur aus menschlich!* Das Christentum muss sich wieder öffnen für eine bestimmte Form des Humanismus; nicht für eine säkularisierte, entmythologisierte Form, sondern für einen Humanismus, der sich seiner mythischen Wurzeln bewusst ist. Das kann nur geschehen, wenn die Kirche ihre maskuline Organisationsstruktur preisgibt und eine machtfreie Gemeinschaft wird. Wenn die Kirche sich nicht mitentwickelt, werden alle Glaubenswahrheiten, auf die sie bis vor kurzem ein Monopol zu haben glaubte, in diversen Bildern überall in der heutigen Kultur verbreitet sein. Auf diese Weise wird sie ihr Existenzrecht einbüßen.

Im nächsten Kapitel wenden wir uns wieder der alten Kirche zu, nun aber mit der gezielten Frage, wie sie ihre Täuflinge auf deren Weg zu den »Geheimnissen« begleitete. Wir werden sehen, dass die alte Kirche die Mystagogie hervorragend beherrschte und eine Praxis des »geheimnisvollen Lehrens« kannte.

5. Arkandisziplin, die Mystagogie der Alten Kirche

»Etwas anderes ist der Glaube, etwas anderes ein Traktat; der Glaube kann nicht durch ein Traktat weitergegeben werden.«
Zeno von Verona

In den ersten Jahrhunderten der Kirche war es eher gebräuchlich, über »Mysterien« zu schweigen als darüber zu sprechen, vor allem gegenüber noch nicht Eingeweihten. Die Kirchenväter benutzten eine spezielle Methode der Unterweisung, die später »disciplina arcani« genannt wurde. Ein Mysterium in Worten zu erklären, bevor der Katechumene es erfahren hatte, war ihrer Überzeugung nach ein Verrat an diesem Mysterium und an der Wirkung des Geistes in einem Menschen. Eine Erfahrung »zu erklären« bedeutete für sie, diese Erfahrung zu »gestalten«. Sie hatten ein tiefes Gespür für Symbolisierungsprozesse.

Ein strittiges Thema

Im dritten Kapitel haben wir gesehen, dass Karl Rahner in seiner Auffassung über die Mystagogie von den Kirchenvätern inspiriert worden ist. In der Pädagogik dieser Väter gab es eine Facette, die in der theologischen Literatur unter dem Namen »Arkandisziplin« bekannt ist. Als ich vor ca. 30 Jahren zum ersten Mal über dieses Phänomen las, hat es mich sehr fasziniert, obwohl ich in meiner theologischen Ausbildung nie davon gehört hatte. Ich arbeitete damals an meiner Dissertation über Bonhoeffer, und in einem seiner Gefängnisbriefe (dem berühmten Brief vom 5. Mai 1944) las ich Folgendes: »Barth hat als erster Theologe – und das bleibt sein ganz großes Verdienst – die Kritik der Religion begonnen, aber er hat dann an ihre Stelle eine positivistische Offenbarungslehre gesetzt, wo es dann heißt: ›friß, Vogel, oder stirb‹; ob es nun Jungfrauengeburt, Trinität oder was immer ist, jedes ist ein gleichbedeutsames und –notwendiges Stück des Ganzen, das eben als Ganzes geschluckt werden muß oder gar nicht. Das ist nicht biblisch. *Es gibt Stufen der Erkenntnis und Stufen der Bedeutsamkeit; d.h. es muß eine Arkandisziplin wiederhergestellt werden, durch die Geheimnisse des christlichen Glaubens vor Pro-*

fanierung geschützt werden. Der Offenbarungspositivismus macht es sich zu leicht, indem er letztlich ein Gesetz des Glaubens aufrichtet und indem er das, was eine Gabe für uns ist – durch die Fleischwerdung Christi! –, zerreißt.«[1] Ich verstand kaum, was hier gemeint war, aber da ich aus dem Kontext schließen konnte, dass die Arkandisziplin offenbar dem unliebsamen Offenbarungspositivismus Einhalt gebieten konnte, interessierte es mich sehr. Je mehr ich mich damit beschäftigte, desto mehr wurde mir bewusst, wie wertvoll dieser Gedanke Bonhoeffers war. Vor ungefähr 10 Jahren entschloss ich mich zu einem Quellenstudium, und damals wurde mir klar, dass das, was ich bis dahin hauptsächlich als ein kurioses historisches Phänomen betrachtet hatte, die Essenz dessen enthielt, was ich in diesem Buch über Symbolisierungsprozesse ausführe. Es waren die Gedanken C. G. Jungs, die mich für diese Wahrnehmung sensibilisiert hatten.

Kurzgefasst läuft das Phänomen der Arkandisziplin auf Folgendes hinaus: Es ist unumstritten, dass in den ersten fünf Jahrhunderten der Alten Kirche vielfach und in unterschiedlichen Zusammenhängen die Geheimhaltung von Glaubensangelegenheiten ausdrücklich empfohlen wurde. Vor allem im vierten Jahrhundert messen ihr die Kirchenväter auffallend große Bedeutung bei. Die Geheimhaltung wurde insbesondere im Zusammenhang mit der Unterrichtung der Katechumenen, der Taufschüler und Täuflinge, thematisiert. Katechumenen, die sich zwar Christen nennen durften, aber noch nicht durch die Sakramente in die Glaubensgemeinschaft eingeweiht waren, erfuhren über bestimmte Dinge, die zum zentralen Glaubensgut gehörten, kein Wort. Erst in der Fastenzeit, die ihrer Taufe in der Osternacht voranging, hörten sie den Text des Glaubensbekenntnisses, und erst wenn sie in der Osternacht die Sakramente empfangen hatten, vernahmen sie in der darauf folgenden Woche, in der »mystagogischen Katechese«, was sie erfahren hatten. Selbstverständlich waren heidnische Außenstehende von dieser graduellen Initiation ganz ausgeschlossen. Es war ebenfalls selbstverständlich, dass Kinder hierfür nicht in Betracht kamen.[2] Dies ist für den heutigen Christen sicherlich überraschend. Nach dem Konzil von Trient gab es in der Katechese keinerlei Geheimhaltung mehr, und die vollständige Glaubenslehre wird Kindern, Erwachsenen und Außenstehenden gleichermaßen dargelegt.

Im 17. Jahrhundert wurde die Praxis der Geheimhaltung in der Alten Kirche zu einer theologischen Streitfrage zwischen Protestanten und Katholiken. Bis dahin war es in der katholischen Kirche üblich gewesen, zwei Arten von Glaubensgeheimnissen zu unterscheiden, die mündlich und die schriftlich überlieferten. Dabei stellten verschiedene Autoren stets einen bestimmten Text aus dem Neuen Testament in den Mittelpunkt: »Gebt das Heilige nicht den Hunden und werft eure Perlen nicht vor die Schweine. Sonst zertreten sie sie mit ihren Füßen und machen dann kehrt und zerreißen euch« (Matthäus 7,6). Etwas seltener zitiert man Markus 4,11: »Euch ist das Geheimnis [mysterion] des Reiches Gottes gegeben. Jenen draußen aber wird alles in Gleichnissen zuteil, auf daß sie sehend sehen und hörend hören und doch nicht verstehen, um nicht umzukehren und Vergebung zu finden.«[3]

Dies wurde zu einem »Problem«, als die katholischen Theologen ihre Argumente in wichtigen dogmatischen Streitfragen immer häufiger aus dieser Schweigeempfehlung ableiteten. Sie glaubten ganz genau zu wissen, warum die Kirchenväter nicht über die Eucharistie sprachen. Ihrer Meinung nach hing dies mit den Dogmen der Transsubstantiation und der »presentia realis« zusammen. Wenn die Eucharistie nicht mehr bedeutet hätte, als Brot zu essen und Wein zu trinken, dann hätte es, so ihre Argumentation, keinen Grund gegeben, den Katechumenen und Heiden einen solchen Ritus zu verschweigen. Das war den Protestanten natürlich ein Dorn im Auge, denn sie fochten diese Dogmen an, die aber auf diese Weise Unterstützung von unerwarteter Seite erhielten.[4]

Man bekämpfte sich anderthalb Jahrhunderte lang heftig. Der französische protestantische Theologe Daillé sprach in diesem Zusammenhang als erster von einer »disciplina arcani«. Seine Interpretation dieses Phänomens ist die eines »aufgeklärten« Menschen. Er hielt die Kirchenväter für inkompetente Theologen. Sie sprächen so unbestimmt über die Sakramente, weil sie schlichtweg nicht fähig gewesen seien, klar zu denken. Es fehlte ihnen an Intelligenz; sie entbehrten »la vraie lumière de tout discours«. Deshalb gäbe es so viel »obscurité en maints endroits«.[5] Er nahm an, es sei im 4. Jahrhundert kirchengesetzlich festgelegt worden, dass den Katechumenen gegenüber Schweigen bewahrt werden sollte. Aber diese »arcani diciplinam« (hier fällt der Terminus also zum ersten Mal) habe es seines Erachtens vor dem 4. Jahrhundert nicht gegeben.[6] Durch seine Vermutung, im vierten Jahrhundert sei aus allerlei pastoralen Gründen eine vorübergehende Maßregel erlassen worden, vermeidet er für die vorangehenden Jahrhunderte jegliche Diskussion. Mit »disciplina arcani« ist hier also eine von der Kirche offiziell verhängte Disziplinarmaßnahme gemeint, die das Verschweigen von Geheimnissen betraf. Das Wort »disciplina« berührt natürlich zwei Bedeutungsfelder: »Unterricht« und »Disziplinierung«. In der Darstellung von Daillé ist die zweite Bedeutung leitend. Man könnte »disciplina« auch mit »Unterrichtsmaßnahme« übersetzen. Für Daillé bedeutete es jedenfalls nicht: »Unterweisung in den Geheimnissen«, geschweige denn »esoterisches Lehren«. Ein solcher Gedanke war ihm völlig fremd.

Zu Beginn des 20. Jahrhunderts wurde über die Arkandisziplin kaum noch diskutiert. Als der Streit zwischen den beiden Konfessionen abgeebbt war, ging auch das Interesse an diesem Thema zurück. Es wurde kein Anlauf mehr unternommen, dieses Phänomen neu zu interpretieren. Man war sich zwar darüber bewusst, dass die Erklärungen seit dem 17. Jahrhundert sehr tendenziös waren, man war auch davon überzeugt, dass es eine Arkandisziplin im Sinne Daillés niemals gegeben hat, aber man versäumte es dennoch, das Phänomen aufs Neue – diesmal in den historischen Quellen – zu untersuchen. Obwohl es dieses Phänomen tatsächlich fünf Jahrhunderte lang gegeben hatte!

Es sieht (fast) so aus, als hätten sich die katholischen Theologen geschämt, am Anfang des 20. Jahrhunderts die Aufmerksamkeit weiterhin auf eine solche Praxis zu lenken. Schließlich sollte sich das Christentum nicht geheimnisvoll geben oder etwas verbergen. Es war vielmehr unvereinbar mit allem, was einen esoterischen Anstrich hatte. Batiffol fand es lächerlich, dass so etwas wie eine Arkandisziplin aus der apostolischen Tradition stammen sollte. Natürlich konnte er die Tatsache nicht ignorieren, dass die Kirchenväter im 4. Jahrhundert sowohl im Osten als auch im Westen explizit auf Geheimhaltung drängten, aber diese Empfehlungen reduzierte er auf eine katechetische Maßnahme. Und von irgendeinem Einfluss aus Mysterienreligionen konnte erst recht keine Rede sein. Es hatte die Kirche vor diesen heidnischen Praktiken gegraust und jemandem wie Clemens von Alexandrien, der mit dem Hellenismus geflirtet habe, mangelte es Batiffol zufolge schlichtweg an Geschmack.[7]

Mit einer solchen Deutung waren im Allgemeinen auch die Protestanten einverstanden. Es scheint, als habe man eine üble Vergangenheit möglichst schnell vergessen wollen. Das Thema »Arkandisziplin« verschwand aus der Literatur und man findet es nur noch in Enzyklopädien, in denen der entsprechende Eintrag bei jeder Neuauflage kürzer wird.

So kam es auch, dass, wenn hier und da ein Autor die Frage noch einmal berührte, seine Ausführungen nicht mehr in den Rahmen dieser Gesamtthematik eingeordnet wurden. Bonhoeffer ist eine Art Rufer in der Wüste geblieben, als er für eine Wiedereinführung dieser »Disciplina« plädierte. Nur in typischen Bonhoefferstudien wird der Gedanke noch untersucht, dort allerdings eher aus einer historischen Perspektive (Was hat Bonhoeffer selbst mit diesem Gedanken bezweckt?) als vor dem Hintergrund seiner aktuellen Bedeutung.

Aus diesem Grund fand auch Joachim Jeremias, als er 1960 das Thema der Geheimhaltung auf sehr originelle Weise erneut in den Mittelpunkt des Interesses rückte, in der offiziellen Theologie kaum Beachtung. In seinem Buch *Die Abendmahlsworte Jesu*[8] führt er überzeugend aus, dass es bereits im Palästina des Neuen Testaments eine »Arkandisziplin« gab, die sich von der der hellenistischen Mysterienreligionen unterschied. Sie ist sowohl im rabbinischen, als auch im esoterischen und im frühchristlichen Judentum wiederzufinden. Jeremias verweist auf das Fehlen der Abendmahlsworte Jesu im Johannesevangelium und auf die nur für Eingeweihte verständliche Homilie zum Abendmahl im selben Evangelium. Er nimmt an, dass »die gesamte Kultur um das Urchristentum herum ... die Esoterik gekannt hat« und das nicht nur in der Gnosis, in den Philosophenschulen oder den hellenistischen Mysterienreligionen, sondern gerade auch im Judentum.[9] Natürlich kennen wir das Essener Arkanum und die apokalyptische geheime Offenbarung, aber Jeremias fügt hinzu, dass die rabbinischen Traditionen zu Zeiten Jesu großen Wert auf Geheimhaltung legten, zum Beispiel im Bezug auf die Schöpfungsgeschichte, die Thronwagenvision bei Ezechiel und die kosmische Topographie (die Himmelssphären). »Bis ins zweite Jahrhundert nach Christus ... wird die *gesamte mündliche Überlieferung* als das Mysterium Gottes gesehen, das man durch ein Schriftverbot gegen die Heiden schützte«[10]

In der katholischen Theologie war es vor allem Karl Rahner, der mit seinem Eintreten für eine mystagogische Theologie versuchte, an die Arkandisziplin der Alten Kirche anzuschließen und feststellte, dass Mystagogie nicht nur als ein typisch katechetisch-pastorales Problem betrachtet werden müsse, sondern dass dieses Thema (auch) eine wichtige dogmatische Dimension habe.[11]

Alles in allem gab es im 20. Jahrhundert jedoch nur Einzelne, die auf die theologische Bedeutung der »Arakandisziplin« hingewiesen haben.

In diesem Kapitel möchte ich das Phänomen der Arkandisziplin in seinem historischen Kontext des zweiten, dritten und vierten Jahrhunderts beschreiben, und zwar so, wie es von den größten westlichen und östlichen Kirchenvätern formuliert wurde. Ich möchte dafür so weit wie möglich die Texte selbst sprechen lassen, wenn ich auch die Quellen nicht im mindesten erschöpfend behandeln kann.[12] Im folgenden Kapitel werde ich auf die aktuelle Relevanz dieses Phänomens eingehen.[13]

Patristische Wurzeln der Arkandisziplin

Der Prototyp in Jerusalem

Um ein möglichst konkretes Bild von der Arkandisziplin in der Alten Kirche zu erhalten, kann man sich am besten der Jerusalemer Kirche in der Mitte des vierten Jahrhunderts zuwenden, denn darüber sind wir durch Cyrill von Jerusalem (315-387) hervorragend unterrichtet. Er wurde 348 Bischof dieser Stadt, und in den Katechesen, die von ihm überliefert sind, wird dieses Thema mehrfach explizit behandelt.

Wenn er zu Beginn der Fastenzeit einer Gruppe von Katechumenen, die sich für die Taufe angemeldet haben, die erste Katechismusstunde erteilt, erinnert er sie an die Zeit davor:

> »Du wurdest Katechumene genannt. Du hast Worte nur von außen wahrgenommen. Du hörtest, dass von Hoffnung gesprochen wurde, aber du hast nichts davon verstanden; man sprach von Geheimnissen, aber du kanntest sie nicht; du hörtest von der Schrift, aber du hast ihre Tiefe nicht gesehen. Nun erklingen Worte nicht mehr um dich herum, sondern von innen heraus. Denn der Geist, der in dir wohnt, macht deinen Geist zu einem Haus Gottes. Wenn du nun hörst, was über die Geheimnisse geschrieben steht, wirst du begreifen, was du nicht wusstest« (Protocat 6).

Cyrill berührt in diesem Text den Kern. Erst wenn in einem Menschen eine Verwandlung stattgefunden hat, sodass er den Geist in seinem Inneren hört, ist er zur Initiation berufen. Dann erst kann darüber in der Katechese gesprochen werden, nicht früher. Am Ende dieser ersten Katechese legt Cryrill den Taufschülern daher auch ans Herz, Außenstehenden gegenüber unbedingt zu schweigen, über das, was sie gehört haben, und er erklärt ihnen auch den Grund dafür:

> »Wenn diese Unterweisung vorbei ist, und ein Katechumene versucht, dich nach dem zu fragen, was hier erklärt wurde, achte darauf, Außenstehenden nichts zu sagen. ... Niemand möge dich überreden, indem er sagt: ›Was kann es schon schaden, wenn ich es auch weiß.‹ Denn auch die Kranken pflegen nach Wein zu verlangen; gibt man ihn ihnen aber zu einem falschen Zeitpunkt, so führt dies zu Fieberanfällen, und es entsteht ein doppelter Schaden: Der Kranke stirbt und der Arzt steht in einem schlechten Licht da. Auch der Katechumene bekommt Fieberanfälle, denn er versteht nicht, was er gehört hat; er schreibt dies der Sache

selbst zu und verspottet die Lehre, während der Gläubige als ein Verräter verurteilt wird. Du stehst nun an einem Scheideweg. Achte also gut darauf, was du herumerzählst.
Nicht, weil das, was hier gesagt wird, nicht wert wäre, erzählt zu werden, sondern weil die Ohren nicht würdig sind, es zu vernehmen. Du warst selbst ein Katechumene, und ich habe dir über die Dinge, die nun an die Reihe kommen, auch nichts erzählt. Wenn du die Tiefe der Lehre aus eigener Erfahrung verstehen wirst, wirst du begreifen, dass die Katechumenen nicht würdig sind, sie zu hören« (Protocat 12).

Erst wenn man für bestimmte Wahrheiten bereit ist, kann darüber gesprochen werden. Lernen und Unterrichten bekommen in diesem Kontext den Charakter eines therapeutischen Prozesses. Der Katechume wird mit einem Kranken verglichen, der Katechet mit einem Arzt. Das ist ein klassisches Bild. An sich soll die Wahrheit nicht verborgen bleiben, es ist nur so, dass die Augen eines Menschen noch nicht immer in der Lage sind, die volle Wahrheit zu sehen.

»Die Sonne blendet die, die schwache Augen haben. Menschen, die eine Augenkrankheit haben, leiden unter dem Licht und werden geblendet; die Sonne hat daran jedoch keine Schuld, denn es liegt am Zustand der Augen. Darum können die Ungläubigen, weil ihr Herz krank ist, nicht in die Strahlen der Göttlichkeit schauen. ... Der Herr sprach zu jenen, die es nicht begreifen konnten, in Gleichnissen; nur seinen Jüngern erklärte er die Gleichnisse. ... Diese Geheimnisse, die euch, nach eurem Austritt aus dem Katechumenat von der Kirche erklärt worden sind, dürfen den Heiden nicht erklärt werden. In Gegenwart der Heiden erklären wir die Geheimnisse des Vaters, des Sohnes und des Heiligen Geistes nicht; ebenso wenig sprechen wir in Gegenwart der Katchumenen offen über die Geheimnisse. Häufig sprechen wir über viele Dinge geheimnisvoll, so dass die eingeweihten Gläubigen verstehen und die Uneingeweihten keinen Anstoß daran nehmen« (Cat. 6,28-29).

Cryrill zufolge entscheidet der Zustand des Menschen darüber, ob die Botschaft verstanden wird oder nicht. Von ihm hängt es ab, ob eine Wahrheit sich offenbart oder verschleiert bleibt. Die Wahrheit selbst wirkt jedoch nicht verschleiernd, nur unser Blick kann verschleiert sein. Erst der schauende Mensch ist imstande, in das Geheimnis eingeweiht zu werden, nicht der, der zwar Augen hat, aber nicht sieht.

Den Hintergrund dieser Geheimhaltung bildet eine reiche theologische Lehre, die zum ersten Mal zu Beginn des dritten Jahrhunderts in Alexandrien gründlich ausgearbeitet wurde.

Wo Cryrill von Jerusalem nur im Kontext der Katechese über die »Arkandisziplin« spricht, erörtert Clemens von Alexandrien (150-214) die Bedeutung der Geheimhaltung aus einer viel breiteren Perspektive und auf einer viel theoretischeren Ebene. Es ist bekannt, dass Clemens einer der ersten wirklich großen theologischen Denker des Christentums war, wenn man von Paulus einmal absieht. Vergleicht man ihn mit seinem berühmten Zeitgenossen Irenaeus von Lyon, so erkennt man zwei verschiedene Denkertypen. Irenaeus war ein Mann der katholischen, apostolischen Tradition. Spürbare Einflüsse aus den umgebenden, heidnischen Kulturen empfand er als eine Gefahr für den Glauben. Dies kommt vor allem in seinem Standardwerk *Adversus Haereses* zum Ausdruck, mit dem er sich gegen gnostische Ketzer richtete, die ihre Erkenntnisse aus dem Hellenismus entlehnten. Clemens dagegen symbolisiert eine Einstellung, in der die Wahrheiten des Glaubens mit Hilfe hellenistischer Kategorien vertieft und ausformuliert wurden. Er vertrat das Ideal, dass Pistis (Glaube) und Gnosis (Erkenntnis) eine Harmonie eingehen sollten, wobei für ihn feststand, dass die wahre (individuelle) Gnosis höher zu bewerten sei als die (gemeinschaftliche) Pistis. Bezugnehmend auf den bekannten Text von Paulus im ersten Brief an die Korinther (3,2): »Milch gab ich euch zu trinken, nicht feste Kost; denn die vermochtet ihr noch nicht zu vertragen«, schreibt Clemens:

> »Paulus nennt den gemeinsamen Glauben manchmal das ›Fundament‹, dann wieder ›Milch‹, um ihn der Vollkommenheit der Gnosis gegenüberzustellen« (Strom. V,4,26).

Der wahre Christ ist ein Gnostiker. Sicher, Clemens bekämpfte die ketzerische Gnosis mit aller Kraft als eine teuflische Erfindung der heidnischen Mysterienreligionen, aber trotzdem ist sein ganzes Denken von einem hellenistischen Geist durchtränkt und er hat keine Scheu, die großen antiken Philosophen zu zitieren und zu integrieren. In seiner Lehre über den göttlichen Logos stellt er eine tiefe Verbindung zwischen den christlichen, den jüdischen und den griechischen Strömungen her. Der Logos ist Seele und Schöpfer des Kosmos, er offenbart sich in der jüdischen Thora, in der Philosophie der Griechen und er inkarniert sich als zweite Person der Dreifaltigkeit in Jesus von Nazareth. Der universelle Logos ist der Lehrmeister, der das Weltall konstruiert und instruiert und den einzelnen Menschen zu neuem Leben führt. Dieses neue Leben beginnt als Glaube, vertieft sich zum gnostischen Schauen und erreicht seine Vollkommenheit in einer Art Vergöttlichung des Menschen.

Vor diesem Hintergrund sind seine Ansichten über die »Arkandisziplin« anzusiedeln. In seinem berühmten Werk *Stromateis* (»Teppiche«) schneidet er dieses Thema mehrfach an, vor allem im fünften Buch. Die Grundidee ist die, dass ein Mensch eine spirituelle *Entwicklung* durchläuft, dergestalt, dass es ihm in einer frühen Phase noch unmöglich ist zu begreifen, was sich in einer späteren Phase als glasklar erweist.

> »Denn jeder, der noch blind und taub ist, töricht, der nicht den kühnen und durchdringenden Blick der Seele hat, die das Schauen liebt, einen Blick, den nur der Erlöser gewähren kann, jeder, der nicht in die Mysterien eingeweiht ist oder die Musik der Chortänze nicht kennt, jeder, der der heiligen Wahrheit noch nicht würdig, sondern dissoniert und ungeordnet ist und an das Stoffliche gebunden, der muss noch außerhalb des göttlichen Chores gehalten werden. Denn wir erklären spirituelle Dinge nur spirituellen Menschen. Darum ist das sich Ausdrücken in verschleiertem Formulieren wirklich göttlicher Natur. ... Es ist ein Sprechen, dass vollkommen sakral ist und auf eine indirekte Weise schon von den Ägyptern mit Hilfe der Hieroglyphen angedeutet wurde, und von den Juden mit Hilfe des Vorhangs. ... Denn dem Unreinen ist es nicht erlaubt, zu berühren, was rein ist, das fand schon Platon. Daher kommt es, dass in Prophezeiungen und Orakeln in Rätseln gesprochen wird und dass die Mysterien nicht freiheraus jedem gezeigt werden, sondern mit Reinigungsriten und Warnungen einhergehen müssen« (Strom. V,4,19.20).

Ein solcher Text ist ganz typisch für Clemens. Das Thema wird als universal dargestellt. Die Christen haben den Unterschied zwischen spirituellen und nicht-spirituellen Menschen nicht erfunden, haben auch nicht erfunden, dass man in verschleierten Formulierungen über göttliche Dinge sprechen sollte. Sie müssen dem inneren Logos auf dieselbe Weise Gehör schenken. Die tragende Basis des Kosmos, der Logos, der sowohl bei Christen als auch bei Nichtchristen wirksam ist, drückt sich immer in einer symbolischen Sprache aus.

> »Man kann sagen, dass alle, die sich mit Gott beschäftigt haben (Barbaren und Griechen), die Grundprinzipien der Dinge verborgen gehalten und die Wahrheit in Rätseln und Symbolen mit Hilfe von Allegorien, Metaphern und ähnlichen Zeichen weitergegeben haben« (Strom. V,4,21).

Aber wenn schon Heiden und Juden ihre Wahrheiten verschleierten, die bei weitem nicht den Glanz der christlichen Wahrheiten besitzen, wie sehr müssen dann erst die Christen sich an diese Regel halten!

»Die Urheber der Mysterien, die Philosophen waren, haben ihre Dogmen mit Mythen zugedeckt, damit sie nicht für jeden sichtbar würden. Und sie verbargen nichts anderes als menschliche Auffassungen, damit die Unwissenden keinen Zugang dazu bekämen; aber das heilige und glückselige Schauen der Wirklichkeit selbst, hinter diesen menschlichen Überzeugungen [also das christliche Schauen], muss das nicht mehr als jedes andere im Verborgenen gehalten werden?« (Strom. V,9,58).

»Weder die Propheten noch der Heiland selbst haben die göttlichen Mysterien so mitgeteilt, dass sie für den Erstbesten zu verstehen waren, sie haben sie vielmehr in Parabeln vorgetragen« (Strom. VI,15,12).

Clemens betont, dass es hier nicht um die Frage geht, ob die Wahrheit überhaupt ausgesprochen werden sollte, sondern darum, dass es Zeiten des Sprechens und Zeiten des Schweigens gebe. Die Entscheidung für den richtigen Zeitpunkt erfordert eine therapeutische Herangehensweise.

»Der Gnostiker ist nicht lügnerisch und spricht die Wahrheit, abgesehen von den Situationen, in denen er eine Funktion als Therapeut bekleidet. Den Philosophen zufolge darf ein Arzt gegenüber Kranken unehrlich sein oder Lügen aussprechen, um die zu retten, die leiden« (Strom. VII,IX,53,2).

Alles, was offensichtlich ist, bedarf Clemens zufolge nicht der Geheimhaltung. Offenkundige Wahrheiten können nur auf eine Weise verstanden werden; gemeint sind Wahrheiten, die für jeden, der logisch argumentiert, sofort einsichtig sind. Die tieferen Wahrheiten des Lebens stellen sich jedoch keineswegs als Gewissheiten dar, sondern enthalten verschiedene Dimensionen im sichtbaren und im unsichtbaren Bereich, die zueinander in Beziehung stehen und intuitive, kontemplative Fähigkeiten notwendig machen. Man bekommt sie nicht durch rationale Erklärungen in seine Gewalt. Sie müssen mit Hilfe von Erfahrungswissen ent-deckt, ent-wickelt und ent-hüllt werden. Bei Anschauungen, die sich einem eindeutigen, rationalen Zugriff entziehen, hat man es mit esoterischen Wahrheiten zu tun (vgl. Strom. V,IX,56-57). Die Schleier, die man angebracht hat, sind nicht als verführerischer Schmuck gedacht, auch nicht nur als Vorhang, der die Wahrheit vor unvorbereiteten Menschen verhüllen soll, sondern sie sind das einzige Mittel, um die tiefgründige Wahrheit *wiederzugeben.* Die Wiedergabe einer dermaßen komplexen Wahrheit kann nur auf diese Weise geschehen. Wenn man mit einer Vielzahl von Bedeutungen konfrontiert ist, kann man nicht anders handeln.

Clemens ist davon überzeugt, dass im Christentum von Anfang an neben der offiziellen eine geheime Tradition bestanden hat. So glaubt er, dass die Evangelisten neben dem bekannten Evangelium noch ein zweites, geheimes Evangelium geschrieben haben, bestimmt für diejenigen, die die wahre Gnosis besitzen und in die Geheimnisse eingeweiht sind.[14]

> »Mysterien wie Gott vertrauen sich dem Wort an und werden nicht zu Papier gebracht« (Strom. I,1,13,2).

Origenes (185-253), der Nachfolger Clemens', war zweifellos einer der größten Denker des Christentums. Auch wenn er sich in seiner Theologie viel stärker als Clemens auf christliche und biblische Quellen stützt, ist doch überall spürbar, wie sehr auch sein Geist hellenistisch geprägt ist. Im Bezug auf die Arkandisziplin sind seine Ansichten eng mit denen seines Vorgängers verwandt. Auf der berühmten Katechetenschule, deren Rektor er war, hatte er oft eine inhomogene Zuhörerschaft. Wir können das mehrmals seinem Wortgebrauch entnehmen. Wenn er zum Beispiel in einer Predigt über Matthäus 26,28 spricht (»Denn das ist mein Blut des Bundes, das für viele vergossen wird zur Vergebung der Sünden«), sagt er:

> »Wer in die Mysterien eingeweiht ist, kennt das Fleisch und das Blut des Wortes Gottes. Halten wir uns also nicht mit dem auf, was den Eingeweihten bekannt ist, den Uneingeweihten aber nicht offenbar gemacht werden kann« (Hom. Lev. IX,10).

Dass es esoterische christliche Wahrheiten gibt, liegt für Origenes auf der Hand. Ich zitiere einige Aussagen von vielen.

> »Die Evangelisten haben die Erklärung, die Jesus zu den meisten seiner Gleichnisse gegeben hat, geheimgehalten« (Comm. in Mt. XIV,2).

> »Nach dem Willen Gottes haben die Propheten öffentlich mitgeteilt, was die Zuhörer sofort verstanden und was zu einer besseren Lebensführung diente; die geheimnisvollen und esoterischen Wahrheiten jedoch, die Ideen enthalten, die alle Begriffe übersteigen, werden in Rätseln, Allegorien, in dem, was dunkler Sprachgebrauch genannt wurde sowie in Pa-

rabeln und Sprüchen mitgeteilt, weil sie den Begriff eines jeden übersteigen« (Contra Cels. VII,10).

»Dass es bestimmte Dinge gibt, die gleichsam hinter dem liegen, was die Außenseite bildet und die für die Masse nicht zugänglich sind, ist etwas, was nicht nur der Lehre der Christen eignet; das gilt auch für die der Philosophen. Bei letzteren waren manche Lehrsätze exoterisch, andere esoterisch. ... Des weiteren gibt es in Griechenland und außerhalb davon überall Mysterien, die geheim sind; darüber hört man kein böses Wort. Deshalb ist Celsius' Anklage gegen den geheimen Charakter des Christentums unbegründet und nicht gut durchdacht« (Contra Cels. I,7).

Für Origenes werden Wahrheiten erst dann esoterisch, wenn von einer persönlichen Initiation des Individuums die Rede ist. Esoterische Wahrheiten gehören nicht in die systematische Theologie, sondern in die praktische! Die Wahrheiten, die Origenes exoterisch nennt, waren in seinen Augen alltägliche, offenkundige Überzeugungen in der hellenistischen Kultur. Dass Maria Jungfrau und Mutter ist, hat seines Erachtens wenig mit der inneren spirituellen Entwicklung des Menschen zu tun. Dabei geht es um Information, nicht um Initiation. Der Kernpunkt ist, dass es verschiedene Wahrheitsgrade gibt oder besser, Stufen des Wahrheitserlebens. Ein Mensch durchläuft hier eine schrittweise Entwicklung.

»Das Speisen mit Milch ist in der Heiligen Schrift die erste moralische Erziehung, die man den Anfängern erteilt, wie bei ›kleinen Kindern‹ (1 Kor 3,2). Am Anfang darf man die tiefen und geheimen Mysterien tatsächlich an die Schüler nicht weitergeben; sondern muss sie lehren, ihr sittliches Leben zu verbessern, ihr Verhalten zu korrigieren, muss ihnen die ersten Elemente eines religiösen Lebens und eines einfachen Glaubens beibringen. Das ist die ›Milch‹ der Kirche, das sind die ersten Dinge, mit denen ›kleine Kinder‹ beginnen. ... Die Nahrung [des Glaubens] bringt jenen Leben und Heil, die in der Lage sind, den Plan umzusetzen, der zum Guten führt; aber jene, die noch einen Hang zu den entgegengesetzten Neigungen haben, ... geraten durch eine solche Lehre vollständig ins Verderben und finden den Tod. Daher kommt es also, dass dieselbe Nahrung die Guten nährt und die Bösen erstickt; und dass der Gottesfürchtige das Leben findet, wo der Gottlose den Tod findet. Ich kann diesen Punkt an einem Beispiel verdeutlichen. Der Wein hilft jenen, die guter Gesundheit sind, sich wohl zu fühlen; wie die Schrift sagt: ›er erfreut das Herz des Menschen‹; aber bei denen, die Fieber haben, ruft er sofort Tod und Verderben hervor. So kommt es, dass dieselbe Sache, auf dieselbe Art und Weise angewendet, dem einen das Leben und dem anderen den Tod bringt« (Hom. Jud. V,6).

Erst aus dem Neuplatonismus, der philosophischen Inspirationsquelle sowohl Clemens' als auch Origenes', wird meines Erachtens das Phänomen der Arkandisziplin bei ihnen wirklich einsichtig.

Die beiden Alexandriner lebten nicht nur in einer Zeit, als der Neuplatonismus eine Blütezeit erlebte, sondern es kam hinzu, dass auch der größte Denker dieser philosophischen Strömung, Plotin (204-270), ebenfalls in Alexandrien lebte. Origenes und Plotin waren Schüler desselben Lehrers, Ammonius Saccas, des Begründers des Neuplatonismus. Wenn der Platonismus selbst schon stark religiöse Züge trug, so übertrifft ihn der Neuplatonismus darin bei weitem. Es ist wichtig, dass wir uns hier einige Grundkonzepte dieser Philosophie in Erinnerung rufen.[15]

Das wichtigste Merkmal des Neuplatonismus enthält zugleich auch sein grundlegendes Spannungsfeld. Gemeint ist die Überzeugung, dass Gott und Welt einander einerseits durchdringen, andererseits aber zugleich ein absoluter Unterschied zwischen beiden besteht. Plotin nennt Gott das Eine, dass das Nicht-Eine sowohl enthält als auch übersteigt. Das Nicht-Eine fällt grundsätzlich immer wieder in Dualitäten (Gegensätze) auseinander: Gut und Böse, schön und hässlich, wahr und unwahr, Sein und Nichtsein. Das Eine ist die Kraft/Macht, die all diese Gegensätze übersteigt, ihnen aber zugleich auch ihre Existenz verleiht und sie zusammenhält. Diese Grundintuition ist mit dem chinesischen Tao zu vergleichen, das alle Yin und Yang übersteigt und zugleich deren Träger/Trägerin ist. Dies ist also das Paradoxon des Neuplatonismus: Das Göttliche transzendiert alles, was existiert vollkommen, bildet jedoch zugleich dessen Energie. Man spricht auch von einem »dynamischen Pantheismus«.

Dies beinhaltet, und das ist in der Philosophie des Plotin essentiell, dass das Eine ausströmt, sich ergießt in das Viele, oder mit dem eingeführten Begriff ausgedrückt, *emaniert.* Plotin zufolge kennt das Eine drei Emanationen.

Die erste und erhabendste ist die des Geistes (Nous). Dies ist die höchste Wirklichkeit, die göttliche Intelligenz, der Logos, die höchste Form von Bewusstsein, das strahlende Licht, das die Dunkelheit vertreibt.

Die zweite Emanation, die aus dem Nous hervorgeht, ist die der Weltseele (Psychè). Sie ist der Motor des (sichtbaren) Kosmos, der in den Sternen und Planeten, Tieren und Pflanzen, Menschen und Engeln wirkt. Diese Weltseele existiert auch als Seele in jedem Individuum.

Die dritte und am wenigsten erhabene Emanation ist die der Materie, des Stofflichen (Hylè). Dies ist der »ungeformte« Stoff, die sinnliche Wirklichkeit.

Das menschliche Individuum hat über Geist, Seele und Körper Anteil an diesen drei Emanationen. Die Seele hält die Mitte zwischen der spirituellen und der materiellen Sphäre und besitzt Plotin zufolge (der seine Schlussfolgerungen immer wieder aus den drei »Strömen« entwickelt) selbst wiederum drei Triebfedern (Bedürfnisse): intuitives Schauen, logisches Folgern und triebgesteuerte Befriedigung. Die menschliche Seele ist zwischen hellen und dunklen Kräften angesiedelt und fühlt sich von beiden angezogen. Die stärkste Kraft jedoch, die in ihr wirkt, lässt sie nach dem Einen verlangen, nach einem Zustand, der das rationale Begreifen vollkommen übersteigt, einem Zustand, in dem das Schauen, der Schauende und das Geschaute zusammenfallen, eins werden. Der menschliche Geist besitzt »etwas« von dem göttlichen Geist, sie sind im Prinzip von gleicher Natur. Dieses »Etwas« ist jedoch im Menschen *als Anlage* vorhanden, noch gänzlich befangen und verborgen durch die nicht-geistigen Hüllen. Es muss ein Bewusstwerdungsprozess in Gang kommen, der zugleich Reinigungs- und Transformationsprozess ist. Wie das Eine in das Mannigfache hinabgestiegen ist, so muss die menschliche Seele vom Mannigfachen zum Einen aufsteigen. Von Platon wusste Plotin bereits, dass ein Mensch ein angeborenes Vorwissen über diese Endbestimmung hat. Die »Ideen« über das Gute, das Wahre, das Schöne treiben ihn an. Der Mensch ist ein »Idealist«!

Die hermetische Abbildung aus dem zweiten Kapitel ist von dieser Philosophie stark inspiriert. Im Laufe des spirituellen Aufstiegs vom Vielen zum Einen hat ein Mensch sukzessive an den drei Emanations-Sphären teil, die auf unserer Abbildung »corpus«, »anima« und »intelligentia« genannt wurden.

Diese Betrachtung des Daseins war Origenes und den meisten Kirchenvätern nach ihm völlig vertraut. Ein Beispiel dafür finden wir dort, wo er über die Auslegung eines Bibeltextes spricht und voraussetzt, dass es »stoffliche«, »selige« und »geistige« Menschen gibt und dass ein Text seine Tiefe je nach dem Zustand, in dem ein Mensch sich befindet, offenbart.

»Man muss also die Begriffe in der Heiligen Schrift auf drei Arten in seine Seele übersetzen. Der einfache Mensch wird sozusagen durch das Fleisch der Schrift erbaut – das nennen wir deshalb die natürliche Bedeutung. Derjenige, der schon einige Fortschritte gemacht hat, wird in einem gewissen Sinne durch die Seele des Geschriebenen erbaut. Was den vollkommenen Menschen angeht, dieser wird erbaut durch das geistige Gesetz, das die Präfiguration des Guten enthält, das kommen wird. So, wie der Mensch aus Körper, Seele und Geist zusammengesetzt ist, ist es auch die Schrift« (De Principiis 4,1,11).

Erst vor diesem Hintergrund wird der tiefere Grund für eine Arkandisziplin sichtbar. Zum Beispiel, wenn er schreibt:

> »Es gibt eine Ansicht, nach der die Heilige Schrift vom Geist Gottes zusammengestellt wurde, und neben einer offensichtlichen Bedeutung eine andere enthält, die der Mehrheit der Leser verborgen bleibt. Der Inhalt der Schrift ist in der Tat eine äußere Umrandung bestimmter Mysterien und ein Bild göttlicher Dinge. In diesem Punkt ist sich die ganze Kirche einig: Das ganze Gesetz ist geistig, aber seine geistige Bedeutung wird nicht von allen erkannt. Nur diejenigen entdecken sie, die die Gnade des Heiligen Geistes in seinem Wort der Weisheit und des Wissens genießen dürfen« (De Principiis, Praef. 8).

Kurz, es gibt Grade des Wissens, die dem Körper, der Seele und dem Geist entsprechen. Darauf zielte Bonhoeffer in seiner Gefängniszelle ab! Origenes spricht in diesem Zusammenhang von der »historischen«, der »moralischen« und der »mystischen« Bedeutung eines Textes.

Der Neuplatonismus hatte einen ungeheuer großen Einfluss auf die Entstehung der christlichen theologischen Begriffe, von der Beschreibung der Dreifaltigkeit bis hin zu einem Phänomen wie der Arkandisziplin. Wir wissen, dass im 3., 4. und 5. Jahrhundert das (neu)platonische Denken Vorrang vor dem aristotelischen Denken genoss, und zwar bei den größten Theologen. Ein ausgesprochener Vertreter des neuplatonischen Christentums war beispielsweise der Bischof von Konstantinopel, Gregorius von Nazianz (330-390)[16], aber er ist nur einer von vielen. Und es ist unübersehbar, dass die Autoren, die dem neuplatonischen Gedankengut besonders nahe standen (z.B. Basilius, Gregorius von Nyssa, Johannes Chrysostomus, Cyrill von Jerusalem, Gregorius Thaumaturgus, Evagrius Ponticus, Ambrosius von Mailand, Augustinus von Hippo und Pseudo-Dionysios), großen Wert auf die Arkandisziplin legten.

Ich vermute deshalb, dass das Verschwinden der Arkandisziplin – sowohl aus dem Katechumenat als auch aus den theologischen Betrachtungen allgemein – vor allem darauf zurückzuführen ist, dass das aristotelische Christentum ab dem 6. Jahrhundert allmählich an Einfluss gewann (und im 13. Jahrhundert einen wahren Triumph erlebte). Das neuplatonische Gedankengut ging von da an in mystischen Strömungen auf, wurde in gnostischen Ketzereien verfolgt und lebte bei einigen kirchlichen Reformern wieder auf. Im 15. Jahrhundert erfuhr es auf hermetisch-säkularem Boden eine »Renaissance« im Florenz des Ficino. In der offiziellen kirchlichen Theologie wurde es jedoch ab diesem Zeitpunkt mit Argusaugen betrachtet und faktisch verschwiegen.

Einer der größten Kirchenväter des Westens, Ambrosius (334-397), war ein ausgesprochener Befürworter der Arkandisziplin. Es ist daher auch nicht erstaunlich, dass er sich in seinen theologischen Anschauungen stark von Origenes inspirieren ließ. Er übernahm von dem Alexandriner die Methode der allegorischen Bibelexegese, die Allegorese, und in verschiedenen seiner Werke zitiert er Origenes wörtlich. Es braucht uns folglich auch nicht zu wundern, dass er in Mailand – das zu seiner Amtszeit als Bischof die Hauptstadt des weströmischen Reiches war – für die Geheimhaltung eintrat. Bei Ambrosius finden sich alle theoretischen und praktischen Motive für die Einhaltung des Schweigens wieder. Ich zitiere hier einige wichtige Passagen aus seinem Werk.

Am Anfang seiner mystagogischen Katechesen in der Osterwoche wendet er sich mit den folgenden Worten an die Neugetauften:

> »Nun gemahnt die Zeit, über die Mysterien zu sprechen und die eigentliche Bedeutung der Sakramente zu erklären. Wenn wir etwa gemeint hätten, die noch nicht Eingeweihten vor der Taufe darüber unterrichten zu müssen, hätte man uns eher für Verräter als für Verkündiger halten müssen. Schließlich dringt das Licht der Mysterien leichter von selbst ein, wenn man arglos ist, als wenn dem eine Predigt vorangegangen wäre« (De Myst. I,2).

In *De Sacramentis* ist es noch knapper formuliert.

> »Ich will in dieser Predigt über die Sakramente sprechen, die ihr empfangen habt; es wäre unangebracht gewesen, diese in einem früheren Stadium zu erklären. Denn bei einem Christen kommt zuerst der Glaube« (De Sacr. I,1,1).

Dies ist ein Kernpunkt für Ambrosius. Nur wer glaubt, ist im Stande zu begreifen.

> »Hör also zu, wenn du glaubst, denn du hörst zu, weil du glaubst: Wer nicht glaubt, kann auch nicht zuhören« (De Fide).[17]

Das Schweigen reicht für Ambrosius viel weiter als nur bis zum Empfangen der Sakramente. Er legt zum Beispiel großen Wert auf die Geheimhaltung des persönlichen Gebets und des *Vater Unsers.*

> »Wir haben vereinbart ..., dass wir das Gebet des Herrn nicht jedem preisgeben, sondern die Geheimnisse verborgen halten. ... Das lehrte er

in seinem Evangelium klar und deutlich, als er sagte: ›Du aber, wenn du betest, geh in deine Kammer und schließ deine Tür zu und bete zu deinem Vater im Verborgenen; und dein Vater, der ins Verborgene sieht, wird dir vergelten. ... Euer Vater weiß ja, was ihr braucht, bevor ihr ihn bittet.‹ (Mt 6,6-8). Deine Kammer, das ist der verborgende Ort des Geistes, der geheime Platz deines Herzens. In diese Kammer gehst du hinein. Das heißt: Geh in dein Herz hinein, verlasse die Vorhalle deines Körpers vollständig, tritt ein und halte deinen Mund« (De Cain et Abel, I,9,35).

Dasselbe gilt für das Geheimhalten des *Glaubensbekenntnisses* (vgl. Explanatio Symboli ad Initiandos 12,26-27). Für Ambrosius sind nicht nur die Sakramente Mysterien; auch in der Bibel stehen seiner Meinung nach viele Mysterien.

Es ist allgemein bekannt, dass Augustinus (354-430) von Ambrosius inspiriert wurde. So war die Bibelallegorese des Bischofs von Mailand für ihn ein Grund zum Aufatmen, weil er die Texte der Bibel bis dahin für unverdaulich gehalten hatte. In *De Catechizandis rudibus* rät er dem Diakon Deo Gratias, die Bibel allegorisch zu erklären. Es gehe nicht in erster Linie um die wörtliche Bedeutung des Textes, sagt er, sonst würde die Bibel eine zähe Angelegenheit.

»Vor allem müssen sie [die Firmanden] jedoch lernen, die göttliche Schrift zu hören, damit sie nicht geringschätzig über diese gediegene Sprache denken, weil sie nicht hochtrabend ist. Ebenso wenig sollen sie denken, dass menschliche Worte und Taten, von denen wir in der Bibel lesen und die in sinnlich wahrnehmbare Schleier gewickelt und damit bedeckt sind, im wörtlichen Sinne zu verstehen seien und keiner Deutung oder Erklärung bedürften, um verstanden zu werden. Den Nutzen dieses verborgenen Sinnes (der diesen Geschichten auch den Namen »Mysterium« eingebracht hat) und den Wert dieser geheimnisvollen Rätsel muss man ihnen – um die Liebe zur Wahrheit zu wecken und die Lähmung der Abneigung zu vertreiben – empirisch beweisen, indem man etwas, das im direkten Vortrag kein Interesse bei ihnen wecken konnte, durch eine allegorische Erklärung deutlich macht« (De Catechizandis rudibus 13) (Kursivierung von mir, TvdB).

Die Anwendung der Arkandisziplin muss Augustinus auch in Mailand als wertvoll erfahren haben. Gerade weil in seiner Theologie Ansätze zu finden sind, die die Beibehaltung einer Arkandisziplin auch erschweren könnten (wie das Eintreten für die Taufe im Kindesalter), fällt ins Auge, wie viel Wert Augustinus als letzter großer Kirchenvater auf diese Haltung legt. Für ihn steht deren Bedeutung unumstößlich fest, insbesondere für das Katechumenat. Ich stelle einige Aussagen zusammen.

»Was ist es, das verborgen und nicht öffentlich ist in der Kirche? Das Sakrament der Taufe und das Sakrament der Eucharistie. Unsere guten Werke werden zwar von den Heiden gesehen, die Sakramente aber bleiben vollkommen vor ihnen verborgen« (Ennaratio in Psalmum 103, Sermo I,14).
»Wenn du durch das Rote Meer gezogen bist [er meint hier die Taufe] und dich von deinen Sünden befreit hast ..., dann wirst du Mysterien wahrnehmen, die du nicht kanntest« (Sermo 80,8).
»Die Katechumenen werden Audientes genannt, weil sie zuhören, ohne zu verstehen« (Sermo 122,1).
»Wenn den Katechumenen die Sakramente nicht gespendet werden, dann geschieht dies nicht, weil sie sie nicht ertragen könnten, sondern weil sie sie mit umso mehr Verlangen herbeisehnen, je größer die Ehrfurcht ist, mit der sie vor ihnen verborgen gehalten werden« (Tract. in Joh. 96,3).

In einer Predigt wendet sich Augustinus an eine gemischte Zuhörerschaft aus getauften Gläubigen und ungetauften Katechumenen. Er weiß, dass er gegenüber letzteren über die Geheimnisse schweigen muss, aber er tut dies so, dass sie dennoch angespornt werden, daran teilzunehmen. Es ist ein schönes Beispiel dafür, wie jemand konkret mit der Arkandisziplin umging.

»Wie wir gehört haben, als das Heilige Evangelium vorgelesen wurde, hat unser Herr Jesus Christus uns, unter dem Versprechen des ewigen Lebens ermutigt, sein Fleisch zu essen und sein Blut zu trinken. Unter euch, die dies gehört haben, sind solche, die das noch nicht begriffen haben. Ihr aber, die getauft seid und jetzt zu den Gläubigen gehört, wisst, was diese Worte bedeuten. Die unter euch, die noch Katechumenen oder Zuhörer genannt werden, konnten zwar zuhören, als dies vorgelesen wurde, aber konnten sie es auch begreifen? ... Was ist der Grund, dass ihr, Katechumenen, den Tisch seht, aber nicht zum Gastmahl kommt? Vielleicht habt ihr gerade, als das Evangelium gelesen wurde, bei euch selbst gedacht: Was bedeuten diese Worte: Mein Fleisch ist wahrlich Speise und mein Blut ist wahrlich Trank? Wie isst man das Fleisch des Herrn und trinkt das Blut des Herrn? Was meint er damit? Wer hat dies vor euch verborgen gehalten, so dass ihr es nicht wisst? Sicher, es ist in einen geheimnisvollen Schleier gehüllt, aber wenn ihr wollt, wird dieser Schleier weggenommen. Bekennt euren Glauben, dann findet ihr sogleich die Antwort auf eure Fragen. Was der Herr Jesus hiermit sagen wollte, das wissen die Gläubigen schon. Ihr werdet Katechumenen genannt, ihr werdet Zuhörer genannt, aber ihr seid noch taub. Eure körperlichen Ohren sind offen und so hört ihr, was gesagt wird. ... Um mit mir die Bedeutung dieser Worte zu kennen, müsst ihr

> anklopfen, dann wird euch geöffnet werden. Und so, wie ich zu euch sage: Klopft, und es wird euch geöffnet, so klopfe auch ich an: öffne mir. Meine Worte klingen in euren Ohren und in eurem Herzen klopfe ich an« (Sermo 132,I-II über Joh. 6,56).

Erst, wenn man neugeboren ist, zum Glauben gelangt ist, öffnen sich die Augen.

> »Ihr seid neugeboren aus dem Wasser und dem Heiligen Geist, ihr betrachtet aus einem neuen Licht diese Nahrung und diesen Trank auf dem Tisch des Herrn, und spürt mit einer neuen Gottesfurcht, was ein so großes und göttliches Sakrament bedeutet, dieses so reine Opfer« (Serm. Ined. Ad infantes 3,1).

Augustinus legte großen Wert darauf, dass der Glaube oder Glauben nicht mit Worten vermittelt werden kann. Natürlich haben auch die Katechumenen eine Art Glauben. »Sie bekreuzigen sich sofort«, sagt Augustinus, »wenn man sie fragt, ob sie an Christus glauben« (vgl. Tract. in Joh. 11,3). Er stellt fest, dass sie zwar an Jesus glaubten, dass es aber noch fraglich sei, ob Jesus wohl an sie glaubte! Dabei bezieht er sich auf Johannes 2,23-24: »Während er aber in Jerusalem beim Osterfest war, glaubten viele an seinen Namen, da sie die Zeichen sahen, die er wirkte. Jesus selbst aber vertraute sich ihnen nicht an, weil er alle kannte« (Johannes 2,23-24).

> »Sie glaubten also an Jesus, aber Jesus glaubte nicht an sie. Warum nicht? Weil sie nicht neugeboren waren aus dem Wasser und dem Heiligen Geist. Das ist der Grund für unseren Antrieb, und dazu spornen wir unsere Katechumenen-Brüder an. Wenn man sie ausdrücklich fragt, so glauben sie an Jesus, aber weil sie seinen Körper und sein Blut nicht empfangen, hat Jesus sich ihnen noch nicht offenbart. Was müssen sie tun, damit Jesus an sie glaubt? ... Sie müssen neugeboren werden aus dem Wasser und dem Heiligen Geist. Die Kirche, die sie hervorgebracht hat, muss sie veranlassen fortzuschreiten. Sie wurden in ihrem Schoß empfangen, sie müssen weitergebracht werden ins Licht; da sind die Brüste, die sie nähren. Sie brauchen keine Angst zu haben, dass sie nach ihrer Geburt im Stich gelassen werden, sie brauchen sich nicht von der Mutterbrust abzuwenden« (Tract. in Joh. 12,3).

Was Augustinus hier im Blick hat, ist meiner Meinung nach von entscheidender Wichtigkeit, um die tiefere theologische Motivation des Phänomens der Arkandisziplin zu erfassen. Sie besteht darin, dass ein Mensch von innen heraus zum Glauben gelangen muss, einem Glauben, der die Folge einer Bekehrung ist. Dieser Idee begegnen wir bei den Kirchenvätern immer wieder, aber Augustinus hat sie besonders gründlich ausgeführt, z.B. wenn er von einer »Erleuchtung der Seele« spricht. Theologisch ausgedrückt möchte er damit sagen, dass Gott selbst den Menschen erleuchtet und dass ein Mensch erst in diesem Moment in die Geheimnisse eingeweiht wird. Gerade weil diese Initiative nicht beim Katecheten liegt, nicht mit Hilfe von Worten erzwungen werden kann, bleiben die Wahrheiten des Glaubens für einen nicht erleuchteten Menschen in Dunkelheit gehüllt. Der Katechet trägt Sorge dafür, dass sie bei einem solchen Menschen in Dunkelheit gehüllt bleiben. In diesem Gedankengang spielt selbstverständlich das neuplatonische Gedankengut eine Rolle, das Augustinus offensichtlich beeinflusst hat. Wenn Augustinus über weltanschaulichen Unterricht und Lernprozesse nachdenkt, geschieht das vor dem Hintergrund dieser Überzeugung. In *De Magistro* (Über den Lehrer) hat er es klar herausgearbeitet. *De Magistro* ist ein Dialog mit seinem Sohn Adeodatus über die Frage, inwiefern Worte einem Menschen etwas beibringen können. Lernen ist Augustinus zufolge nur von innen heraus möglich. Aber in unserem Inneren spricht der universelle Geist!

> »In allen Dingen, die wir begreifen, ziehen wir nicht den zu Rate, der spricht und von außen ein Geräusch erzeugt, sondern die Wahrheit, die unseren Geist innerlich führt, auch wenn wir vielleicht durch Worte ermahnt wurden, sie zu Rate zu ziehen. Er aber, der zu Rate gezogen wird, unterweist uns, er, von dem gesagt wird, dass er im inneren Menschen wohnt, Christus, d.h. die unveränderliche Kraft Gottes in seiner ewigen Weisheit; jede vernünftige Seele konsultiert ihn. Aber jedem wird nur soviel offenbart, wie er aufgrund seines eigenen guten oder schlechten Willens erfassen kann. Und wenn er sich einmal täuscht, geschieht dies nicht wegen einer Unzulänglichkeit der befragten Wahrheit, so wie auch unsere Augen nicht wegen einer Schwäche des Lichtes außerhalb von uns versagen. Von diesem Licht sagen wir, dass wir es für die sichtbaren Dinge zu Rate ziehen, damit es uns diese nach dem Maß unseres Sehvermögens zeigt« (De Magistro II,38).

Wir sind den Bildern, die Augustinus hier verwendet, nun schon mehrfach begegnet. Im nächsten Kapitel wird deutlich werden, dass er (und die anderen Kirchenväter) hier geradewegs bei Platon in die Lehre gegangen ist. Eigentlich sind Wahrheiten für einen Menschen dunkel, weil er selbst im Dunklen wandelt. Ein berühmter Text aus *De Magistro* führt dieses innere Lernen noch weiter aus.

> »Aber wenn sie [die Lehrkräfte] all die Fächer, von denen sie behaupten, dass sie sie unterrichten, und noch gar die Lehre der Tugend und der

> Wahrheit selbst, mit Worten erklärt haben, dann überlegen die, die Schüler genannt werden bei sich selbst, ob wahre Dinge gesagt wurden. Sie betrachten nämlich diese innere Wahrheit jeweils nach dem Maß ihrer Kräfte. Dann lernen sie also, und wenn sie innerlich zu der Erkenntnis gekommen sind, dass das Gesprochene wahr ist, sprechen sie lobende Worte, nicht wissend, dass sie weniger die Lehrer als die Unterwiesenen loben, zumindest wenn auch sie wissen, was sie aussprechen. Die Menschen irren sich jedoch und nennen die, die es nicht sind, Lehrmeister, weil häufig keine Zeit zwischen dem Augenblick liegt, in dem gesprochen wird, und dem, in dem gewusst wird; und da sie nach der Aufforderung dessen, der zu ihnen spricht, schnell innerlich gelernt haben, meinen sie, dass sie äußerlich von dem gelernt haben, der sie aufgefordert hat« (De Magistro 13,45).

Wenn Augustinus, wie oben zitiert, davon ausgeht, dass »Christus« in jeder vernünftigen Seele wirkt, tut er nichts anderes, als einem Prinzip einen christlichen Namen zu geben, das nach der neuplatonischen Lehre »Logos« heißt. Es handelt sich um den »Logos spermatikos«, den Logos, der überall seinen Samen aussäht, ein Gedanke, den auch Clemens hervorhob. In dieser Hinsicht brachte das Christentum für Augustinus nichts fundamental Neues. In seinen *Retractiones* steht dazu ein unmissverständlicher Text.

> »Denn die Sache selbst, die nunmehr christliche Religion heißt, existierte bereits bei den Heiden und ist vom Anfang des Menschengeschlechts an immer da gewesen, bis Christus selbst Fleisch geworden ist. Damals fing man an, die wahre Religion, die schon bestand, mit dem Namen ›christlich‹ zu bezeichnen« (Retr. I,12,3).

Der christliche Glaube kann daher nicht als ein Ergänzungspaket mit Werten und Wahrheiten betrachtet werden, die einem Nichtchristen fehlen würden, sondern er ist »lediglich« die soundsovielte Ausgestaltung der Geschichte von einer Initiation in das »Mysterium«, das in jedem Menschen schon vorhanden ist und nach Bewusstwerdung verlangt. Diesen Gedanken hat Rahner in den Mittelpunkt gestellt. Der agogischen Begleitung eines solchen Prozesses ist die Spannung zwischen Verhüllung und Enthüllung inhärent.

Bevor wir uns im nächsten Kapitel auf die Frage besinnen, welche aktuelle Relevanz eine solche Mystagogie für uns hat, ist es wahrscheinlich sinnvoll, noch einmal darauf einzugehen, dass das Schweigen rund um die Initiation in die Mysterien keine spezifisch christliche Praxis, geschweige denn christlichen Ursprungs war. Es handelte sich um eine Praxis, die eine ganze Kultur prägte. Ich gebe zwei Beispiele.

Es ist zweifellos eine historische Tatsache, dass das Christentum verschiedene Übereinstimmungen mit anderen Mysterienreligionen aufweist.[18] Im vierten Kapitel habe ich diese Initiationsreligionen schon kurz skizziert. Es handelte sich um weltanschauliche Systeme, die auf eine Initiation mit dem Charakter einer Wiedergeburt ausgerichtet waren. Bei einer solchen Initiation nahm man an Zeremonien Teil, in denen in Form verschiedener Symbole (Mythen, Allegorien, Ikonen, rituellen Handlungen) ein Weg von der Dunkelheit zum Licht vollzogen wurde. Waschungen mit Wasser, Salbungen mit Öl, gemeinsame heilige Mahlzeiten gehörten dazu. Was allerdings während dieser Initiationen genau geschah, wurde über die Jahrhunderte so gut geheimgehalten, dass wir uns mit den Anspielungen einiger heidnischer und christlicher Autoren zufrieden geben müssen. Im ersten Kapitel sind wir Apuleius begegnet, der bei der Beschreibung seiner Initiation ausdrücklich auf diese Geheimhaltung hinweist. Bei den Eleusischen Mysterien stand sogar die Todesstrafe auf das Verraten dieser Geheimnisse, eine Strafe, die ein paar Mal tatsächlich vollzogen wurde. Dadurch erhielt das »Mysterion« seine besondere Bedeutung.

Neben den Mysterienkulten gab es in dieser Zeit noch eine zweite Strömung, die sich in ihrer Agogik vom »silentium mysticum« leiten ließ, und zwar die Hermetik. Es handelt sich dabei um eine synkretistische Philosophie mit ägyptischen, jüdischen und griechischen (platonischen) Einflüssen. In den hermetischen Schriften, die im 3. und 4. Jahrhundert unserer Zeitrechnung in Umlauf kamen und im 15. Jahrhundert in Florenz unter dem Titel *Corpus Hermeticum*[19] herausgegeben wurden, nehmen Erfahrungswissen (Gnosis) und Initiation einen zentralen Platz ein. Die Hermetiker sind zu einem großen Teil Neuplatoniker und heben wiederholt hervor, das die Wirklichkeit Gottes, des Kosmos und des Menschen einander durchdringen. Alexandrien war im 3. und 4. Jahrhundert das Zentrum der Hermetik. Zwischen Hermetismus und Christentum bestehen zahlreiche Parallelen, insbesondere aus dem Gedankengut von Johannes und Paulus. In ihrer Einleitung zu einer neuen Ausgabe des *Corpus Hermeticum* schreiben die Professoren Van den Broek und Quispel: »Die unübersehbaren Parallelen müssen aus dem gemeinsamen geistigen Milieu heraus erklärt werden, demselben Lebens- und Denkklima, aus dem Hermetiker, Gnostiker und nichtgnostische Christen hervorgegangen sind, und dem sie einen Teil ihrer Ausdruckformen entlehnten.«[20] In der Abbildung am Anfang des zweiten Kapitels sind hermetische und christliche Motive miteinander verwoben. Gerade im Bezug auf die Arkandisziplin sind die Parallelen zwischen beiden Strömungen augenfällig. Ich möchte ein Beispiel nennen: Im Traktat XIII des *Corpus Hermeticum* sagt Hermes Trismegistus, der legendäre Begründer der Hermetik, zu seinem Sohn Tat: »Still, sei still, Junge, dann hörst du die Lobpreisungen der Sphärenharmonie, das Lied der Wiedergeburt, das ich, wie ich fand, nicht einfach so ohne Zurückhaltung aussprechen durfte, sondern dir erst bei der Vollendung der Initiation offenbaren darf. Dieses Lied kann eben auch nicht mit dem bloßen Verstand auswendig gelernt werden, sondern es bleibt in Schweigen gehüllt.«[21] Dies könnte ohne weiteres auch das Zitat eines Kirchenvaters sein.

Aber so relevant die Parallelität zwischen dem Christentum, den Mysterienreligionen und den hermetischen Gemeinden hinsichtlich des Schweigens auch sein mag, es bietet uns natürlich noch keine Erklärung dafür, warum dieses Schweigen so wichtig war. Die Frage wird nur verschoben und umso dringlicher: Was trieb eine ganze Kultur hier über tausend Jahre lang an?

Möglicherweise waren sich die Christen der Tragweite ihrer Gewohnheiten nicht einmal bewusst. Es ist zudem eine historische Tatsache, dass sie aufgebracht gegen die heidnischen Mysterien wetterten und immer wieder betonten, dass sie damit nichts zu tun hätten oder haben wollten, dass es Erfindungen des Teufels wären, ja, dass die Heiden sie von den Christen abgeguckt hätten. Letzteres war natürlich ganz besonders kurzsichtig! Daher leiteten sie auch praktisch nirgendwo in ihren Schriften Argumente aus den heidnischen Initiationsriten oder aus den hermetischen Schriften her, entnahmen diesen aber sehr wohl das gesamte Vokabular und praktizieren eine christianisierte Variante dieser Riten in ihren eigenen Initiationen.[22]

Der Religionsgeschichtler Anrich bemerkt darum zurecht, dass je mehr man den Abscheu der ersten Christen gegenüber den heidnischen Mysterienreligionen unterstreicht, die Übereinstimmung mit ihnen umso frappanter werden. Offenbar waren hier unbewusste Kräfte am Werk, die dazu führten, dass die Christen ihre Religion »von Natur aus« auf diese Weise gestalteten.[23]

Haben wir es denn hier dann nicht mit urtypischen Prozessen zu tun, die auch für den heutigen Menschen noch von Bedeutung sein können? Das ist die Frage, die ich im folgenden Kapitel beantworten möchte.[24]

6. »Das Fürwahrhalten lässt sich nicht mitteilen«

»Es gibt allerdings Unaussprechliches. Dies zeigt sich, es ist das Mystische.«
Wittgenstein[1]

Weltanschauliche Bildung strebt notwendigerweise nach »Erfahrungswissen«. Die Konsequenz ist, dass man wissen sollte, wann man lieber schweigt. Wenn man einen Wert unabhängig von der Erfahrung weitergeben will, bleibt dem Zuhörer nur der »Glaube« an die Autorität einer Instanz außerhalb von ihm selbst. Das bedeutet nicht, dass Schweigen über weltanschauliche Werte und Wahrheiten an sich wertvoll wäre, sondern, dass man schweigt, weil es keinen Sinn hat, zu sprechen, wenn ein Mensch diese Werte (noch) nicht erfahren hat.

Einleitung

Der deutsche Theologe Jacob bemerkt, dass eigentlich immer noch keine vernünftige Antwort auf die Frage formuliert wurde, wie es sein kann, dass die Alte Kirche fünf Jahrhunderte lang dem »silentium fidei« soviel Bedeutung zugemessen hat. Gerade weil wir nun sicher wissen, dass wir es hier nicht mit einer von oben auferlegten Maßregel zu tun haben, wird es umso bemerkenswerter, dass überall, sowohl in der westlichen als auch in der östlichen Kirche, immer wieder aufs Neue eine »communis opinio« über diese Frage bestand.

Jacob meint, dass die Autoren, die behaupten, die Arkandisziplin sei »nur« ein pastoraler Kniff und/oder eine katechetische Gestaltungsform gewesen, sich doch wenigstens fragen müssten, welche Haltung dann dem zugrunde gelegen haben könnte. Man kann doch phantasievollere Antworten finden, als schlicht davon auszugehen, die Kirchenväter wären ein bisschen dumm gewesen oder wir hätten es hier nur mit einem »Ausdrucksmittel antiker Frömmigkeit und Pädagogik« zu tun.[2] Powell fragt sich zurecht, warum ein solches Mittel dann im 6. Jahrhundert mit einem Mal all seine pädagogisch-fromme Anziehungskraft verloren hat, aber er belässt es bei dieser Frage.[3] Faktisch wird das Phänomen von einer Gruppe von Theologen auf diese Weise bagatellisiert. Es handelte sich ja schließlich nur um eine pädagogische, keine wirklich theologische Frage. Die andere Gruppe, die meint, dass das Schweigen doch in einer mystisch-theologischen Dimension anzusiedeln sei, geht wiederum davon aus, dass es mit Pädagogik nichts zu tun hat.[4]

Eine theologische Erklärung der Arkandisziplin betont, dass aus einem Grund, der der Wahrheit selbst inhärent sei, geschwiegen werden sollte. Die Gründe können dabei sehr unterschiedlich sein (z.B. die Wahrheit ist nur für Auserwählte bestimmt, wird als ein Tabu erfahren, ist Teil einer geheimen Tradition, ist von Natur aus unaussprechlich usw.), aber in ihnen liege das Schweigen begründet.

Diejenigen, die keinen dieser Gründe als stichhaltig anerkennen, fordern daher auch energisch, dass dieses Schweigen so schnell wie möglich aus der Welt geschafft werden müsse. Sie heben gerne hervor, dass das Christentum nichts zu verbergen hat, in welcher Form auch immer, und dass nur extrinsische Gründe Anlass zu diesem Schweigen haben geben können, z.B. pädagogische! Und so wurde die Strukturierung des Katechumenats als die Ursache für Stillschweigen gesehen. Ein disziplinär eingesetztes »arcanum« heizte das Verlangen des Katechumen an. Aber bei dieser Feststellung angelangt, entsteht der Streit zwischen den beiden Parteien erneut, denn nach den Vertretern der theologischen Option ist eine solche Herangehensweise gerade alles andere als pädagogisch. Wer verschweigt nun jemandem Wahrheiten, wenn er ihn wohlgemerkt doch in diese Wahrheiten einweihen will? Die Offenlegung der Dinge ist dann doch das Mindeste, was erwartet werden darf. Worin besteht der pädagogische Wert eines Lernprozesses, in dem wir jemanden zunächst etwas erfahren lassen und ihm dieses Etwas erst später erklären? Das wäre entweder schlechte Pädagogik oder es wäre daraus abzulesen, dass die »disciplina« gar nicht aus einem pädagogischen Motiv eingeführt wurde, sondern aus einem theologischen. Und so verlief die Diskussion hin und her.

Beide Parteien wollten offenbar nicht wahrhaben, dass zwischen der theologischen Stellungnahme, dem pädagogischen Ansatz und diesem Schweigen eine enge Verbindung besteht. Es ist bemerkenswert, dass die relevanten pädagogischen und theologischen Implikationen dieses historischen Phänomens erst seit der zweiten Hälfte des 20. Jahrhunderts wieder langsam zu uns durchdringen.

Ich werde versuchen, diese Verbindung in diesem Kapitel aufzudecken. Ich möchte zeigen, dass die theologische Struktur der mystagogischen Katechese die Arkandisziplin aus pädagogischen Gründen beinhalten musste. Die Theologie selbst enthält eine pädagogische Dimension, eine Dimension, die mir gerade für die Katechese dieser Zeit sehr wichtig erscheint.

Der pädagogische Kern der Mystagogie: Bestimmte Dinge kann man nicht mit Worten weitergeben

Antoine Faivre, Professor für die Geschichte der esoterischen und mystischen Strömungen im modernen Europa, umschreibt die Arkandisziplin so, dass sofort einleuchtet, dass es hier um Dinge geht, die einen besonderen Lernprozess verlangen.

> »Die *disciplina arcani* bedeutet vor allem Folgendes: Die Mysterien der Religion, die allerletzte Natur der Wirklichkeit, die verborgenen Kräfte der kosmischen Ordnung und die Hieroglyphen der sichtbaren Welt eignen sich nicht zu einem wörtlichen Begreifen, noch können sie auf eine immer gleichlautende Weise gelehrt werden; jeder, der auf der Suche nach Einblick in diese Mysterien ist, muss auf verschiedenen Ebenen und fortschreitend dahin durchdringen.«[5]

Faivre sagt mit keinem Wort, dass in diesen Lernprozessen geschwiegen werden muss! Offenbar handelt es sich nicht in erster Linie um Dinge, über die man schweigen muss, sondern vielmehr um solche, über die man nicht sprechen kann, zumindest nicht rational metaphorisch. Es handelt sich um Wahrheiten und Werte, denen jeder selbst auf die Spur kommen muss, die von einer persönlichen Entdeckung abhängig sind und nur persönlich bejaht werden können. Sie sind davon abhängig, wie weit der Einzelne auf seinem Weg fortgeschritten ist und können daher niemals auf eine für jeden gleichlautende Weise verkündet werden.

»Das Fürwahrhalten lässt sich nicht mitteilen.«[6] Dieser Leitgedanke Kants bringt meines Erachtens das zentrale pädagogische Prinzip zum Ausdruck, um das es hier geht. Etwas für wahr zu halten bedeutet, einer Sache persönlich Bedeutung zuzumessen. In welcher Form dies auch geschieht (wissen, sich irren, zweifeln, unentschieden sein, überzeugen, überreden, meinen, glauben, kennen, mystische Erkenntnis), es ist immer so, schreibt er, dass man dieses Fürwahrhalten, so sehr man auch davon überzeugt sein mag, dass das, was man für wahr hält, auch für andere gilt, niemals einer anderen Person mitteilen kann. Der andere Mensch muss den Prozess der Erkenntnis selbst durchlaufen. Eine persönliche Überzeugung kann niemals erzwungen oder gelehrt werden, das geht

grundsätzlich nicht, denn sonst ist es keine persönliche Überzeugung mehr.[7] Etwas für wahr zu halten bleibt in der Hauptsache das Werk des Individuums selbst. Jeder Mensch muss selbst seine Position wählen und das *Beziehen* der Position lässt sich nicht weitergeben.

Das bedeutet für die Beziehung zwischen Lehrer und Schüler, dass der Lehrer seinem Schüler das Objekt der Wahrheit niemals mittels seiner Autorität aufdrängen kann. Lehrer und Schüler müssen »die Wahrheit« zusammen suchen. Der Schüler kann höchstens angeregt werden, bestimmte Dinge für wahr zu halten, zu prüfen, zu erwägen.

Man kann Fragen stellen, man kann in einen Dialog treten, man kann argumentieren, das Wichtigste jedoch, das »Fürwahrhalten«, kann man nicht übertragen. In seiner Studie *»Situatie« en »relatie«* betont Stellwag, dass Kant hier eindeutig auf die ganz klassischen Auffassungen über das Lehren in unserer Kultur, die Überzeugungen der Kirchenväter und Platons, zurückgreift. Stellwag zitiert in diesem Zusammenhang aus *De Magistro.* »Es ist also nicht der Mensch, der doziert, sondern die Wahrheit, die innen gesprochen wird, und die Gott ist.«[8]

Nun ist meiner Meinung nach der These Kants Folgendes inhärent: »Wovon man nicht sprechen kann, darüber muß man schweigen«. Deshalb berührt seine These den Kern unserer Thematik.

Die Kirchenväter weisen wiederholt darauf hin, dass die Arkandisziplin nicht in erster Linie bestehe, um Dinge zu verschweigen, sondern, um sie im richtigen Moment zur Sprache zu bringen. »Wir sind keine geheime Sekte«, sagen sie im Chor. Hier muss noch einmal betont werden, dass es eine Disciplina arcani als allgemein auferlegte kirchliche Regel faktisch nie gegeben hat. Gerade daran zeigt sich, dass diese schweigende Haltung im Wesentlichen aus einem hermeneutischen Prinzip hervorging. Die Kirchenväter hätten Kants These rundheraus unterschrieben.

Weltanschauliches Lernen ist ein Prozess des Entdeckens neuer Bedeutungen. Einer Sache Bedeutung beizumessen ist der Moment des Führwahrhaltens. Man muss verstehen, dass die Bedeutung einer Sache nicht so sehr in ihr selbst liegt, sondern sich vornehmlich im Menschen, in seiner Beziehung zu dieser Sache abspielt. Schließlich ist es so, dass wir von einer bedruckten Seite keine Informationen *bekommen*, sondern dass wir sie ihr *entnehmen* müssen. In und aus meinem Bedeutungsfeld stellt sich (eventuell) ein »schwanger gehen« mit neuen Bedeutungen ein.

Platon hat das pädagogische Prinzip, das uns hier beschäftigt, vor mehr als zweitausend Jahren so eindrucksvoll dargelegt, dass er damit die gesamte westliche Kultur grundlegend beeinflusst hat. Nicht zuletzt die Kirchenväter verdankten ihm viel. Er hat gezeigt, dass die weltanschauliche Entwicklung eines Menschen eine schrittweise Initiation in das Mysterium des Guten, des Wahren und des Schönen darstellt. Es ist fast sicher, dass er dabei die Initiationen in die Mysterienkulte vor Augen hatte (wahrscheinlich war er selbst ein Myste) und dass er diesen seine philosophischen Ideen entlehnt hat.[9]

Im siebten Buch seiner *Politeia* legt er Sokrates die Frage in den Mund, wie die ideale Erziehung eines Menschen aussehen sollte. In der *Politeia* steht das berühmte Höhlengleichnis. Es lohnt sich, diese Allegorie, die, wenn es darauf ankommt zwar vielen geläufig, aber nur wenigen gründlich bekannt ist, vor dem Hintergrund dessen, was uns in diesem Kapitel interessiert, noch einmal anzusehen. Aus verschiedenen Texten der Kirchenväter geht hervor, dass ihnen die Bilder dieser Allegorie vertraut waren. Das Höhlengleichnis bringt prototypisch zum Ausdruck, dass das Fürwahrhalten sich nicht mitteilen lässt. Platon ist der erste westliche Philosoph, der eine kohärente pädagogische Theorie entwickelt hat. Das Höhlengleichnis bildet den Kern dieser Theorie.[10]

Kurz bevor er die Allegorie erzählen wird, hat Sokrates in seinem Dialog mit Glaukon erklärt, dass die menschliche Seele vier Bewusstseinszustände kennt. Auf der niedrigsten Ebene kann ein Mensch etwas »raten« oder »vermuten«, eine Phase später etwas »glauben« oder »meinen«, wieder eine Phase höher kann er etwas »erörtern« oder über etwas »nachdenken«, und auf der höchsten Ebene erreicht er den »reinen Gedanken« oder die »allerletzte Erkenntnis«. Im Höhlengleichnis illustriert Platon, wie sich diese vier Bewusstseinsformen des Menschen zueinander verhalten. Das Ausgangsbild ist allseits bekannt, obwohl auch dieses eine gewissenhafte Lektüre erfordert.

> »Stelle dir nämlich Menschen vor in einer höhlenartigen Wohnung unter der Erde, die einen nach dem Lichte zu geöffneten und längs der ganzen Höhle hingehenden Eingang habe, Menschen, die von Jugend auf an Schenkeln und Hälsen in Fesseln eingeschmiedet sind, so daß sie dort unbeweglich sitzenbleiben und nur vorwärts schauen, aber links und rechts die Köpfe wegen der Fesselung nicht umzudrehen vermögen; das Licht für sie scheine von oben und von der Ferne von einem Feuer hinter ihnen; zwischen dem Feuer und den Gefesselten sei oben ein Querweg;

längs diesem denke dir eine kleine Mauer erbaut, wie sie die Gaukler vor dem Publikum haben, über die sie ihre Wunder zeigen. ... Stelle dir nun weiter vor, längs dieser Mauer trügen Leute allerhand über diese hinausragende Gerätschaften, auch Menschenstatuen und Bilder von anderen lebenden Wesen aus Holz, Stein und allerlei sonstigem Stoffe, während, wie natürlich, einige der Vorübertragenden ihre Stimme hören lassen, andere schweigen.«

Glaukon reagiert mit:

»Ein wunderliches Gleichnis, und wunderliche Gefangene.«

Sokrates aber antwortet:

»Leibhaftige Ebenbilder von uns! Haben wohl solche Gefangene von ihren eigenen Personen und von einander je etwas anderes zu sehen bekommen als die Schatten, die von dem Feuer auf die ihrem Gesichte gegenüberstehende Wand fallen? ... Ferner, ist es nicht mit den vorübergetragenen Gegenständen ebenso? ... Wenn sie nun mit einander reden könnten, würden sie nicht an der Gewohnheit festhalten, den vorüberwandernden Schattenbildern, die sie sähen, dieselben Benennungen zu geben? ... Überhaupt also, würden solche nichts für wahr gelten lassen als die Schatten jener Gebilde.«[11]

Die Bilder besitzen eine nahezu mythische Kraft. Sich selbst entfremdet, gefesselt und erstarrt blickt der (noch) nicht-erleuchtete Mensch auf eine blinde Wand voller Schatten des wirklichen Lebens, das sich anderswo befindet. Cornelis Verhoeven, der dieser Allegorie eine Monographie gewidmet hat, weist darauf hin, dass hier schon sofort ein bestimmter Erziehertypus auftritt. Diese Erzieher halten hinter einer Mauer allerlei Abbildungen in die Höhe. In den Augen Platons spielen sie Puppentheater. Verhoeven schreibt: »Wenn die Menschen hinter der Mauer die Einweihenden sind, verlangen sie Aufmerksamkeit für die Wirklichkeit auf einer höheren Ebene als der Ebene der Schatten. Aber die Menschen in der Höhle sehen nur die Schatten und die Menschen hinter der Mauer höchstens die Abbilder. Sie weihen ein, obwohl sie selbst nicht eingeweiht sind.«[12] Duintjer spricht hier über das Hochhalten von »Standards«, von normierten Zeichen, die uns vorgehalten werden. Anstelle von »vorgehalten« sollte man hier lieber »hinter uns gehalten« sagen. »Diese Standards werden hinter unserem Rücken von kreativen Geistern, häufig aus der Vergangenheit (den Vorfahren), empor gehalten. Für uns, die wir selber nicht Teil dieser kreativen Ordnung sind, sondern unten gefangen sind, werden es unentrinnbare Strukturen. Dort sehen wir von den Standards lediglich ›die Schattenbilder‹ in den von uns wahrgenommenen, nach diesen konventionell gewordenen Maßstäben typisierten Naturphänomenen und dem menschlichen Verhalten.«[13]

Hinter einer Mauer Illusionen emporhalten, das ist eine Veranschaulichung für viele Formen weltanschaulicher Erziehung, die wir nur zu gut kennen. Was wir als »wirklich« hochhalten, ist nur eine Abbildung der Wirklichkeit, und die, die zuschauen, sehen nicht einmal diese Abbildung, sondern nur ihren Schatten. Platon lässt die Frage unberücksichtigt, ob diese Lehrer das tun, um Menschen zu belehren oder um sie in die Irre zu führen. Selbst wenn wir annehmen, dass sie ersteres beabsichtigen, läuft es letztendlich auf das Zweite hinaus. Möglicherweise ist ihnen nicht einmal bewusst, dass sie sich mit Ab-Bildungen beschäftigen! Aber Sokrates weiß dies wohl, und er beschreibt, was geschieht, wenn jemand plötzlich von seinen Fesseln befreit wird.

»Betrachte nun, wie es bei ihrer Lösung von ihren Banden und bei der Heilung von ihrem Irrwahne hergehen würde, wenn solche ihnen wirklich zuteil würde: Wenn einer entfesselt und genötigt würde, plötzlich aufzustehen, den Hals umzudrehen, herumzugehen, in das Licht zu sehen, und wenn er bei allen diesen Handlungen Schmerzen empfände und wegen des Glanzgeflimmers vor seinen Augen nicht jene Dinge anschauen könnte, deren Schatten er vorhin zu sehen pflegte: was würde er wohl dazu sagen, wenn ihm jemand erklärte, daß er vorhin nur ein unwirkliches Schattenspiel gesehen, daß er jetzt aber dem wahren Sein schon näher sei und sich zu schon wirklicheren Gegenständen gewandt habe und daher nunmehr auch richtiger sehe? Und wenn man ihm dann nun auf jeden der vorüberwandernden wirklichen Gegenstände zeigen und ihn durch Fragen zur Antwort nötigen wollte, was es sei, glaubst du nicht, daß er ganz in Verwirrung geraten und die Meinung haben würde, die vorhin geschauten Schattengestalten hätten mehr Realität als die, welche er jetzt gezeigt bekommt? ... Und nicht wahr, wenn man ihn gar zwänge, in das Licht selbst zu sehen, so würde er Schmerzen an den Augen haben, davonlaufen und sich wieder jenen Schattengegenständen zuwenden, die er ansehen kann, und würde dabei bleiben, diese wären wirklich deutlicher als die, welche er gezeigt bekam? ... Wenn aber jemand ihn mit Gewalt durch den rauhen und steilen Aufstieg zöge und ihn nicht losließe, bis er ihn an das Licht der Sonne herausgebracht hätte, – würde er da wohl nicht Schmerzen empfunden haben, über dieses Hinaufziehen aufgebracht werden und, nachdem er an das Sonnenlicht gekommen ist, die Augen voll Blendung haben und also gar nichts von den Dingen sehen können, die jetzt als wirkliche ausgegeben werden?«[14]

Zunächst einmal erinnern wir uns natürlich daran, dass die Kirchenväter dieses Bild von der Sonne häufig so einführen: Unsere an die Dunkelheit gewöhnten Augen sind nicht in der Lage, in das Strahlen des Lichts zu blicken. Alles, was diesen Augen außerhalb der Höhle gezeigt wird, wird als nicht wirklich erfahren. Die Wirklichkeit lässt sich nicht ohne Weiteres zeigen! Daher ist es besser, davon zu schweigen. Das Gleichnis impliziert dies alles.

Aber es gibt noch weitere Anknüpfungspunkte. Im ersten Satz ist von einer Heilung die Rede. Das bedeutet umgekehrt, dass das vorherige Stadium an Kranksein erinnert. Es findet also eine Therapie statt. Man wird gelöst, erlöst. Es muss also irgendwo auch einen Erlöser geben. Jemanden ans Licht zu zerren hat jedoch wenig Sinn. Der Mensch muss einen »Gewöhnungsprozess« durchlaufen, sagt Sokrates, »bevor er die Dinge da oben sehen kann«. Und dann beschreibt er hervorragend die Progression eines Menschen, die allmähliche Initiation, die er erlebt.

> »Da würde er nun erstlich die Schatten am leichtesten anschauen können und die im Wasser von den Menschen und den übrigen Wesen sich abspiegelnden Bilder, sodann erst die wirklichen Gegenstände selbst. Nach diesen zwei Stufen würde er die Gegenstände am Himmel und den Himmel erst nachts, durch Gewöhnung des Blickes an das Sternen- und Mondlicht, leichter schauen als am Tage die Sonne und das Sonnenlicht. ... Und endlich auf der vierten Stufe, denke ich, vermag er natürlich die Sonne, das heißt nicht ihre Abspiegelung im Wasser oder in sonst einer außer ihr befindlichen Körperfläche, sondern sie selbst in ihrer Reinheit und in ihrer eigenen Region anzublicken sowie ihr eigentliches Wesen zu beschauen. ... Und nach solchen Vorübungen würde er über sie die Einsicht gewinnen, daß sie die Urheberin der Jahreszeiten und Jahreskreisläufe ist, dass sie die Mutter von allen Dingen im Bereiche der sichtbaren Welt und von allen jenen allmählichen Anschauungen die Ursache ist.«[15]

Wir wissen, dass Platon zufolge ein Mensch erst mit fünfzig imstande ist, das volle Licht zu sehen, ein weiser Mensch zu sein. Es ist ein langer Weg: gelöst werden, aufstehen, sich umdrehen, Abbildungen sehen, die Höhle verlassen, Spiegelungen der Wirklichkeit sehen, die widergespiegelte, abgebildete Wirklichkeit selbst sehen, den nächtlichen Himmel betrachten bis man schließlich die Sonne bei Tag sehen kann.

Man stelle sich nun vor, so Sokrates, dass jemand all diese Phasen durchlaufen hat und »erleuchtet« ist und meint, die Menschen in der Grotte erziehen zu müssen. Dann geschieht das, was wir in diesem Kapitel immer wieder feststellen: Es erweist sich als unmöglich, das Fürwahrhalten mitzuteilen.

»Wenn ein solcher wieder hinunterkäme und sich wieder auf seinen Platz setzte: würde der da nicht die Augen voll Finsternis bekommen, wenn er plötzlich aus dem Sonnenlicht käme? ... Aber wenn er nun, während sein Blick noch verdunkelt wäre, wiederum im Erraten jener Schattenwelt mit jenen ewig Gefangenen wetteifern sollte, und zwar ehe seine Augen wieder zurecht gekommen wären – und die zu dieser Gewöhnung erforderliche Zeit dürfte nicht ganz klein sein –: würde er da nicht ein Gelächter veranlassen, und würde es nicht von ihm heißen, weil er hinaufgegangen wäre, sei er mit verdorbenen Augen zurückgekommen, und es sei nicht der Mühe wert, nur den Versuch zu machen, hinaufzugehen? Und wenn er sich gar erst unterstände, sie zu entfesseln und hinaufzuführen, – würden sie ihn nicht ermorden, wenn sie ihn in die Hände bekommen und ermorden könnten?«[16]

Gerade diese Passage zeigt für viele Kommentatoren, dass Platon hier über Sokrates selbst schreibt, den Mann, der buchstäblich getötet wurde, wegen seiner vermeintlichen Irreführung der Athener Jugend. Sokrates vergleicht sich in der *Apologie* mit einer lästigen Fliege, die von einem plumpen Pferd tot getrampelt wird.

Kurz darauf kommt Platon zum pädagogischen Kern seiner Ausführung. Dieser berührt meines Erachtens den Kern der Arkandisziplin.

»Wir müssen also ... folgende Ansicht festhalten: Die Jugendbildung sei nicht von der Art, wofür sie einige Lehrer von Profession ausgeben. Nach ihrem Vorgehen gibt es ganz und gar kein in der Seele ursprünglich gelegenes Wissen, und sie setzten es hinein, als wenn sie blinden Augen ein Gesichtsvermögen einsetzten. ... Aber die gegenwärtige Theorie deutet offenbar darauf hin, daß das Vermögen jenes Wissens ursprünglich in der Seele gelegen sei; das Organ, mit dem ein jeder erkennt, muß nur ebenso, wie wenn ein Auge nicht anders als mit dem ganzen Körper sich nach dem Hellen zum Dunklen umwenden könnte, mit der ganzen Seele aus dem Bereiche des wandelbaren Wesens umgelenkt werden ... Jugendbildung wäre also von nichts anderem die Kunst als eben hiervon: von der Herumdrehung, auf welche Weise nämlich jenes Organ mit der möglichst größten Leichtigkeit und Wirksamkeit sich umwenden lasse, – nicht aber die Kunst, jenem ein Sehvermögen einzusetzen; sie muß vielmehr annehmen, daß jenes Organ dieses Vermögen schon besitze, daß es aber noch nicht die gehörige Richtung genommen habe und noch nicht dahin sähe, wohin es sehen sollte, und muß ihm hierzu behilflich sein.«[17]

Dies ist der Kern seiner Erörterung. Der Mensch verfügt schon selbst über das Sehvermögen, um das Licht zu sehen, das Licht, das ebenfalls schon unabhängig von Lehrer und Schüler besteht. Dieses Sehvermögen ist von Natur aus auf das Licht eingestellt. Es besteht eine enge Beziehung zwischen der Sonne, dem Sehvermögen, dem Licht und dem, was wir sehen. Diesen Punkt hat Sokrates in seinem Dialog mit Glaukon übrigens schon ausführlich besprochen, bevor er zum Höhlengleichnis gelangte.[18]

Die Frage, die sich nun stellt ist: Wie kann man als Pädagoge so an einen Menschen herantreten, dass die Chance besteht, dass er selbst sein Sehvermögen auf das Licht ausrichtet? Platon weiß sehr gut, dass man die wahre Philosophie nicht weitergeben kann, und er spottet über die »Lehrer von Profession« seiner Zeit, die Sophisten, die meinen, dies wohl zu können. Alles weltanschauliche Wissen ist im Grunde Er-Innerungswissen, Anamnese. *»Das Sehvermögen umzuwenden helfen«*, das ist eine wunderbare Umschreibung für weltanschauliche Erziehung. Das Staunen ist hierfür die wichtigste Eigenschaft. Man muss »arglos« sein, schreibt Ambrosius. Dann hat man die richtigen Antennen ausgefahren. Und um diese Naivität nicht zu vertreiben, schweigt der Lehrer, wohl wissend, dass die Seele von Natur aus dazu angelegt ist, die göttlichen Mysterien zu empfangen. Denselben Gedanken spricht auch Clemens von Alexandrien aus: »Gott kann nicht mit Worten erfasst werden, nicht mit Bildern, nicht einmal mit Ideen; die menschlichen Konzepte sind ohnmächtig, allein die Gnade erleuchtet den stillschweigenden Geist« (Strom. V,12).

Der katechetische Kern der Mystagogie: das Erfahrungswissen

Nachdem ich nun zunächst auf den pädagogischen Kern der Mystagogie der Kirchenväter eingegangen bin, will ich mich jetzt mit den typisch katechetischen Merkmalen beschäftigen. Diese stehen in einer engen Beziehung dazu, gehen eigentlich daraus hervor. Ich fasse alle Merkmale unter einem Nenner zusammen. Die Katechese der Kirchenväter orientierte sich grundlegend an *Erfahrungswissen*, das diese häufig mit »gnosis« bezeichneten. Dabei geht es um ein Wissen von innen heraus, im Unterschied zu dem Wissen, das von außen gelehrt wird. Den Kirchenvätern geht es nicht um »epistème«, um intellektuelle Kenntnisse, auch nicht um »pistis«, Glauben, sondern um »gnosis«, ein Wissen auf der Grundlage von Erfahrungen der menschlichen und göttlichen Kräfte in einem selbst. Der Terminus »Erfahrungswissen« erscheint mir gut geeignet, um anzudeuten, worauf diese Art der Katechese abzielt. Die mystagogische Katechese ist in der christlichen Tradition die *Erfahrungskatechese* schlechthin.

Dass das Fürwahrhalten sich nicht auf andere übertragen lässt, sondern aus dem Erfahren hervorgehen muss, ist für die meisten Kirchenväter selbstverständlich. Sie teilen in ihrer Katechese grundsätzlich nichts mit, wenn nicht eine Erfahrung vorangeht! Es gibt eine klare Reihenfolge. Zuerst kommt die Erfahrung, erst dann die Deutung dieser Erfahrung. Und die Deutung geschieht nicht in Konzepten, sondern in Bildern und Symbolen. Die Deutung kommt niemals vor der Erfahrung und wird erst recht nicht unabhängig von der Erfahrung gelehrt. Diese Form der Katechese hat äußerst wenig mit dem Vortragen einer kirchlichen Lehre in Konzepten eines vorher festgelegten und feststehenden »Glaubens« gemein. Praktisch jede andere Art der Katechese, die mir aus der christlichen Geschichte bekannt ist, hält Abbildungen hinter einer Mauer empor. Katechese ist seit dem Mittelalter auch in zunehmendem Maße zu einer rational-didaktischen Angelegenheit geworden, einer spirituellen Entwicklung entfremdet. Abgesehen natürlich von dieser patristischen Ausnahme, gestaltet von Männern von großem spirituellem Format. Und dabei ging es dann nicht um nebensächliche Wahrheiten des christlichen Glaubens, sondern um die fundamentalsten. Diese betrachteten die Kirchenväter als *Erfahrungs-Wahrheiten*, nicht als *Wissens-Wahrheiten*. Sie wissen, dass in der menschlichen Seele ein Prozess im Gange ist, der aus sich selbst heraus auf das Entschleiern dieser Wahrheiten eingestellt ist. Sie sind davon überzeugt, dass die Erfahrung sich zu einem Wissen öffnen wird. Haslinger umschreibt diese Katechese sehr präzise als eine »bewusstseinsbildende Deutung von Erfahrung«.[19]

Im Licht des Höhlengleichnisses merkt man, dass diese Katechese ihren Firmanden niemals im Kanzelton oder informierend begegnet. Der Firmand wird nie zum Objekt einer vorgezeichneten Strategie gemacht. Nein, Einstiegs- und Ausgangspunkt sind immer wieder die vorhandenen Erfahrungen des Firmanden. Ein Mensch gelangt erst dann zum wirklichen Lernen (es ist ein häufig gesungener Refrain in diesem Buch), wenn das Lernen an seine/ihre konkret vorhandenen Bedeutungsfelder anknüpft und darauf weiterbaut. Weltanschauliche Wahrheiten können nicht wie ein Stück Information weitergegeben werden. Man kann es natürlich versuchen, aber dann wird man zu einem Puppenspieler, der die Schatten nur noch komplizierter macht. Es würde zudem den Schüler davon entbinden, selbst zu wählen, aber es muss um seine/ihre Wahrheit gehen. Nur dieses selbst-entdeckte Lernen ist nach Auffassung der Kirchenväter sinnvoll. Woher der Lehrstoff auch kommen mag, der Augenblick des Lernens entsteht erst, wenn der Schüler selbst die Bedeutung des Lehrstoffs erfahren hat. Augustinus und Ambrosius betonen dies stets aufs Neue.

Es bestehen die groteskesten Missverständnisse über diesen Ausgangspunkt. So gibt es die Vorstellung, dass in einem solchen Lernprozess ein Lehrer keine Funktion mehr haben könnte oder dass Inhalte nicht mehr planbar wären.

Bei dieser Art zu lernen kann es durchaus einen Lehrer geben, allerdings erfordert sie einen besonderen Lehrer. Platon hat hierzu den Lehrer als »Geburtshelfer« vorgestellt. Eine elementare Einsicht dieses Modells ist es, dass der Schüler selbst gebiert und der Lehrer keine Neugeborenen weitergeben kann.[20]

Ein auf diese Weise »situiertes Lernen« steht einer Planung des Lehrens nicht im Wege. Es handelt sich jedoch nicht um die Art von Planung, bei der die Themen schon vorher feststehen und nach einem linear gesteuerten Mechanismus weitergegeben werden (ungeachtet der Frage, ob der Schüler dafür bereit ist), sondern um eine Planung, die aus dem entsteht, was sich in der konkreten Erfahrungswelt ergibt. Es handelt sich um Planung von innen heraus. Ich stelle bei mir selber fest, dass ich gerade die Dinge gewissenhaft plane, die mich stark motivieren und die mich weniger motivierenden viel weniger. Man fängt erst an, etwas zu planen, wenn man ein persönliches Interesse daran hat. Und man sieht die Bedeutung einer Sache erst wirklich ein, wenn sie aus Erfahrungswissen hervorgeht. Planung von außen, in Anlehnung an Theorien, die ohne mein Zutun formuliert wurden (der Katechismus war hier lange Zeit ein berüchtigtes Beispiel), ist nur wenig fruchtbar. Gerade wenn man nicht von den vorhandenen Erfahrungen ausgeht, kann man nur wenig effektiv planen, denn dann steht alles in gewisser Weise schon fest.

Nur Informationen, die vor dem Lernprozess dieselben sind wie hinterher, kann man im Vorfeld genau planen, sie sind von einem Fürwahrhalten unabhängig. An der Funktionsweise eines Atomreaktors ändert sich nichts, sie ist vor wie nach dem Lernprozess dieselbe. Lernprozesse jedoch über die Bedeutung eines Atomreaktors lassen sich insofern nicht mehr im Vorhinein planen als man nicht weiß, was dabei heraus kommt. Das Fürwahrhalten kann man nicht planen, sondern das Fürwahrhalten selbst wird zum Planungsprinzip. Zuerst muss in der Erfahrungswelt etwas losgekoppelt werden, ein Streben, eine Motivation. Diese geht dann wie von selbst angetrieben auf Erkundung aus, das Lernen springt an. Hier eignet sich der Vergleich mit einem Hobby. Wenn man ein Hobby hat, merkt man erst, wie gründlich man plant und wie belesen man nach einer Zeit auf diesem Gebiet ist. »Man weiß alles darüber!« Eins der ergiebigsten Beispiele für diese Erfahrungslernen finden wir in den letzten Jahrzehnten in den zahllosen Frauengruppen, die über die ganze Welt verbreitet sind. Und man wird kaum behaupten wollen, dass dieses Lernen keine Inhalte hervorgebracht oder keine Form der Planung gehabt hätte!

Katechese ist bei den Kirchenvätern Erwachsenenkatechese

Dieses Ausgehen-von-Erfahrungswissen möchte ich noch in einem Punkt präzisieren: In der Katechese der Kirchenväter geht es immer um die Erfahrungen Erwachsener, nie um die von Kindern. Nur Erwachsene können sich einer geistigen Wiedergeburt bewusst werden, Kinder sind noch nicht soweit. Im zweiten Kapitel habe ich anhand des Modells von Hesse und der Ideen von Robinson beschrieben, dass ein Mensch in seiner Weltanschauung eine *Entwicklung* erlebt. Die Erfahrung der »ursprünglichen Vision« in der Kindheit ist etwas anderes als der Weg durch den »dunklen Wald« und wiederum etwas anderes als die geistige Wiedergeburt in einem dritten Stadium. Als man später die Katechese als eine von dieser Entwicklung, ja von Erfahrungen, losgelöste Unterrichtung von Wahrheiten auffasste, versuchte man natürlich, diese Wahrheiten so schnell wie möglich in eine Kinderseele zu übertragen. Wenn man sich klarmachen würde, dass ein Kind für die Wirklichkeit der Taufe oder die Frage nach Vater, Sohn und Heiligem Geist noch nicht bereit ist, würde man ihm gegenüber von diesen Dingen entschieden schweigen! In praktisch allen Kulturen werden niemals Kinder eingeweiht, sondern immer nur Erwachsene oder diejenigen, die an der Schwelle zum Erwachsenwerden stehen. Die Fähigkeit, diese Schwelle zu überschreiten, die Höhle zu verlassen, erfordert ein geistiges und körperliches Wachstum, das das Kind noch entbehrt. Es war in den Mysterienreligionen, zu denen ich in diesem Zusammenhang also auch das alte Christentum zähle, eigentlich undenkbar, Kinder oder Jugendliche zu den Initiationen zuzulassen.[21] Muss uns das nicht zu denken geben angesichts der vielen, allzu vielen Energie, die die offizielle Kirche in Kinder- und Jugendkatechese steckt? Man wäre in der Alten Kirche (man kann ruhig sagen, in den ersten zwölf Jahrhunderten!) nicht auf die Idee gekommen, Kindern und Jugendlichen Initiationskatechese zu erteilen, sie zu taufen, die Eucharistie feiern oder beichten zu lassen. Es existiert keine katechetische Schrift der Kirchenväter über Kinder- und Jugendkatechese. In diesem Zusammenhang hört man manchmal die Bemerkung, man hätte damals »das Kind« noch nicht entdeckt, »das Kind« noch nicht ernstgenommen. Sicher, man sah es nicht so wie Rousseau, aber es gab durchaus eine Pädagogik und es existierte ein umfangreiches, gut durchgearbeitetes Schulungssystem für Kinder aus der Oberschicht.[22] Platon beschäftigt sich in seinem Werk ausdrücklich mit der Erziehung von Kindern. Es würde hier zu weit führen, seine Ideen darüber auszubreiten. Bewusst behütet Platon das Kind vor schwerem inhaltlichem Stoff und empfiehlt für die Kinderjahre nur zwei Hauptfächer: Gymnastik für den Körper und Musik für den Geist! Wenn das Kind 12 Jahre alt wird, scheut Platon sich nicht, ein umfangreiches Fächerpaket zu präsentieren, aber erst im Erwachsenenalter kommen »Fächer« wie Philosophie an die Reihe, die mit der weltanschaulichen Bildung zu tun haben. Ein Kind ist von Natur aus noch nicht dazu in der Lage, hierfür einen Blick zu haben. Kinder und Jugendliche werden also zur Schule geschickt, um Vieles zu lernen, aber in punkto »religiöse Initiationen« schweigen alle Texte. Obwohl es doch a priori keinen Grund gibt, warum sie nicht an der »ersten Kommunion« teilnehmen oder einen »Katechismus« lernen sollten. Man war davon überzeugt, dass ein Kind dazu noch nicht bereit war. Gerade weil man von einem Erfahrungswissen ausging, wusste man aus Erfahrung, dass ein Kind noch spielt vor Gottes Angesicht. Wir haben in unserer modernen Kirche noch Reste von Initiationen, die ursprünglich für Erwachsene gedacht waren, nun aber nur noch für Kinder bestimmt sind (Taufe, Eucharistie, Firmung). Für Erwachsene existieren faktisch keine Initiationen mehr und das birgt die Gefahr, dass die »Einweihungen« auf Kinderniveau in den meisten Fällen als infantile Erfahrungen im Gedächtnis bleiben. Katechese begann in der Alten Kirche, wenn ein Erwachsener Mensch sich bekehrt und persönlich als Katechumene angemeldet hatte. Auch in der Bibel fehlen Kinder als Adressaten der Botschaft völlig. »Das Kind« existiert im Evangelium nur als Bild des un-erwachsenen, un-schuldigen, arglosen Menschen. Wie ich im zweiten Kapitel ausgeführt habe: man sollte wie ein Kind werden, nicht ein Kind sein.

Selbstverständlich will ich hier nicht behaupten, dass wir ein Kind nicht weltanschaulich erziehen müssten, dass es keine Mystagogie benötigen würde. Was ich jedoch hervorheben will, ist, dass wir versuchen sollten, diese Erziehung von allen erwachsenen religiösen Prägungen zu befreien. So glaube ich, aus den besten christlichen Traditionen zu sprechen, wenn ich den Rat formuliere, skeptisch zu sein, wenn Kindern (Kinder)-Bibeln präsentiert werden sollen. Die Bibel ist ein Buch für Erwachsene, kein Buch für Kinder, geschweige denn ein Schulbuch. Wir müssen uns immer wieder vor Augen führen, dass das Religiöse weder eine empirische, noch eine intellektuelle, sondern eine symbolische Wirklichkeit ist. Ein Kind lebt zwar in einer sehr symbolischen Welt, ist sich dessen aber nicht bewusst und kann erst recht nicht rational reflexiv damit umgehen. Deshalb erzählt man Kindern zwar Märchen, betreibt mit ihnen aber keine Märchenkunde. Wenn man es versteht, einem Kind eine Geschichte aus der Bibel zu erzählen wie ein Märchen oder einen Mythos, dann habe ich keinerlei Einwände dagegen. Aber meistens bastelt man in der Katechese an einer solchen Geschichte herum, indem man einen empirischen Bezug herstellt (irgendwo ist es wirklich geschehen) und/oder sie abstrahiert (und theologische Wahrheiten daraus ableitet). Der Mythos von Adam und Eva wird so unbemerkt zu einem kleinen Traktat. Man hält eine »Unterrichtsstunde« darüber. Der Märchenphase entwachsen entsteht in einem Kind zunächst eine Phase, in der es sich stark für Empirie und rationale Abstraktionen interessiert. Diese Kategorien haben wirklich keinen Zugriff auf das Religiöse. Man sollte also auch in dieser Phase darüber »schweigen«.

Im Nachhinein preise ich mich glücklich, dass die Lehrer in meiner Kindheit nicht befugt waren, den Katechismus auf der Grundschule zu behandeln. Das war dem Priester vorbehalten. Das einzige, was man dem Lehrer erlaubte, war, Bibelgeschichten zu erzählen. Aber er durfte sie nicht erklären! So kam es, dass der schönste Moment der Schulwoche anbrach, wenn der Lehrer am Freitagnachmittag einen Schemel vor die Klasse stellte, sich darauf setzte und eine herrliche Bibelgeschichte nach der anderen erzählte. Einmal fröstelte ich mit Jonas im Walfisch, ein anderes Mal mit Joseph im Brunnen, ich zog durch die Wüste hinter einer Rauchsäule her, oder wurde in der Wüste vom Teufel in Versuchung geführt. Isaaks Opfer rief Beklemmungen hervor, warum Kain bestraft wurde, konnte ich nie so recht begreifen, und ich träumte vom Kampf zwischen David und Goliath. Und so weiter, und so weiter, jeden Freitag! Das war keine Katechese, das war Mystagogie. An der Hand eines »Unbefugten« betraten wir den »heiligen Boden« unserer Tradition, wo jeden Freitagmittag Dornbüsche brannten ohne verzehrt zu werden. Es waren »phantastische« Geschichten, die zum Glück nicht interpretiert wurden! Eigentlich tat der Lehrer dasselbe wie mein Vater und meine Mutter, wenn sie mir Märchen erzählten. Ohne Kompetenz und ohne Erklärung.

Erst in der (viel) späteren dritten Phase, wenn man eine »zweite Naivität« erlebt und die großen Symbole bewusst wieder eine Rolle spielen, sollte zum Beispiel eine kirchliche Gemeinschaft wirklich Katechese anbieten. Müssen wir deshalb nicht auch bewusst die eigentlich für Erwachsene bestimmten sakramentalen Initiationen für Kinder langsam abbauen? Ganz zu schweigen von den vielen Projekten, in denen die größten christlichen Wahrheiten auf katechetische Portionen theologisch reduziert werden. Das hat wenig Sinn. Vor allem Platon hat auf eine fast übertriebene Weise dagegen gewettert, Kindern allerlei religiöse und mythische Geschichten aufzutischen. Wenn Glaukon in der *Politeia* fragt: »Was lehnst du eigentlich ab [für Kinder]?«, antwortet Sokrates: »Zunächst einmal fast die gesamte religiöse und mythologische Literatur. ... Nichts ist so schlimm, wie eine falsche Vorstellung von den Dingen in religiösen Angelegenheiten.«[23] Platon findet es sehr besorgniserregend, wenn in Gegenwart von Kindern auf eine Weise über Gott gesprochen wird, bei der Wirklichkeit und Fiktion durcheinandergehen und nicht zu unterscheiden sind – weil man es kindgemäß halten will. Das ist kein Thema für Kinder, darüber muss man schweigen. Sokrates sagt: »Wir dürfen also nicht den einfältigen Fehler akzeptieren, den man in vielen Texten findet, dass Gott vom Himmel aus Glück und Elend verteilen würde und einigen Menschen eine Kombination der beiden zuweisen würde oder sogar ausschließlich Elend. Oder auch, dass Kriege und Konflikte die Folge göttlichen Eingreifens in das menschliche Leben wären.«[24]

Neuplatonisches Lernmodell

Um wieder zu den Charakteristika des Erfahrungswissens zurückzukehren: Es muss betont werden, dass dieses Wissen für die Kirchenväter eindeutig eine theologische Kategorie darstellte. Von Clemens von Alexandrien bis Augustinus legen sie immer wieder Nachdruck darauf, dass der göttliche Logos *durch* die menschliche Psyche spricht. »Erfahrung« war in den Augen der Kirchenväter ein göttlich-menschliches Kräftespiel. Deshalb hatten sie auch so großes Vertrauen in sie. Sie heben aus ihrer neuplatonisch-christlichen Theologie heraus immer wieder aufs Neue hervor, dass Gott und Mensch in der Seele des Menschen vereinigt sind. »Dies alles ist Mysterium, auch wenn es überall verkündet wird. Denn es bleibt unbegreiflich für diejenigen, die nicht dafür empfänglich sind. Denn das Geheimnis wird nicht durch menschliche Weisheit enthüllt, sondern, sofern wir es aufnehmen können, durch den Heiligen Geist.« (Joh. Chrysost., Hom. 1 Kor 7,2) Wir kennen den Ausspruch von Augustinus, dass Gott intimer in mir anwesend ist als ich in mir selbst. Louis Villette beschreibt, wie Augustinus zufolge der komplizierte Prozess des Glaubens in einem Menschen funktioniert. »Es geht um ein komplexes Ganzes, in dem eine persönliche Haltung des Menschen und eine ihr vorangehende und bestimmende göttliche Initiative vereinigt sind. Es geht um eine Anziehungskraft, die Gott auf das Herz des Menschen ausübt (»Niemand kann zu mir kommen, wenn er nicht angezogen wird«) und gleichzeitig eine freie und bewusst getroffene Entscheidung des Menschen, mit der der Mensch sich bewusst auf Gott ausrichtet (»Niemand kann glauben, wenn er es nicht will«).«[25] Ich will mich hier nicht auf eine spitzfindige Aufdröselung des göttlichen Logos und der menschlichen Psyche einlassen, der Kernpunkt ist, dass alles sich »im Herzen des Menschen« abspielt. Dort liegt das Fundament und der Ausgangspunkt dieser mystagogischen Katechese. Der Glaube befindet sich nicht in einem Traktat oder in einer Offenbarung, die von außen kommt. Ich rufe in Erinnerung, wie Ambrosius diesen Prozess griffig ausgedrückt hat: »Schließlich dringt das Licht der Mysterien leichter von selbst ein, wenn man arglos ist, als wenn dem eine Predigt vorangegangen wäre« (De Myst. I,20). In der Erfahrung, die Menschen gemacht haben, betritt man »heiligen Boden«. Dies bringt eine Arkandisziplin mit sich.

Das »lux mysteriorum« muss selbst ins Innere scheinen, die sakramentale Initiation in den Glauben kann durch keine einzige doktrinäre Einführung ersetzt werden.[26]

Ich erinnere hier noch einmal an den großartigen Text von Jung aus *Psychologie und Alchemie*, wo er schreibt: »*Solange* die Religion nur Glaube und äußere Form und *die religiöse Funktion nicht eine Erfahrung der eigenen Seele ist*, so ist nichts Gründliches geschehen. Es muß noch verstanden werden, daß das ›mysterium magnum‹ nicht nur an sich vorhanden, *sondern auch vornehmlich in der menschlichen Seele begründet ist. Wer das nicht aus eigener Erfahrung weiß*, der mag ein Hochgelehrter der Theologie sein; aber von Religion hat er keine Ahnung und noch weniger von Menschenerziehung.«[27] Jung fühlte sich in dieser Auffassung stets von den Kirchenvätern unterstützt, und er zitiert sie häufig in seinem Werk. Gerade auch sie waren davon überzeugt, dass das große Mysterium eine Erfahrung der eigenen Seele sein musste.

Vor allem Augustinus war von diesem Gedanken stark beeinflusst. Für ihn strahlte das Göttliche ins Menschliche hinein, ohne dass dadurch beide zusammenfielen. Wir sehen das sehr deutlich in den Zitaten aus *De Magistro*. Und in seinen *Bekenntnissen* schreibt er: »Du strahltest gewaltig in mir und blendetest meinen schwachen Blick, und ich zitterte vor Liebe und Schrecken. Und ich entdeckte, dass ich fern von dir in einem ganz anderen Land war, als ob ich deine Stimme hörte aus der Höhe: ›Nahrung bin ich für die Erwachsenen; wachse, und du wirst mich essen. Aber du wirst mich nicht verändern in dir, wie die Nahrung in deinem Körper, sondern du wirst dich in mir verändern‹.«[28] An einer anderen Stelle in den *Bekenntnissen* fragt sich Augustinus, wie er zum Wesen der Dinge gelangt ist: »Von woher und über welchen Weg sind diese Wesen der Dinge in mein Gedächtnis eingetreten? Ich weiß nicht wie; denn als ich sie lernte, hab ich nicht dem Herzen von jemand anderem geglaubt, sondern sie in meinem eigenen Herzen untersucht, als wahr erkannt, sie sozusagen darin gelagert, um sie wieder zum Vorschein holen zu können, wenn ich wollte. Dort waren sie also schon, bevor ich sie (bewusst) gelernt hatte.«[29] In seinem Plädoyer für eine mystagogische praktische Theologie hat Karl Rahner dieses gesamte theologische Gedankengut, das auf Erfahrungswissen ausgerichtet ist, für den modernen Menschen aktualisiert.

Ich schließe hiermit drei Kapitel ab, in denen wir uns mit historischem Material zu Symbolisierungsprozessen beschäftigt haben. Wir haben gesehen, dass verschiedene Autoren über eine ganz bestimmte Form von Bewusstsein sprechen, das eine ganz bestimmte Art von Agogik voraussetzt. Im nächsten Kapitel will ich einen Versuch unternehmen, dieses Bewusstsein, das in diesem Buch symbolisches Bewusstsein genannt wird, als solches zu beschreiben. Das ist eine heikle Angelegenheit, wenn wir wissen, dass wir keine Landkarte dieses mentalen Gebietes herbeischaffen können. Unser anmaßendes Gehirn stößt hier elementar an seine Grenzen.

7. Das symbolische Bewusstsein, die dritte Wirklichkeit

»Die Worte Jesu zu Nikodemus haben deshalb eine so große suggestive Kraft, weil sie symbolische Wahrheiten, die in der psychischen Struktur des Menschen verankert sind, in Worte fassen.«
C.G. Jung

Das symbolische Bewusstsein tendiert zu einer dritten Wirklichkeit, die einerseits mit den zwei Alltagswirklichkeiten (der subjektiven und der objektiven) verbunden ist, andererseits jedoch nicht mit subjektiven oder objektiven Beschreibungskriterien zu erfassen ist. Es geht nicht um die Welt des »Seins«, sondern um die des »Scheins«, es geht um eine Wirklichkeit, in der gespielt wird und Illusionen geschaffen werden. Das ist die Welt der Seele.

Einleitung

In den vorangegangenen Kapiteln ging es explizit oder implizit immer um das Verständnis des symbolischen Bewusstseins. Mit allerlei Herangehensweisen, psychologisch, pädagogisch, historisch, theologisch und gottesdienstwissenschaftlich, haben wir den Horizont dieses mentalen Gebietes abgeschritten. In diesem Kapitel werde ich versuchen, dieses Gebiet zu erschließen. Im Vorwort habe ich geschrieben, dass ich in diesem Buch anders über Symbole spreche als es normalerweise der Fall ist. Normalerweise wird das Symbol als Metapher verstanden, die für etwas anderes steht. Wenn die Rede davon ist, dass die religiöse Wirklichkeit sich durch Symbole kennzeichnet, löst das auch wenig Widerstand aus, wenn man von dieser üblichen Auffassung ausgeht. Das sieht schon anders aus, wenn man behauptet, dass es sich bei der religiösen Wirklichkeit um eine symbolische Wirklichkeit handelt. Kann man bei der ersten Behauptung noch denken, dass zwei Wirklichkeiten nebeneinander existieren, Religion auf der einen und Symbole auf der anderen Seite, ist dies bei der zweiten Behauptung nicht mehr möglich. Symbole stehen hier nicht für etwas anderes, sie sind selber etwas! Wenn man hieran nun noch eine dritte Behauptung anschließt, nämlich, dass die symbolische Wirklichkeit eine psychische Wirklichkeit ist und damit also behauptet, dass zum Beispiel die religiöse Symbolik keine objektive Wirklichkeit im üblichen Wortsinn ist, reagieren viele mit Ablehnung. Sie halten dies für einen Verrat an ihren tiefsten Überzeugungen.

Und doch basiert dieses Kapitel auf der Ausarbeitung dieser Behauptungen. Ich erinnere hier wieder an Drewermanns Gedanken aus dem ersten Kapitel. »Die großen Symbole in den bildhaften Erzählungen über die religiöse Tradition wurden nicht ›erfunden‹, um eine bestimmte theologische Aussage zu verdeutlichen – es handelt sich nicht um didaktische ›Gleichnisse‹ –, und noch weniger handelt es sich um Ausdrucks›mittel‹, die einfach von außen übernommen werden, um dann an die Mentalität einer bestimmten Periode oder an bestimmte folkloristische Vorstellungen angepasst zu werden.

Es handelt sich ganz im Gegenteil um Bilder, die sich, so wie die Bilder eines Traumes, in denen die kurz zuvor erlebten Eindrücke des Tages unwillkürlich aufscheinen, auch aufdrängen, *um die psychische Wirklichkeit der äußeren Tatsachen widerzugeben* (Kursivierung von mir, TvdB); und wenn in der katholischen Kirche über die *Sakramente* gesagt wird, dass sie in der Gestalt heilsamer Zeichen bei ihrer Austeilung das *bewirken*, wor*auf sie verweisen*, dann sind genau in diesem Sinne die großen Symbole der Mythen und Märchen, der Sagen und Legenden auf die Weise *wirklich*, dass sie religiöse Erfahrungen direkt *weitergeben* indem sie sie ausdrücken.«[1] Im vierten Kapitel stellte Eliade mehrmals fest, dass die Struktur eines Bildes den Zugang zum Überhistorischen und Überörtlichen ermöglicht. Jede neue Sinnzuschreibung wird seiner Meinung nach durch diese Struktur konditioniert. Das symbolische Bewusstsein ist im wörtlichen Sinn eine Wirklichkeit sui generis. Um diese Wirklichkeit geht es in diesem Kapitel. Es gliedert sich in zwei große Abschnitte. Im ersten Teil beschreibe ich, was ich unter Symbolen verstehe, wie sie in der Psyche entstehen und sich in ihren Zeichen unterscheiden; im zweiten Teil gehe ich darauf ein um welche Art Wirklichkeit es hier geht. Nämlich um eine Wirklichkeit, die weder auf die konkrete Welt des Dinglichen zurückzuführen ist noch auf die abstrakte Welt der Konzepte.

Wenn etwas oder jemand für uns zum Symbol wird, geht dem immer ein innerer Vorgang voraus, ein Prozess, der zum größten Teil unbewusst abläuft. Unbewusste Bestrebungen sind geradezu die treibenden Faktoren. Erst am Ende dieses Prozesses geht uns bewusst ein »Licht« auf (ein Bild, ein Geräusch, ein Geruch, eine Idee, ein Moment des Schmeckens und Berührens, eine Phantasie und so weiter) und uns wird klar, dass »etwas« für uns zum Symbol geworden ist. Augenscheinlich bedeutet dieser Baum, diese Person, diese Gebärde, diese Farbe, dieser Gedanke mir so viel, dass ich ihm/ihr einen symbolischen Wert zumesse, denn alle anderen Bäume haben für mich nicht diese besondere Bedeutung. Und eine andere Person erfährt denselben Baum nicht als Symbol. Die rotgrünen Farbkompositionen des Malers Malevitch üben eine symbolische Faszination auf mich aus, bei einer Ampel sieht das jedoch anders aus. Ich weiß natürlich, dass Grün dies bedeutet und Rot das und so verstehe ich sehr wohl die Bedeutung des Verkehrszeichens. Doch in dem Moment, in dem ich es verstehe, handelt es sich eben gerade nicht mehr um ein Symbol, sondern um ein Zeichen. Zeichen sind bewusst durchdacht und somit für jeden Menschen eindeutig zuzuordnen. Der Gesetzgeber kann es sich nicht erlauben, dass eine Ampel doppeldeutig ist. Symbole dagegen sind per Definition mehrdeutig. Wenn Symbole im Spiel sind, kann ein und dieselbe Sache den einen Menschen aggressiv machen, den anderen gleichgültig lassen, einen dritten faszinieren und bei einem vierten ein unbehagliches Gefühl auslösen. Natürlich kann auch eine Ampel zum Symbol werden. Als sie auf Rot sprang, musste man einen Moment neben jemandem stoppen … in den man sich später verliebte! Die nutzlos und verzweifelt blinkenden Ampeln auf den verlassenen Kreuzungen in Antonionis Film Eclisse hatten für mich (und mein Theologiestudium) große symbolische Bedeutung. Für mich! Symbole können niemals isoliert und rein für sich erklärt werden, losgelöst von der Bedeutungszuschreibung des konkreten Menschen, die sie erst entstehen lässt.

In den meisten Fällen, in denen von Symbolen die Rede ist, meint man in Wirklichkeit Zeichen. Bei einem Zeichen ist die Bedeutung Codegebunden (ein Zeichen kann nur auf eine Art erklärt werden), bei Symbolen ist die Bedeutung code-frei.

Man unterscheidet üblicherweise zwei Sorten von Zeichen und lässt dabei die Begriffe Denotation und Konnotation zum Einsatz kommen. Das Wort »Stier« kann auf das entsprechende Tier verweisen. Das ist die wörtliche oder auch denotative Bedeutung. Aber »Stier« hat auch allerlei konnotative Bedeutungen, Neben-Bedeutungen also. Es kann für den Evangelisten Lukas stehen, für ein Sternzeichen, einen spanischen Sherry, ein argentinisches Restaurant und so weiter. Gegen Ende des Mittelalters behauptet Dante in seinem berühmten Brief an Can Grande della Scala (1319), dass ein Wort neben einer buchstäblichen Bedeutung auch noch eine allegorische, morale und anagogische (spirituelle) Bedeutung haben kann. »Der Auszug der Juden aus Ägypten« kann allegorisch die Erlösung durch Christus bedeutet, moralisch die Erlösung von Sünde und spirituell die Befreiung der Seele in Gottes Herrlichkeit.[2]

Somit geht es bei allen Bedeutungen von »Stier« und »Auszug aus Ägypten« nicht um Symbole, sondern stets um eindeutige, allgemein anerkannte Zeichen, die rational perfekt übertragen werden können. Wenn man im Einzelfall ein bestimmte Bedeutung nicht kennt, liegt das daran, dass man zu wenig darüber weiß. Für die Eingeweihten sind die so genannten geheimen Zeichen verständlich und streng Code-gebunden. Das Zeichen ist durchschaubar und verweist immer von einer allgemeinen Behauptung oder Verabredung auf einen konkreten Fall. Dieser konkrete Fall illustriert dann die allgemeine Behauptung. Ein Zeichen kann auch in allerlei Zusammenhängen verwendet werden: Gott kann als Mann dargestellt werden, die Hoffnung als Anker, die Liebe als Herz mit einem Pfeil, das Böse als Teufel, das Blut Jesu als Wein, die Weisheit als Salz/Eule und so weiter. Es handelt sich beim Zeichen also um ein durchdachtes, vorhersehbares und übertragbares Konstrukt.

Das Symbol dagegen ist unvorhersehbar, vage und unergründlich. Das Symbol zeigt sich gerade in einer konkreten, einzigartigen Situation, ist überraschend, persönlich und mit all seinen Implikationen nicht einzugrenzen. Man kann es niemals in allgemeine Begrifflichkeiten übertragen. Wenn ich mich in jemanden verliebe und diese Person für mich zum Symbol wird, dann hat diese Erfahrung eine unergründliche Tiefe, sie ist unvorhersehbar und nicht zu kontrollieren.

Natürlich, im Nachhinein, wenn der Symbolisierungsprozess stattgefunden hat, kann man sogar wissenschaftlich untersuchen, wie diese Prozesse verlaufen sind und warum gerade dieser Prozess bei jener Person stattgefunden hat. Jedoch geschieht dies immer erst im Nachhinein, und das ist wesentlich. Dass etwas für jemanden zum Symbol wird, kann man absolut nicht planen. Der symbolisierende Mensch hat nämlich keine Ahnung von dem, was unbewusst geschieht, geschweige denn, dass er einen bewussten Zugriff auf diesen Prozess hätte. Dass etwas für jemanden zum Symbol wird, ist eine Überraschung, eine Gunst. Wenn man jemandem den Film »Das Piano« zeigt, kann man nicht garantieren, dass bestimmte Bilder zu Symbolen werden. Klänge von Bach zu hören, bedeutet noch nicht per se, sie auch zu mögen. Und wenn sie sich zu Symbolen entwickeln, ist rational nicht nachzuvollziehen warum das passiert.

Natürlich kann auch ein Zeichen zum Symbol werden (und in diesem Sinn ist es ganz sicher beabsichtigt, dass zum Beispiel Christen die Zeichen als Symbole erfahren) und natürlich gibt es Zeichen, die offensichtlich von Natur aus im Lauf der Jahrhunderte eher zum Symbol werden als andere. Jedes Zeichen kann eine symbolische Tiefe erhalten. Aber das ist nicht notwendig so. Auf einmal kann ein gotischer Spitzbogen bei mir eine faszinierende Empfindung auslösen und meine Seele entlang der Säulen in den Himmel erheben. Das geschieht jedoch nicht, weil man mir die Gotik so gut erklärt hat. Denn die romanischen Zeichen habe ich vielleicht ebenso gut studiert, doch Romanik »*gibt*« mir nicht so viel. Das heißt übrigens nicht, dass viel Wissen und tiefe Erfahrung einander ausschließen. Der wirklich kreative Moment ist jedoch der Moment der Erfahrung. Zeichen-Wissen allein berührt das kreative Vermögen des Menschen nicht.

Beispiele

Lassen Sie uns nun anhand einiger klassischer Beispiele einmal näher betrachten, wie so ein Symbolisierungsprozess abläuft. Die *Puppe* ist so ein ausgesprochen typisches Beispiel. Die Puppe lacht, weint, ist ungezogen, brav und so weiter. Das Kind erlebt einen Teil von sich in der Puppe. Es entdeckt mit der Puppe Möglichkeiten, etwas von sich selbst auszudrücken. In der Beziehung zur Puppe erlebt das Kind seinen Vater und seine Mutter und kann auf Ereignisse in der Zukunft vorgreifen. Beim Spiel mit der Puppe übt es allerlei Kommunikationsformen und hat die wunderbare Möglichkeit, im Spiel die Rollen zu vertauschen und nicht das abhängige kleine Kind zu sein, sondern der Erwachsene. Dies kann so weit gehen, dass es sich selber in dieser Rolle bestraft oder verwöhnt. Das Kind, und das ist der Schlüsselgedanke, projiziert seinen eigenen Gemütszustand auf die Puppe. Das Kind hat die abgewetzte Stoffpuppe, die wir in einem unbewachten Moment in den Mülleimer werfen würden, zu einem Symbol gemacht. Diese Puppe ist ein großartiger Transformator für Energie und Wachstum. Unabhängig vom Kind ist die Puppe kein Symbol, erst durch das Kind wird sie dazu. Für mich als Erwachsenen ist dieselbe Puppe ein Zeichen oder (wieder) zum Zeichen geworden! Wenn wir als Erwachsene eine Puppe sehen (vielleicht unsere eigene alte Puppe), erinnern wir uns sicherlich an den symbolischen Reichtum aus unserer Kindheit, aber wir projizieren unser Seelenleben nun auf ganz anderes »Spielzeug«. Jung hat diese Entwicklung wieder sehr genau beschrieben: »Solange ein Symbol lebendig ist, drückt es etwas aus, dass anders nicht besser gezeigt werden kann. Darum ist ein Symbol nur solange lebendig solange es bedeutungsschwanger ist. Ist ... die Ausdrucksform gefunden, die den gesuchten, erwarteten oder vermuteten Sachverhalt noch besser wiedergibt als das vorhandene Symbol, dann ist das Symbol als solches *tot* und hat nur noch historischen Wert ... Ein Ausdruck, der an die Stelle einer *bekannten* Ursache tritt, bleibt immer reines Zeichen und ist nie Symbol. Es ist darum nun einmal unmöglich, ein lebendiges, das heißt bedeutungsschwangeres Symbol ausgehend von bekannten Tatsachen und Verhältnissen zu schaffen. ... Ob etwas ein Symbol ist oder nicht hängt also ganz vom Standpunkt des betrachtenden Bewusstseins ab.«[3]

Als zweites Beispiel nenne ich das Märchen. In Märchen begegnen Kinder einer Bildsprache. Es handelt sich dabei um Bilder, die kollektiv weitererzählt wurden und sich in Geschichten erhalten haben. In unzähligen Varianten stellen sie die Entwicklung der menschlichen Seele in Bildern dar. Ein Kind erkennt sich unbewusst im Märchen wieder und kann aus den vielen Bildern genau die auswählen, die zu seinen aktuellen Bedürfnissen und Wünschen passen. Das Märchen stellt für das Kind eine Verbindung zu seinen Vorfahren her. So kann sich das Kind in einem größeren Zusammenhang sehen, als Teil einer universalen, zeitlosen Lebensgeschichte... Wenn man die Bilder eines Märchens jedoch nur noch als Zeichen deutet, verlieren sie ihren Symbolwert.

Als drittes Beispiel wähle ich das Gefühl, sich in einen Filmstar zu verlieben. Auch dabei handelt es sich um einen vollständigen Symbolisierungsprozess. Gerade das Medium Film ist reichlich mit Bildern ausgestattet, die zu Symbolen werden können. Sich in einen Filmstar zu verlieben, ist daher ein Symbolisierungsprozess par exellence. Einige Schriftsteller haben dies wunderschön in Worte gefasst.

> »Als ich sechzehn war, ging ich oft ins Kino. Am liebsten schaute ich mir Filme an, in denen Marylin spielte. Wenn ich so einen Film gesehen hatte, träumte ich danach noch die ganze Nacht davon, und montags radelte ich zusammen mit meinem Engel in den Gedanken zur Schule. Sie sagte mir bei der Übersetzung von Vergil vor, half mir in Erdkunde und wenn der Lehrer einen Moment wegschaute, lagen wir uns in den Armen.« (Biesheuvel)
>
> »Ich sah eine Frau auf einer Brücke stehen: Ich starrte die Frau an und wusste, dass es fatal wäre, wenn ich weiter hinschauen würde. Das Er-

staunlichste ist, dass ich in anderen Filmen, in denen ich Ingrid Bergman sehe, sofort feststellen kann: das ist dasselbe Mädchen, das einmal, als es noch jünger war, auf einer Brücke gestanden hat.« (t'Hart)
»Ich starrte Catherine aus dem sicheren schwarzen Saal heraus an. Ich blieb sofort für die nächste Vorstellung sitzen und war auch am kommenden Tag wieder rechtzeitig im Kino. Das ging so drei Tage lang, danach wanderte der Film in ein anderes Kino in der Provinz. Ich wanderte mit. In dem Film überquert Catherine eine Straße. Sie hat eine lange Seidenhose an und blickt sich auf der Straßenmitte um, um zu lächeln – dabei wird sie noch beinahe von einem Bus umgefahren. Ein sehr besonderer Moment, den ich fast hundert Mal miterlebt habe.« (Wetering)
»Keine Freude war jemals wieder mit der Freude zu vergleichen, die ich empfand, wenn ich ein Päckchen Kaugummi öffnete und darin ein Bild von Doris Day fand. Im nachhinein denke ich: Sie war das erste Mädel, in das ich mich hoffnungslos verliebte. Die Unschuld. Das makellose Erscheinungsbild. Viele Mädels sollten ihr folgen. Doch sie war die erste.« (Meijer)[4]

Bei jemandem, der in einem dunklen Saal einen Film sieht oder sich täglich/wöchentlich seine/ihre geliebte Serie im Fernsehen anguckt, passiert dasselbe wie bei dem Kind in seinem Verhältnis zur Puppe oder zum Märchen. Ihm wird ein Objekt angeboten, auf das er seine Stimmungen projizieren kann. Eine Dreiviertelstunde lang lachen und weinen können, artig oder ungezogen sein, vorgreifen auf das, was uns erwartet, verdrängten Gefühlen freien Lauf lassen, einen moralischen Standpunkt einnehmen. Für einen Moment sind wir *Columbo, Rambo, Véronique, The Beauty and the Beast*, eineinhalb Stunden lang fühlen wir den *Basic Instinct* in uns, spielen wir *Crying Game*, legen wir am *Cape Fear* an, halten wir uns in *Shadowland* oder in *Paris Texas* auf. Wie viele Prinzessinnen, Prinzen, Hexen, Zauberer, Rotkäppchen, Aschenputtel, Schneewittchen, Däumlinge, Davids und Goliaths sehen wir nicht an uns vorbeiziehen? Wenn der Film uns fesselt, sind wir eineinhalb Stunden lang damit beschäftigt zu symbolisieren. Im letzten Kapitel gehe ich hierauf noch ausführlicher ein.

An dieser Stelle schließe ich mich der etwas nüchternen Definition des Tiefenpsychologen Barz an: »Symbole sind … das Ergebnis der Projektion unbewusster Inhalte der Seele auf äußere Objekte, die entweder in ihrer Totalität oder in einzelnen Bestandteilen geeignete Projektionsträger sind. Unter Projektion verstehen wir einen unbewusst ablaufenden psychischen Prozess, währenddessen ein für das Bewusstsein nicht direkt zu erkennender Seeleninhalt – somit etwas Immaterielles – sich nach außen wendet und auf einen konkreten Gegenstand projiziert wird – so wie ein Film auf eine Leinwand projiziert wird. … Weil das Bewusstsein keinen

Zugang zum Unterbewusstsein hat, ist es darauf angewiesen, dass aus diesem unbewussten inneren Bereich einige Strahlen nach außen durchscheinen und auf einen geeigneten Untergrund treffen. Erst auf dieser Unterlage, also auf dem Projektionsträger, kann das Bewusstsein die Abbildung dessen erkennen, was seinem unzugänglichen Inneren entspringt.«[5]

Es hängt vom Individuum oder einzelnen Personengruppen ab, ob eine bestimmte Sache (noch) ein geeigneter Projektionsträger ist. Von außen sehen wir also ein bekanntes Objekt (was auch immer das sein mag), das wir sozusagen befruchten und somit bedeutungsschwanger machen. *Der Mensch besitzt die Fähigkeit zur Imagination, das heißt, er kann sein unbewusstes Seelenleben in bewusste Symbole transformieren.* Jung beschreibt die Wirkung eines Symbols treffend, wenn er behauptet, dass dieser Ausdruck unseres Seelenlebens so deutlich ist, dass er einen Eindruck hinterlässt. Auf der einen Seite bringt das Symbol unsere psychische Energie *ins Bild,* auf der anderen Seite löst es diese Energie geradezu aus.

Ein Symbol ist zugleich abstrakt und inkarniert. Ein Symbol ist eine Brücke. Das griechische Wort *symbolon* bedeutet: »das, was sich zusammenfügen lässt«. Insbesondere bildet das Symbol eine Brücke zwischen unserer bewussten und unserer unbewussten Psyche. »Das Symbol«, schreibt Jung, »ist immer eine äußerst komplizierte Mischung, denn es wird mit den Gegebenheiten aller psychischen Funktionen aufgebaut. Somit ist es auch weder rational noch irrational. Es hat allerdings eine Seite, die mit dem Verstand korrespondiert, jedoch auch eine Seite, die für den Verstand unzugänglich ist. Diese Seite besteht nämlich nicht nur aus rationalen Faktoren, sondern auch aus den irrationalen Ergebnissen der rein inneren oder äußeren Wahrnehmung. Da der Charakter eines Symbols darin besteht, viele Bedeutungen zu haben und allerhand Erwartungen zu wecken, spricht es Verstand und Gefühl gleichermaßen an. Seine charakteristische Bildhaftigkeit löst Empfindungen und Intuitionen aus, wenn sie sinnliche Formen annimmt.«[6]

Tiefenpsychologen sind gerade in unserer Kultur wieder sensibel für die unbewusste Komponente des Symbols. Einige von ihnen, insbesondere Carl Gustav Jung, haben dazu überraschende Ansichten entwickelt. Jung verstand seine Symboltheorie als Herzstück seiner Ansichten zur Funktionsweise der Psyche. Seine Meinung blieb übrigens nicht unumstritten, vor allem hinsichtlich der Genese der Symbole. Ich will seine Ansichten hier kurz zusammenfassen, weil ich sie für spannend und überzeugend halte. Jedoch möchte ich betonen, dass Jungs Meinung über Symbole nicht mit seinen Hypothesen zu Archetypen und kollektivem Unterbewusstsein steht und fällt. Anders ausgedrückt: Alles, was wir bisher zu Symbolen und Zeichen festgestellt haben, bleibt vollkommen unangetastet stehen, auch dann wenn sich diese Hypothesen als unbegründet erweisen sollten.

Die wichtigste Eigenschaft des Symbols liegt nach Jung in seiner kompensatorischen Wirkung. Unsere psychische Energie bewegt sich seiner Meinung nach immer zwischen den zwei Polen eines Spannungsfeldes. Die eine Disposition wird von der anderen Disposition beeinflusst, so wie ein Tiefdruckgebiet von einem Hochdruckgebiet angezogen wird und umgekehrt. So entstehen Bewegung, Entwicklung, Prozesse. Der Pol, der zurückgedrängt wurde, wird mit der Zeit einen Prozess in Gang setzen, um das verloren gegangene Gleichgewicht wieder herzustellen. Gelingt dies nicht freiwillig, wird es mit Gewalt erzwungen. So können zum Beispiel Erscheinungsformen einer Neurose entstehen, manchmal gekoppelt mit psychosomatischen Beschwerden.

Die Wirkung eines Symbols sorgt nach Jung im Bewusstsein für eine Art Kompensation im Hinblick auf die Triebe des Unterbewusstseins. Ein Symbol wird daher auch meist als Einbruch, Faszination, Schock, Verführung, Versuchung und so weiter erlebt. Auf einmal ist man ganz begeistert, es geht einem ein »Licht« auf. Eine neue Disposition entsteht, eine neues Gleichgewicht, obwohl es häufig im ersten Moment so aussieht, als ob jemand sein Gleichgewicht verliert und aus der Bahn geschlagen wird. Das Symbol an sich ist keine Kompensation, aber es leitet unsere Energien zu einer anderen Disposition. Es ist der dritte Faktor, der die Widersprüche auf einer höheren Ebene aufhebt. Dies ist äußerst idealiter formuliert. Ein Mensch kann schließlich nicht nur aus einem »gesunden« Gemütszustand, sondern auch aus einem »kranken« Gemütszustand heraus projizieren. In diesem Zusammenhang unterscheidet Jung drei Begriffe: Symbol, Komplex und Symptom. Im begrenzten Rahmen dieses Kapitels kann ich hierauf nicht weiter eingehen, so faszinierend und wichtig diese Materie in bestimmten Situationen auch ist.[7]

Jungs bekannteste Hypothese hinsichtlich der Symbolisierungsprozesse ist natürlich seine Annahme, dass es in der menschlichen Psyche Archetypen gibt. Jung meint, dass sich durch eine Millionen von Jahren dauernde Sedimentation schließlich »Ureindrücke« im menschlichen Erbgut gebildet haben, die daher auch vererbt werden können. Einem Symbol liegt seiner Meinung nach immer ein unbewusster archetypischer Prozess zu Grunde, den man als solchen konkret nicht nachweisen kann, der sich jedoch in concreto zeigt. Anders gesagt: Unsere Symbolisierungsprozesse werden unbewusst gesteuert. Bewusst erleben wir die Symbole jedoch meist als vollkommen willkürlich, also Code-frei. Viele Missverständnisse entstehen übrigens durch die populär(wissenschaftlich)e Darstellung dieser Idee. So behauptet Jung nirgendwo, dass die Symbole selber, erst recht nicht die Bilder, in unserem Unterbewusstsein gespeichert sind. »Es geht bei diesem Verständnis nicht um vererbte Vorstellungen, sondern um vererbte Abläufe, das heißt um einen vererbten Modus der psychischen Funktionen, also um ein angeborenes Verhalten, so wie Küken auf eine bestimmte Art aus dem Ei schlüpfen, Vögel ihre Nester bauen, eine bestimmte Wespensorte das bewegliche Glied einer Raupe mit seinem Stachel trifft und Aale den Weg zu den Bermudas finden; kurzum geht es um ein *pattern of behaviour*.«[8] Der Ausdruck »psychischer Instinkt« geht in diese Richtung.[9] Was für das Erbgut von Mensch und Tier auf physischem Gebiet gilt, gilt auch für die Psyche, nämlich dass Instinkte angelegt sind. Ein körperlicher Instinkt funktioniert nach zwei Hauptprinzipien: Ein Reiz von außen bringt innen einen Filtermechanismus in Gang. In der Folge lässt dieser Mechanismus, zum Beispiel der Sexualtrieb, nur noch bestimmte Schlüsselreize durch, während er anderen gegenüber blind ist. Ein instinktives Verhalten setzt ein, das erst in zweiter Instanz das Bewusstsein erreicht. Vergleichbares gilt nach Jung für den Archetypus. Barz schreibt: »Archetypen verursachen und organisieren also die allgemein menschlichen Symbolkombinationen und sind somit zugleich die Voraussetzung für den Bewusstseinsprozess des Einzelnen und der ganzen Menschheit. Denn das Unbewusste kann nur durch Symbolbildung, die sich in Projektionen ereignet, ins Bewusstsein gelangen. … Archetypen sind keine Bilder, sondern zeigen sich in Bildern.«[10]

Jung hat darauf hingewiesen, dass man all die Tausende von Bildern, die die Menschheit in den verschiedenen Kulturen entwickelt hat, erstaunlicherweise auf eine kleine Anzahl Ur-Bilder zurückführen kann. So gefährlich das auch ist, hat er doch nicht darauf verzichtet, ihnen einen Namen zu geben. Obwohl er uns beschwört, keine Vorstellungen mit diesen Benennungen zu verbinden, wird unsere Vorstellungskraft doch sofort durch sie aktiviert. Jung verwendet darum manchmal absichtlich abstrakte Bezeichnungen so wie Schatten, Anima, Animus und Selbst. An anderen Stellen wählt er wieder konkretere Namen so wie »der weise Vater«, »die große Mutter« und »das Kind«. Es ist natürlich nicht zu vermeiden, dass diese Bezeichnungen sofort kulturabhängig werden und sind.

Nehmen wir als Beispiel den Archetypus von »dem Weiblichen« oder »der Frau«. Dass es ein Cluster von Symbolen gibt, die sich auf diesen Archetypus zurückführen lassen, ist einleuchtend, die Frage ist jedoch, ob man dieses Cluster »das Weibliche« nennen muss. »Weiblichkeit« kann sich sehr konkret in einer Mutter, Frau, Freundin, einer Schauspielerin auf der Leinwand und so weiter zeigen. Aber »das Weibliche« kann sich auch noch auf viel abstraktere Weise zeigen, wobei wir uns dessen oft nicht bewusst sind. Allerlei mythische Bilder tauchen dann auf: »Drache«, »Schlange«, »Fee« und »Hexe«. Und schließlich kann das Weibliche uns als allgemein menschliche Eigenschaft begegnen, als der »andere Pol der Schöpfung«: das chaotische Element, sprudelnd, überfließend und schöpferisch. Zum Beispiel im Film kann diese besonders abstrakte Ebene wiederum sehr konkret als »Nacht«, »Meer«, »Wald« und »Quelle/Brunnen« zum Ausdruck kommen. Die amerikanische Wildnis in *Paris Texas* und der sumpfige Wald in »The Piano« haben beide unverkennbar »weibliche« Eigenschaften. So können auf den ersten Blick vollkommen verschiedene Bilder bei näherer Betrachtung zu einer archetypischen Strecke gehören, der »des Weiblichen«. Wie sehr wir nun auch betonen, dass diese Symbole des Weiblichen nicht mit der Frau-in-concreto übereinstimmen und dass auch Männer diese weibliche *anima* haben können bzw. unbewusst meist haben, wenn wir interpretieren sind diese Bereiche bewusst und unbewusst doch nicht klar voneinander zu trennen. Für eine Frau unserer Kultur ist es heutzutage befremdlich, wenn behauptet wird, dass das »Weibliche« identisch ist mit »Chaos« und »Passivität«! Und doch hat dies mehr damit zu tun, wie »Chaos« und »Passivität« in unserer patriarchalischen Kultur erlebt werden (nämlich als minderwertig gegenüber »Ordnung« und »Aktivität«) als mit einer vermeintlichen Unterlegenheit der Frauen gegenüber den Männern. Vielleicht lässt sich eine Frau in concreto auch manchmal von maskulinen Prinzipien leiten. Dasselbe gilt übrigens auch für Männer, die die »weibliche« Dimension dermaßen schätzen, das sie sie zu verkörpern scheinen. Im ersten Kapitel haben wir gesehen, wie bedeutungsvoll es ist, dass »der männliche Geist« über »dem weiblichen Wasser« schwebt. Beide sind gleichwertig und unverzichtbar für das Entstehen der »heiligen Hochzeit«. Unabhängig davon ist es in unserer patriarchalischen Kultur jedoch fast unmöglich diese Fragen zu »klären«.[11]

Archetypen sind ein Teil des kollektiven Unterbewusstseins der gesamten Menschheit. Man wird damit geboren. Nach Freud existiert auch »archetypisches« Material, dieses entsteht seiner Meinung nach jedoch erst nach der Geburt und nur im Individuum selber. Nach Jung sind in der Psyche selbst bereits von Anfang an Triebe angelegt. Beide gehen jedoch davon aus, dass das »Symbolisieren« aus einem »Getriebensein« heraus geschieht. Diese Getriebenheit lässt Bilder entstehen, die wiederum unser Verhalten beeinflussen.

Wie schon gesagt ist Jungs Ansicht zur Entstehung der Symbole nur eine von vielen. Andere Autoren, die dem Symbol dieselben Eigenschaften zuschreiben, entwickeln wieder andere genetische Theorien. In diesem Abschnitt ging es mir hauptsächlich um die allgemeinen Charakteristika, so wie die Unterscheidung von Symbol und Zeichen. Der folgende Abschnitt baut darauf auf.

Es gibt nicht nur zwei Wirklichkeiten, sondern drei

Ich bin nun beim wichtigsten Abschnitt dieses Buches angekommen, der zugleich auch der schwierigste ist. Der wichtigste deshalb, weil ich nun die Art des Bewusstseins beschreiben will, die wir symbolisches Bewusstsein genannt haben. Der schwierigste, weil meine Worte deutlich machen müssen, dass es sich nicht um die Art Bewusstsein handelt, die wir »Alltagsbewusstsein« nennen und als logisch und auf Fakten beruhend erfahren. An dieser Stelle möchte ich noch einmal den Religionspsychologen William James wie im *Vorwort* zitieren. Er weiß, dass man dieses Nicht-Alltagsbewusstsein nicht einordnen kann, ist sich seiner Existenz jedoch deutlich bewusst.

> »Unser normales Tagesbewusstsein, wir nennen es rationales Bewusstsein, ist nur eine Sorte Bewusstsein, während überall herum, nur durch hauchdünne Membranen voneinander getrennt, noch ganz andere potenzielle Bewusstseinsformen liegen. Wir können durch das Leben gehen ohne von ihrer Existenz zu ahnen. Fügt man jedoch den erforderlichen Reiz hinzu, sind sie sofort vollständig präsent, deutliche mentale Typen, die wahrscheinlich irgendwo das ihnen zugehörige und gemäße Anwendungsgebiet haben. Keine Darstellung des Weltalls in seiner Totalität ist vollständig, wenn diese anderen Bewusstseinsformen völlig vernachlässigt werden. Dabei bleibt die Frage, wie man sie betrachten soll – denn sie stehen in keinem Zusammenhang mit dem normalen Bewusstein. Doch können sie Haltungen beeinflussen ohne vorgegebene Muster zu liefern, und ein Gebiet erschließen ohne eine Landkarte zu verschaffen. In jedem Fall hindern sie uns daran, unsere Rechnung mit der Wirklichkeit voreilig abzuschließen.«[12]

Immer wieder hat man versucht, diese »andere«, paradoxe Bewusstseinsform in Worte zu fassen. Dabei verwendete man Kategorien, die uns einschärfen, dass es hierbei um Dinge geht, die sich *zwischen* Himmel und Erde befinden. Der große Religionswissenschaftler Henri Corbin verwendet den Begriff »Vorstellung«, »imaginatio«. Er spricht von der »mundus imaginalis«.

Bereits seit Jahrhunderten beschreiten die westliche Philosophie und Theologie seiner Meinung nach denselben Weg wie die positiven Wissenschaften, die nur zwei Erkenntnisquellen anerkennen: Die Wahrnehmung der Sinnesorgane, die – wie es heißt – empirische Fakten liefert, sowie das konzeptuelle Wissen, mit der die Empirie nach feststehenden logischen Gesetzen erforscht wird. Natürlich existieren Nuancen innerhalb dieser Zweiteilung. Jedoch, so behauptet er, gibt es zwischen den Sinneswahrnehmungen und den intellektuellen Kategorien eine Leerstelle. Das, was dort seinen Platz hätte, die *Vorstellungskraft* wohlgemerkt, wurde den Dichtern überlassen. Dass diese Imagination ein ihr eigenes Wissen und Erkenntnisse schafft, das heißt uns ein Gebiet der Wirklichkeit erschließt, das ohne sie verschlossenes und verbotenes Gebiet wäre, das konnten eine rationale Philosophie und Theologie sich nicht vorstellen. Sie waren schließlich davon überzeugt, dass »sich etwas vorstellen« eigentlich heißt »sich-etwas-einbilden« , und zwar etwas Irreales, Mythisches, Fiktives. So werden wir jedoch nie mit der authentischen übersinnlichen Wirklichkeit in Kontakt kommen, die weder empirisch noch rational ist, aber sehr wohl existiert.[13]

Dem britischen Psychoanalytiker Winnicott (1896-1971) ist als praktizierender Kinderarzt besonders deutlich geworden, dass jedes Menschenkind von Natur aus mit seiner Vorstellungskraft die »Leerstelle« auffüllt, von der Corbin spricht. Der Mensch selbst schafft die dritte Wirklichkeit. Es ist nur so schade, dass wir diese Fähigkeit verkümmern lassen, wenn wir älter werden.[14] Er beschreibt dieses dritte Bewusstsein als eine Wirklichkeit von Illusionen. Damit verwendete er bewusst einen Begriff, von dem er wusste, das er Widerstand hervorrufen würde. Immerhin hatte sein großer Lehrmeister Freud, dessen Werk im Zeichen der Demaskierung von »Illusionen« stand (Illusionen waren für Freud eine Beleidigung des menschlichen Intellekts und standen im Widerspruch zur Realität), versucht das Phänomen Religion als größte Illusion der Menschheit zu demaskieren. Gerade in diesem Punkt hat Winnicott seinen großen Guru kritisiert und »Illusion« neu, nun jedoch positiv definiert. Illusionen können seiner Meinung nach auch ein Zeichen für geistige Gesundheit sein.

Bei der Beobachtung des Verhaltens von Kindern machte er eine merkwürdige Entdeckung. Ihm fiel auf, dass viele Kleinkinder in einem bestimmten Alter eine Welt kreieren, die einerseits von ihrer eigenen Außen- und Innenwelt abweicht, andererseits jedoch auch mit dieser zusammenhängt. Seiner Meinung nach geht es dabei um eine »Übergangsatmosphäre«, »a transitional sphere«, in der sie dann auch besondere »Übergangsobjekte« verwenden, »transitional objects«. Sie erschaffen eine dritte, eine Übergangswirklichkeit. Sie können eine Zeit lang stark an dem einen oder anderen Gegenstand hängen, zum Beispiel an einem Tuch. Sie drücken es dicht an sich, wenn sie sich bedroht fühlen, sie schütten ihm ihr Herz aus und so weiter. Das Tuch wird so zu einem rituellen Gegenstand. Eltern wissen meist sehr gut, dass es sich hier nicht einfach um ein »schmutziges Tuch« handelt. Aus ihrer eigenen Tradition heraus bieten die Eltern andere Übergangsobjekte der gleichen Sphäre an, so wie Märchen, Weihnachtsbäume, Spiele und so weiter. Winnicott glaubt, dass in dieser vom Menschen selbst geschaffenen Übergangssphäre unter anderem die Wurzeln von Kunst und Religion liegen. Normalerweise unterscheiden wir zwei Arten von Wirklichkeit, schreibt er, eine objektive äußere und eine subjektive innere Wirklichkeit. Wenn ein Mensch versucht, beide Welten in Einklang zu bringen, erschafft er nach Winnicott einen dritten Typus Wirklichkeit, der wesentlich anders ist als die rein subjektive oder objektive Welt. Diese dritte Wirklichkeit ist nicht deckungsgleich mit den zwei anderen. Das Tuch des Kleinkindes ist sicherlich ein Tuch, jedoch kein Tuch wie die anderen Tücher, und man kann es auch nicht auf einen rein subjektiven, rationalen Gedankengang reduzieren, so sehr das Tuch auch psychisch aufgeladen ist. Verglichen mit dem, was sich in den Wirklichkeiten der Objekte und Subjekte ereignet, müssen wir nach Winnicott hier von »Illusionen« sprechen. Im folgenden Zitat fasst Winnicott seine Grundidee zusammen.

> »Wir können nicht bestreiten, dass es im Leben eines Menschen … ein Gebiet von Erfahrungen gibt, dass zwischen unserer inneren und äußeren Wirklichkeit liegt. … Es ist ein Ort, an dem das Individuum zur Ruhe kommt, das ansonsten in ein ständiges Bemühen verstrickt ist, die innere und äußere Wirklichkeit auseinander zu halten und doch miteinander in Einklang zu bringen. Normaler Weise nennen wir etwas dann wirklich, wenn es nachprüfbar bewiesen ist und unterscheiden deutlich zwischen einer [subjektiven] Empfindung und einer [objektiven] Wahrnehmung. Ich optiere hier kategorisch für das Vorhandensein eines vermittelnden Stadiums … um die Wirklichkeit zu erkennen und zu akzeptieren. Darum untersuche ich die wesentlichen Eigenschaften der Illusion, die man Kindern zugesteht und die sich im Leben der Erwachsenen in Kunst und Religion zeigt. Sie ist ebenso kennzeichnend für Wahnvorstellungen, wenn ein Erwachsener die Leichtgläubigkeit anderer ausnutzt, indem er sie zwingt, eine Illusion zu teilen, die nicht die ihre ist. Wir können jedoch auch respektvoll mit der illusionären Erfahrung umgehen. Und wir können eine Gruppe von Menschen mit gleichartigen illusionären Erfahrungen zusammenstellen.«[15]

Für Winnicott ist die Projektion einer illusionären, transitionalen Wirklichkeit also nicht der Kindheit vorbehalten. Er macht deutlich, dass für den Erwachsenen die Welten von Kunst und Religion in dieser Hinsicht vergleichbar sind. Die Welt der Kunst (Klänge, Farben, Drama) ist zu konkret, um rein subjektiv zu sein, jedoch zu abstrakt, um zur Welt der Dinge gerechnet werden zu können. Kunst kann als eine Aneinanderreihung von Fundstücken zur Schaffung von Illusionen verstanden werden. »Illusion« bedeutet hier also nicht »Irrtum« oder »Verirrung«, sondern dass einem Stück Wirklichkeit ein symbolischer Wert zugeschrieben wird. Sie steht für das, was wir unmöglich »objektiv« oder »subjektiv« mit Worten ausdrücken können, für das, was ein Kind erlebt, das mit einer Puppe spielt oder ein Erwachsener, der im Spiel einer Sonate von Mozart aufgeht. Beide befinden sich in einer »transitional sphere«.

Für die Welt der Religion gilt streng genommen dasselbe.[16] Auch die religiösen Symbole, Handlungen und Aussagen stehen deutlich auf der Seite der rein subjektiven Meinungen, sind jedoch gleichzeitig so abstrakt, dass sie absolut nicht mit den alltäglichen Dingen zu vergleichen sind. Wenn man die Welt von einer religiösen auf eine empirische, objektive Angelegenheit gemäß rationaler Sichtweise reduziert, verschwindet ipso facto das Mysterium, das Ekstatische, kurzum die Illusion. So wie es sich bei einem Kunstwerk um eine von Menschen geschaffene Illusion handelt (»Ceci n'est pas une pipe«, Margritte), so ist gilt das auch für jede religiöse Aussage (»Niemand hat Gott je gesehen«, Johannes).

Die Symbole, die uns voranbringen, sind immer Illusionen. Sie gehören zu der Welt des Scheins, was nicht bedeutet, dass sie abgehoben von unseren alltäglichen Erfahrungen sind, sondern sie ermöglichen uns im Gegenteil einen Zugang zu diesen Erfahrungen. Alle Beispiele in diesem Kapitel zeigen das. Es geht nicht darum, »the real and the wishful« ständig auseinander zu halten, sondern beide kontinuierlich aufeinander zu beziehen. Freud wollte, dass der Mensch dem Realitätsprinzip Vorrang gibt und sich dabei von seinem Verstand leiten lässt. Der Verstand ist bei Winnicott sicherlich auch sehr wichtig, von existenzieller Bedeutung für die seelische Gesundheit ist bei ihm jedoch gerade die Vorstellungskraft. Ohne diese ist man zu einem Leben in der sterilen Welt der Tatsachen verurteilt. Nach Freud muss man die Illusionen überwinden, nach Winnicott sind Illusionen gerade die kreativen Impulse unserer Kindheit und die Pegel unseres Innenlebens als Erwachsene.[17]

Neben »Welt der Vorstellungskraft« und »Welt der Illusionen« gibt es noch eine dritte, häufig verwendete Charakteristik der symbolischen Wirklichkeit in der Literatur, nämlich die der Spielerfahrung. Nicht umsonst gab Winnicott seinem jüngsten Werk den Titel *Playing and Reality*. Der Religionspsychologe Pruyser, der sich stark von Winnicott beeinflusst weiß, beschreibt die »transitionelle Sphäre« wie folgt: »Illusionäre Objekte und Gedanken sind sui generis, sie können nicht auf einen streng persönlichen, unaussprechlichen, autistischen und im Wesen solipsistischen Geist reduziert werden und ebenso wenig auf öffentliche, nachweisliche, physisch vorzeigbare Entitäten der realen Welt, mit denen die Sinne bombardiert werden. Zwischen autistischem Traum und realistischer Arbeit liegt die Chance zu spielen und symbolische Transaktionen auszuführen, die von anderen zivilisierten Menschen geteilt und unterstützt werden.«[18]

Die transitionelle Wirklichkeit kann man auch als die Wirklichkeit beschreiben, in der der Mensch spielt. Huizinga hat in seinem Meisterwerk Homo ludens besonders deutlich gezeigt, dass man in der Welt des illusionären Spiels die Wirklichkeit der Erde hinter sich lässt und einen Raum betritt, in dem sich das Unvorstellbare und Unglaubliche ereignen kann. Zuerst handelt es sich um ein Spiel, erst später wird aus dem Spiel eine Vorstellung und aus dieser Vorstellung Liturgie.

> »Die archaische Gemeinschaft spielt, so wie ein Kind spielt und so wie Tiere spielen. Das Spiel ist von Anfang an voller Elemente, die typisch für ein Spiel sind: Regeln, Spannung, Bewegung, Feierlichkeit, Ekstase. Erst in späteren Gesellschaftsformen verbindet man mit dem Spiel die Vorstellung, dass darin etwas zum Ausdruck kommt: eine Vorstellung vom Leben. Was einst wortloses Spiel war, nimmt eine poetische Gestalt an. In dieser Gestalt und in der Funktion des Spiels, das eigenständige Qualität hat, findet die Erkenntnis der Menschen, ein Teil des Kosmos zu sein, seinen ersten, höchsten und heiligsten Ausdruck. Im Spiel bildet sich allmählich die Bedeutung eines heiligen Aktes heraus. Der Kultus verbindet sich mit dem Spiel. Primär war jedoch das Spielen an sich.«[19]

Friedrich Schiller (1759-1805) hat in seinen Briefen zur ästhetischen Erziehung des Menschen meisterhaft ausgeführt, dass nur der spielende Mensch sich selbst im Tiefsten als Mensch erlebt.[20] Berühmt ist seine Aussage im fünfzehnten Brief: »Denn, um es endlich auf einmal herauszusagen, der Mensch spielt nur, wo er in voller Bedeutung des Worts Mensch ist, und er ist nur da ganz Mensch, wo er spielt.«[21] Auch bei ihm ist die Rede von drei Wirklichkeiten. Zunächst einmal lebt der Mensch in zwei Welten, von Schiller Welt der Vernunft und Welt der Natur genannt. Zwei Triebfedern bestimmen den Menschen, seine natürlichen Neigungen, die er »Stofftrieb« nennt, und das Abstraktionsvermögen seines Verstandes, von Schiller »Formtrieb« genannt. Diese Triebe schließen einander jedoch von Natur aus aus. Solange der Mensch seinen natürlichen Neigungen passiv ihren Lauf lässt und in ihnen aufgeht, existiert für ihn noch keine Welt. Diese existiert erst dann, wenn er die Welt aus der Distanz betrachtet, über sie reflektiert. Durch die Reflektion befreit sich der Mensch von der Natur. »Während die [natürliche] Begierde ihr Objekt unmittelbar ergreift, rückt die Reflektion das ihre in einen Abstand und macht es, gerade indem sie es der Leidenschaft entzieht, zu ihrem wahren Eigentum, das nicht entfremdet werden kann. ... Solange der Mensch die Natur nur empfindet, ist er ihr Sklave; sobald er die Natur denkt, wird er ihr Gesetzgeber.«[22] Aber auf diese Weise befindet sich der Mensch in einem beinahe unlösbaren Dilemma. Folgt er der Vernunft, distanziert er sich von der Natur, folgt er der Natur, entfernt er sich vom Licht des Bewusstsein.

Schiller macht seine Mitmenschen nun darauf aufmerksam, dass es im Menschen noch einen dritten Trieb gibt: Den »Spieltrieb«. In der Erfahrung des Spiels wird der sinnliche Mensch vernünftig und der vernünftige Mensch sinnlich.

Der Homo ludens bewegt sich in einer Sphäre, die die Alchemisten der Antike mit der Sphäre während der Entdeckung eines »viereckigen Kreises« verglichen. Die Zeit hebt sich in dieser Zeit auf. Aus Erfahrung wissen wir, dass dies in der Tat der Fall ist. Jemand, der um 8 Uhr mit einer Partie Schach beginnt, befindet sich nicht mehr innerhalb der Zeit der Uhren und kann doch im Nachhinein auf die Minute genau feststellen, wie lange er laut Uhr gespielt hat. Während des Spiels befand er sich jedoch außerhalb der »Uhrzeit«, er war in »illo tempo«, das Schachspiel fand in einem transitionellen Raum und einer transitionellen Zeit statt.

Der Philosoph Gadamer meint, dass man im Spiel merkt, dass das Leben noch mehr zu bieten hat. Im Spiel wird der Verstand zwar mit einbezogen, jedoch gleichzeitig auch übergangen. Es gibt kein Phänomen, dass so sehr von sorgfältigen Regeln geprägt ist, wie das Spiel, doch handelt es sich um eine »ziellose Vernünftigkeit«.[23] Das Spiel ist in sich selbst eine Bewegung, die zwar bestimmten Absichten und Zielen folgt, die jedoch alles andere als objektiv sind. Ein objektiver Außenstehender kann dann auch nur seinen Kopf darüber schütteln, wenn wir uns so darüber ärgern, dass die eine Mannschaft ein Tor mehr als die andere schießt oder dass uns der Zug eines Bauern in äußerste Verwirrung stürzen kann. Und ein Kind kann sehr traurig sein, wenn der Ball nur neunundzwanzig statt dreißig Mal trifft!

Schiller forderte seine Zeitgenossen dazu auf, die Welt des Scheins zu betreten. Er war ein Mystagoge mit Leib und Seele. »Umgib deine Zeitgenossen, wo du ihnen auch begegnest, mit edlen, großen, spirituellen Formen, umgib sie mit vortrefflichen Symbolen, bis der Schein die Wirklichkeit überwindet.«[24] »Bis der Schein die Wirklichkeit ... überwindet.« Dieser Satz trifft meiner Meinung nach den Kern unseres Themas. Die Wirklichkeit der Symbole ist eine Schein-Wirklichkeit, eine illusionäre Wirklichkeit, sagt Winnicott. »Schein« ist somit vollkommen positiv besetzt. Die Welt, in der man spielt, ist eine Welt aus Schein! Die Welt der Träume und Mythen, die Welt der Kunst, die Welt des Religiösen sind Welten des schönen Scheins. Aber gerade diese Welt bildet das Medium, den Übergang zwischen Immanenz und Transzendenz. Die Welt der Kunst und des Ritus sind in diesem Sinne im Grunde nichts anderes als ein »heiliges Spiel«.

An dieser Stelle erinnere ich mich an die Grübeleien Zeitbloms, einer der Hauptpersonen in Thomas Manns Roman Doktor Faustus, diesem wunderlichem Werk über Musik und Theologie. Zeitblom denkt darüber nach, welchen Ort die Theologie in der modernen Zeit hat. Laut Zeitblom, dessen Schillersches Sinnieren ich hier zusammenfasse, war die Theologie in den letzten zwei Jahrhunderten mal im Tempel der Irrationalität und dann wieder in dem der Rationalität zu Hause. Unser Sinn und Geschmack für das Unendliche und Heilige sind seiner Meinung nach jedoch weder von einer irrationalen Erfahrung noch von einer rationalen Position abzuleiten. Der pietistisch orientierte Gläubige wollte eine strikte Trennung zwischen kanonisierten religiösen Erfahrungen und wissenschaftlichen Befunden und zog sich daher in die Irrationalität zurück. Die liberale Orthodoxie beging dagegen den Fehler, die Domäne des Religiösen für den Verstand zu öffnen. Durch diese Anpassung an die rationale wissenschaftliche Kritik entstand eine Vermengung von Wissenschaft und Offenbarungsglauben. Die Generation Theologen, die das Glaubensgut mit dem Verstand prüfen wollte, löste eine Bewegung aus, die mit den Worten »Rettung« oder »Preisgabe« charakterisiert werden kann. Auf der einen Seite gibt sie zugunsten historisch-kritischer Argumente eine Menge preis, auf der anderen Seite versucht sie noch zu retten, was zu retten ist. Der Kern des Religiösen hat jedoch wenig mit unseren natürlichen, humanen, vernünftigen und bürgerlichen Neigungen zu tun. In diesem Kern geht es um den ekstatischen und paradoxen Charakter unseres Lebens. Genau betrachtet, meint Zeitblom, haben die konservativen Gläubigen mehr Gefühl für die Tragik des Menschenlebens als die liberalen Theologen. Mit ihrer alten, konservativen Glaubenshaltung standen unsere Vorfahren häufig noch in direktem Kontakt mit der mythischen Grundstruktur von Religion. Dass es sich dabei um Überzeugungen handelte, die rational betrachtet »absurd« waren, war für sie offensichtlich nicht so wichtig wie die Berührung mit dem »mysterium fascinosum et tremendum«. Und Zeitblom seufzt: »Wäre es nicht besser gewesen, ›die Tatsache‹ des menschlichen Sinns für das Unendliche dem frommen Gefühl, den schönen Künsten, der freien Kontemplation zu überlassen, ja sogar der exakten Forschung, die als Kosmologie, Astronomie und theoretische Physik diesem Sinn mit unbedingter religiöser Hingabe an das Mysterium der Schöpfung dienen kann – statt diese ›Tatsache‹ als Geisteswissenschaft zu isolieren und daraus ein Gebräu von Dogmen zu entwickeln, sodass die Bekennenden mit einem Hilfsverb als Einsatz einen blutigen Kampf gegeneinander führen?«[25] Gibt Thomas Mann uns hier nicht zu denken? Immer wieder hat man betont, dass etwas entweder ist oder nicht ist (das berüchtigte Hilfsverb!), während sich die religiösen Inhalte in einem anderen System bewegen, nicht dem des Seins, sondern dem des Scheins! Immer wieder sind Theologen versucht, sich in die Tempel der Natur oder der Vernunft zurückzuziehen, wirklichkeitsnah oder vernünftig sein zu wollen. Schiller schreibt: »Die größte Dummheit und der größte Verstand sind gewissermaßen miteinander verwandt, und zwar in der Weise, dass beide nur das Wirkliche suchen und für den puren Schein völlig unempfänglich sind.«[26] In diesem Zusammenhang kann man also auch drei Typen von Menschen unterscheiden. Der dumme Mensch geht in der Wirklichkeit unter, der vernünftige Mensch reduziert die Wirklichkeit auf eine Vorstellung und der symbolisierende/spielende Mensch macht die Erfahrung des »schönen Scheins«! Auf diese Dreiteilung will ich in einem letzten Abschnitt noch ausführlicher eingehen und sie auf die Religion zuspitzen.

Drei Arten, mit Symbolen umzugehen

Es gibt drei Möglichkeiten, wie der Mensch auf die Feststellung reagieren kann, dass die religiöse Wirklichkeit als illusionäre Scheinwirklichkeit beschrieben werden muss.

Es gibt Menschen, die nicht zwischen der symbolischen Wirklichkeit und der empirischen Alltagswirklichkeit differenzieren können. Die beiden Wirklichkeiten sind für sie deckungsgleich, da sie Symbole »buchstäblich« und »konkret« auffassen. Sie halten sie für Vorstellungen, die sich auf etwas Empirisches beziehen. Hier handelt es sich um ein »naturalistisches« Symbolverständnis.

Während der Kindheit ist es die natürlichste Sache von der Welt, dass man noch nicht in der Lage ist, die symbolische und die alltägliche Wirklichkeit voneinander zu unterscheiden. In den genannten Beispielen von der Puppe, dem Märchen und dem Tuch waren die Grenzen zwischen Bild und Wirklichkeit noch sehr fließend. Ein Kind ist noch nicht in der

Lage, seine Projektionen sozusagen wieder ins Bewusstsein zurückzunehmen. Es erlebt die inneren symbolischen Bilder als externe Tatsachen. Diese verfließenden Grenzen zeigen sich wahrscheinlich auch in der Sichtweise des Animismus, bei Patienten, die unter Halluzinationen und Wahnvorstellungen leiden und bei abergläubischen, magischen Praktiken aller Art. Dieselbe trügerische Sichtweise treffen wir jedoch auch bei religiösen, gläubigen Menschen an, die ihre symbolischen Bilder als konkrete Tatsachen auffassen und ihre eigenen illusionären Überzeugungen als universale, absolute und objektive Wahrheiten missverstehen.[27] Innerhalb der Religion können somit die heftigsten Diskussionen geführt werden, ob Marias Jungfräulichkeit »wirklich« biologisch zu verstehen ist oder ob Jesus »echt« auf dem Wasser gegangen ist, »wirklich« in der Eucharistie gegenwärtig ist, »wirklich« von den Toten auferstanden ist, ob Gott »wirklich« existiert und so weiter. Nun denn, Gott existiert nicht so wie Subjekte oder Objekte existieren. Vom Standpunkt einer objektiven Betrachtung der Wirklichkeit aus ist er nur eine Illusion, ein Schein, ein Traum! Gerade weil es hier um Illusionen geht, bleibt das Fenster zur Ewigkeit offen. Für viele ist es äußerst schwierig, die Erwähnung des Wortes »Traum« positiv zu bewerten. An dieser Stelle erinnere ich wieder an Drewermanns wichtigen Gedankengang: »Nicht die Predigt ist der eigentliche Ort für das Religiöse, sondern das Erleben wortloser Bilder in den tiefen Schichten der menschlichen Psyche, im Traum, bildet den Ausgangspunkt für die Einsicht in religiöse Überlieferung.«[28]

Zweitens kann der Mensch auf Symbole reagieren, indem er sie als Zeichen versteht, so wie ich sie im zweiten Abschnitt beschrieben habe. Jung hat in allen Tonarten beschrieben, dass er diese zweite Wahrnehmungsweise weitaus schlimmer findet als die erste. Der »schlicht« Gläubige ist immerhin noch mit den ewigen Archetypen verbunden, behauptet er, und findet so Erquickung für seine Seele. Der Rationalist dagegen hat sich von seinen tiefsten geistigen Quellen entfremdet. Er gibt vor zu wissen, was »hinter« dem Symbol steckt und dekodiert es. Er erkennt zwar, dass das Symbol etwas bedeutet, reduziert diese Bedeutung jedoch auf bestimmte kulturelle und historische Annahmen, auf etwas Objektives oder Subjektives. Er ent-mythologisiert, wie es so schön heißt! Und das Symbol ist verschwunden, das Spiel ist aus. Für diese Menschen sind Symbole nicht mehr als evidente Ausdrucksformen der Unwissenheit oder des Aberglaubens. Symbolisieren wird so zu einem prä-logischen mythischen Vorgang, den wir als moderne, »aufgeklärte« Menschen eigentlich hinter uns lassen sollten.

Mit der ersten Wahrnehmungsweise versucht man die bewusste, äußere Wirklichkeit zu manipulieren, mit der zweiten die unbewusste, innere Wirklichkeit. »In beiden Fällen wird der Wahrheitsgehalt des Symbols von jemandem beurteilt, der dem Symbol distanziert gegenübersteht und darum weiß, was objektiv richtig und falsch ist.«[29]

Zu empfehlen ist die dritte Haltung, wenn der Mensch sich darüber im Klaren ist, dass sein Alltagsbewusstsein sich von seinem unbewussten, archetypischen Inneren unterscheidet. Er funktioniert auch unabhängig von diesem unbewussten Vorstellungsvermögen, fühlt sich jedoch stark mit diesem verbunden und steht mit den aus dieser unbewussten Quelle aufsteigenden Symbolen in einem ständigen Dialog. Ein solcher Mensch weiß, dass er hieraus seine psychische Energie schöpft. Nach Jung geht es gerade darum, sich die symbolischen Prozesse bewusst zu machen. Die Dynamik eines Symbols kann sich erst dann voll entfalten, wenn es nicht allein erlebt, sondern auch bewusst verstanden wird. Wenn man sein Alltagsbewusstsein mit den unbewussten Trieben gleichsetzt (die erste Haltung), besteht die Gefahr, dass die instinktiven Triebe jemanden mitreißen, was grausame Kriege und Inquisition hervorrufen kann. Die Stärke des symbolischen Bildes liegt ja gerade darin, dass es sich von der unbewussten psychischen Energie loskoppelt und diese auf faszinierende Weise ins »Bild« bringt, warnend, heilend, kompensierend und so weiter! Die Fähigkeit zu symbolisieren bedeutet die animalische Energie zu humanisieren, zu spiritualisieren und das macht den Menschen erst zum Menschen. In so einem Moment erlebt er seine Wirklichkeit als transzendental. Jung nennt diese Wirklichkeit »die Wirklichkeit der Seele«.

Zum Schluss sei mir noch eine vielleicht nicht ganz unwichtige Bemerkung gestattet. Wenn ich in diesem Kapitel und eigentlich im ganzen Buch betont habe, dass die religiöse Wirklichkeit eine »Wirklichkeit der Seele« (psychê) ist, will ich damit nicht sagen, dass die Wirklichkeit und erst recht die transzendente Wirklichkeit mit unserer Psyche identisch sind. Für den Menschen ist alles psychisch, doch das Psychische ist nicht alles. Jemand wie Jung hat das immer wieder betont. Die Psyche an sich hat bereits einen transzendenten Charakter, was jedoch und erst recht nicht ausschließt, dass die Psyche eine Wirklichkeit sui generis ist. Jung formuliert es so: »Die Seele ist ein autonomer Faktor, und religiöse Aussagen sind Bekenntnisse der Seele, die in letzter Instanz auf unbewussten und somit transzendentalen Prozessen beruhen.... Schließlich kann man sich Gott als ewig strömendes, lebendiges Wirken, dass sich in unendlich vielfältigen Erscheinungsformen zeigt, vorstellen. Ebenso gut kann man ihn sich jedoch als ewiges bewegungsloses, unveränderliches Sein vorstellen. Unser Verstand weiß nur eines sicher, nämlich dass er mit Bildern arbeitet, Vorstellungen, die von der menschlichen Phantasie und den Einflüssen von Raum und Zeit abhängen und die sich daher im Laufe ihrer mehrere tausend Jahre alten Geschichte vielfach verändert haben. Zweifellos liegt diesen Bildern ein Bewusstsein für Transzendenz zugrunde, das dafür sorgt, dass die religiösen Aussagen nicht völlig grenzenlos und chaotisch variieren. Ganz im Gegenteil zeigen diese Bilder, dass sie sich auf eine bestimmte Anzahl Prinzipien beziehungsweise Archetypen stützen. Diese sind an sich nicht zu erkennen und zu begreifen, so wie die Psyche selbst oder die Materie. Man kann nur Modelle von ihnen entwerfen, von denen wir wissen, dass sie unzureichend sind; wofür religiöse Aussagen auch immer wieder die Bestätigung liefern.«[30]

Nachdem wir in diesem Kapitel nun einen Eindruck vom transitionellen Raum, in dem der Mensch symbolisiert, bekommen haben, will ich in den letzten beiden Kapiteln ausdrücklich auf die besondere Begleitung eingehen, die eine Initiation in diesen Raum hinein erfordert. Über diese Agogik wurde in den vergangenen Kapiteln natürlich bereits viel geschrieben, doch ihr Herzstück, die sokratische Mäeutik, haben wir dabei nur vorübergehend gestreift. Des Weiteren möchte ich an einem Beispiel konkret illustrieren, wie Mystagogie wirksam werden kann.

8. »Kannst du mir sagen, Sokrates, ist die Tugend lehrbar?«

»Er war und blieb Wehmutter; nicht weil er »das Positive nicht hatte«, sondern weil er einsah, daß jenes Verhältnis das höchste ist, das ein Mensch gegen den anderen einnehmen kann. Und darin behält er ja in alle Ewigkeit recht.«
Kierkegaard

Sokrates, der große Lebensmeister, steht in diesem Kapitel im Mittelpunkt. Das »Leben lernen« bedeutet schwanger damit zu gehen, Geburtswehen bekommen und bei sich selbst geboren werden lassen, von denjenigen unterstützt, die in der »Hebammenkunst« bewandert sind. Alle Lehrer, die in diesem Buch behandelt werden – von Augustinus bis Rahner, von Platon bis Jung –, wurden von diesem Rhapsoden inspiriert.

Einleitung

Die letzten beiden Kapitel stehen besonders im Zeichen der Agogik des Symbolisierens. Auf welche Art begleitet man einen Menschen in die dritte Wirklichkeit? Wie spornt man ihn an, den Übergangsraum zu betreten? In diesem Kapitel geht es um den Grundcharakter der Agogik, sie ist wie eine Hebammenkunst; im Folgenden konkretisiere ich diesen Ansatz im Hinblick auf ein bestimmtes Phänomen, den Spielfilm.

Wir sind in den vorhergegangenen Kapiteln Sokrates und seiner Hebammenkunst bereits begegnet. Karl Rahner benutzt Sokrates« Mäeutik, um zu verdeutlichen, was er unter Mystagogie versteht, der pädagogische Kern der Arkandisziplin gründet sich auf sein Modell, die Analyse des Höhlengleichnisses des Platon ist ohne einen sokratischen Blick auf die Lehre undenkbar, und die Art, in der Augustinus in *De Magistro* mit seinem Sohn ein Gespräch führt, ist nicht nur hinsichtlich der Form ein sokratischer Dialog, das Gespräch hat auch einen ausgesprochen sokratischen Hintergrund. Wenn Augustinus sagt: »Über die Dinge in ihrer Gesamtheit aber, die wir verstehen sollen, befragen wir nicht eine von außen her zu uns dringende, sondern die von innen her unsern Geist regierende Wahrheit, und Worte können uns höchstens zu dieser Befragung anleiten« (*De Magistro* II,38), dann hätte Sokrates diesen Gedanken ganz und gar unterschrieben. Augustinus ist hier insgesamt nicht originell, was er auch wusste. In diesem Kapitel möchte ich das berühmte Lernmodell ausführlich erörtern.

»Ist die Tugend lehrbar?« Etwa 400 Jahre vor Christus wurde Sokrates diese Frage gestellt. Die Antwort, die er gab, beschäftigt uns noch immer. »Wenn ich Algebra zu unterrichten habe«, sagt Martin Buber, »kann ich darauf rechnen, dass es mir gelingen wird, meinen Schülern eine Kenntnis davon zu verschaffen, was Gleichungen zweiten Grades mit zwei Unbekannten sind; auch der die langsamste Fassungsgabe hat, wird sie so gut verstehen, daß er nachts, wenn er nicht schlafen kann, sich damit unterhalten wird, Gleichungen aufzulösen, und auch der das trägste Gedächtnis hat, wird noch im hohen Alter nicht vergessen, wie man mit x und y spielen kann. Wenn es mir dagegen um Charaktererziehung zu tun ist, wird alles problematisch. Ich versuche es, meinen Schülern zu erklären, daß Neid schändlich ist, und schon spüre ich den heimlichen Widerstand derer, die weniger besitzen als ihre Kameraden; ich versuche zu erklären, daß es unanständig ist, den Schwächeren zu schlagen und schon sehe ich ein unterdrücktes Lächeln in den Mundwinkeln der Stärkeren; ich versuche zu erklären, daß Lüge das Leben zerstört, und etwas Furchtbares geschieht: der schlimmste Gewohnheitslügner in meiner Klasse schreibt einen glänzenden Aufsatz über die zerstörende Macht der Lüge. Ich habe den fatalen Fehler begangen, Ethos zu *unterrichten*, und was ich sagte, wird als gangbare Kenntnismünze aufgenommen, nichts davon verwandelt sich in Substanz, die den Charakter aufbaut. ... Auch diejenigen, denen die Frage um Gut und Böse ernstlich zu schaffen macht, empören sich – gerade weil sie immer wieder erfahren, wie schwer es ist, den Weg zu finden –, dagegen, daß man ihnen als etwas längst Feststehendes diktiert, was gut und was böse ist.«[1] Buber scheint also auf die Frage, die Sokrates oben gestellt wurde, eindeutig mit »Nein!« zu antworten.

Man kann also eine algebraische Gleichung lehren (unter der Voraussetzung, dass der Schüler intelligent genug ist); lehren, dass man nicht neidisch sein darf, kann man eigentlich nicht. Man kann diese Aussage natürlich treffen und man pflichtet ihr wahrscheinlich auch schneller bei, als man eine Rechenaufgabe löst, aber dennoch setzt sich das Gelernte nicht so in einem fest, dass man danach nicht mehr neidisch ist. Wenn man einmal erkannt hat, dass zweimal zwei vier ergibt (wenn man das gelernt hat), dann hält man sich den Rest seines Lebens daran, aber wenn man einmal erkannt hat, dass Verlogenheit verabscheuungswürdig ist, heißt das noch lange nicht, dass man sich daran halten wird (kann). »Ich erkenne schon, wie ich handeln sollte, aber darum tue ich es noch nicht« (Medea). Wenn es um Handlungen geht, haben verstandesmäßige Leistungen nur sehr oberflächliche Macht. Dass Rauchen schädlich ist, wird von den meisten Rauchern und Raucherinnen unterschrieben, aber deswegen hören sie nicht auf zu rauchen.

Durch die Antrittsrede, die Maurice Merleau-Ponty vor dem Collège de France hielt, kam ich zum ersten Mal wirklich mit Sokrates in Berührung und vertiefte mich in die Antwort auf die eingangs gestellte Frage. Das Porträt, das der französische Philosoph von dem Griechen zeichnete, berührte mich tief.[2] Ich begann, völlig anders über den vermeintlich fatalen Einfluss zu denken, den der griechische Rationalismus auf unsere Kultur gehabt haben soll. Die eine Seminarsitzung, die mein Dozent Sokrates widmete (er musste schnell bei Platon, Aristoteles und den anderen landen), hinterließ bei mir drei Ideen: Er ging als Lehrer wie eine Hebamme vor, er lehrte, dass Wissen eine Tugend und dass Lernen nur ein Sich-Erinnern sei. Dass Wissen eine Tugend sei, war für mich immer höchst problematisch, dass Lernen ein Sich-Erinnern sei, fand ich unsinnig und das ansonsten treffende Bild der Hebamme konnte ich nur schwer mit den anderen beiden Ideen in Zusammenhang bringen. Wofür brauche ich denn eine Hebamme, wenn ich mich selbst an alles erinnern kann und es nur um vernünftig-tugendhaftes Wissen geht? Merleau-Ponty brachte mich dazu, die Originaltexte zu lesen.

Ich bemerkte damals sehr schnell, dass die genannten drei Ideen über Sokrates banale Vereinfachungen waren. Ich habe viel über weltanschauliche Bildung und weltanschaulichen Unterricht gelesen, aber als ich begann, Sokrates zu verstehen, stellte ich fest, dass ich noch nie zuvor jemanden gelesen hatte, der diese Fragen grundlegender behandelte als er. Es gibt viele, die eindeutig von ihm beeinflusst sind, aber sie bringen die Problematik nicht wesentlich weiter in Richtung einer Lösung, als er es getan hat. Ich will ihn in den Mittelpunkt dieses Kapitels stellen.

Es scheint angebracht, erst einige Fakten aus seinem Leben vorzustellen. Sokrates wurde 469/470 vor Christus als Sohn eines Bildhauers und einer Hebamme in Griechenland geboren. Er war von seiner Herkunft her ein Arbeiter, kein Gelehrter. Er heiratete und bekam in fortgeschrittenem Alter drei Kinder. Er war alles andere als gut aussehend. Er war gedrungen, hatte Froschaugen, eine stumpfe Nase und einen runden Bauch. Und doch war dieser Mann unwiderstehlich und faszinierend. Tagein tagaus hielt er sich auf den Plätzen und Straßen von Athen auf. Eine bunte Schar von Schülern begleitete ihn, viele von ihnen stammten aus der höchsten Aristokratie. Er unterrichtete sie kostenlos, sein Lebensunterhalt wurde von Freunden und Schülern bestritten. Sein Unterricht lief meistens in der Form eines Gesprächs ab, eines Spiels aus Frage und Antwort, wobei auffiel, dass es Sokrates war, der die Fragen stellte. Nach einigen »unschuldigen« Eingangsfragen lief das Gespräch stets auf die Kernfragen hinaus, die das Leben des Menschen betrafen. Sokrates war begierig nach Wissen, ein echter Philosoph, ein Freund der Weisheit. Am Ende seines Lebens wurde er aufgrund angeblicher Gottlosigkeit und seines schlechten Einflusses auf die Jugend vor Gericht gestellt und zum Tode verurteilt. Er weigerte sich, um Gnade zu bitten oder zu fliehen und trank unbeirrbar den Giftbecher. Das war im Jahre 399 vor Christus. Von Sokrates existieren keine eigenen Schriften. Alles, war wir über ihn wissen, kennen wir aus indirekten Quellen (Aristophanes, Xenophon und Platon), von denen sein Schüler Platon der ausführlichste, zuverlässigste und genialste ist. Das heißt allerdings nicht, dass Platon an verschiedenen Stellen nicht Sokrates seine eigenen Ideen in den Mund gelegt hätte. Ich werde darauf zurückkommen. Manchmal ist es hilfreich, den historischen Sokrates und den interpretierenden Platon auseinander halten zu können. Ich fühle mich in dieser Hinsicht dem Leidener Hochschullehrer Marcel Fresco und seiner Studie über Sokrates zu Dank verpflichtet.[3]

Menon

Der Dialog »Über die Tugend« steht im Buch Menon, genannt nach dem Gesprächspartner des Sokrates. Das Buch beginnt sofort mit der Kernfrage des Menon.

> »Kannst du mir sagen, Sokrates, ist die Tugend lehrbar? Oder ist sie nicht lehrbar, sondern eine Sache der Übung? Oder ist sie weder Sache der Übung noch des Lernens, sondern etwas, das den Menschen von Natur oder auf irgend eine Weise sonst zuteil wird?«[4]

»Tugend« ist hier die Übersetzung des griechischen Wortes »areté«. Wir müssen uns allerdings vor Augen halten, dass das Wort im Griechischen eine viel breitere Bedeutung hatte als das Wort »Tugend« bei uns. Es geht dabei um Eigenschaften wie Güte, Weisheit, Erlesenheit und Gediegenheit. Man kann sowohl im Hinblick auf einen guten Wein als auch auf einen Menschen von erlesen sprechen. Die Frage im Hinblick auf Menschen ist eigentlich: Kann man einem anderen Menschen so etwas wie den Wert des Lebens beibringen, kann man einen anderen Menschen in »Güte« oder »Vortrefflichkeit« unterrichten?

Die Antwort ist typisch für Sokrates.

> »O Fremdling, wie es scheint, hältst du mich für der Glücklichen einen, welche etwas wissen, wenigstens von der Tugend, ob sie lehrbar sei, oder auf welche Weise man sonst ihrer teilhaftig werde. Ich aber, weit entfernt, daß ich wüßte, ob sie lehrbar oder nicht lehrbar ist, weiß ja nicht einmal so viel, was überhaupt Tugend ist.«

Die Antwort enthält eine Mischung aus wirklicher Unkenntnis und Ironie, die der andere in seinem Übermut lächelnd beobachtet.

Mit einer ausholenden Geste lädt er Menon ein zu sagen, was die Tugend denn sei.

> »Sprich und mißgönne mir es nicht.«[5]

Ein großer Teil des Dialogs zielt darauf, den vielen Formen der Tugend, der Tugend als solcher auf die Spur zu kommen. Das war nicht Menons Frage, aber er, der Mann aus der Provinz, der zeigen will, dass auch er in der Lage ist, an der hohen philosophischen Kultur in Athen teilzunehmen, denkt, es könne doch keine große Mühe kosten, schnell herauszufinden, was die Tugend denn sei. Er unterbreitet Sokrates drei Definitionen. Sie werden alle drei in Dialogform beschrieben und man muss sie selbst lesen, um zu spüren, auf welch spielerische und intelligente Art Sokrates Menon pariert. So wie meist steht Menon am Ende mit leeren Händen da. Er weiß nicht mehr ein noch aus und gerät deswegen ein wenig durcheinander.

> »O, Sokrates, noch ehe ich mit dir zusammengekommen bin, habe ich schon gehört, daß du nichts kannst, als wie du selbst immer ratlos bist, so auch andere in Ratlosigkeit setzen. Und nun, wie du mir vorkommst, hast du mich verhext und verzaubert und recht eigentlich verblendet, so daß ich ganz voll der Ratlosigkeit geworden bin. Und wenn ich ein wenig scherzen darf, so scheinst du mir vollkommen sowohl nach Gestalt als auch in anderen Beziehungen jenem Meerfisch, dem breiten Zitterrochen, ähnlich zu sein. Denn dieser macht auch jeden, der ihm nahe und in Berührung mit ihm kommt, erzittern. Und so, kommt es mir vor, hast du mit mir etwas Ähnliches, nämlich mich erzittern gemacht. Denn wahrhaftig, ich zittere an Seele und Leib, und ich weiß nicht, was ich dir antworten soll. Und doch habe ich schon tausendmal über die Tugend gar viele Reden und vor vielen Menschen gehalten und dabei recht brav

gesprochen, wie es mir wenigstens dünkte. Nun aber weiß ich nicht einmal zu sagen, was sie ist.«[6]

Gerade im Zusammenhang mit seiner pädagogischen Methode (dazu weiter unten mehr) ist die Antwort des Sokrates wichtig. Sie zeigt uns einen Mann, der es wirklich nicht weiß, mit Betonung auf »weiß«.

»Ich aber gleiche dem Zitterrochen nur in dem Falle, wenn er, indem er andere erzittern macht, auch selbst erzittert, wenn nicht, nicht. Denn mitnichten bin ich selbst wohl beraten, wenn ich andere ratlos mache; sondern nur weil ich selbst über alles ratlos bin, mache ich auch andere so ratlos.[7]

Voller Verwunderung steht er im Leben, voller Ironie befragt er seine Mitmenschen. Es gibt hier »keine Spur von Selbstgefälligkeit«, sagt Merleau-Ponty, »sie [die Ironie] ist ebenso Selbstspott als auch Spott über die anderen. Sie ist, einem gut gewählten Wort von Hegel zufolge, *naiv*. Die Ironie des Sokrates besteht nicht darin, weniger zu sagen, um härter zu treffen, nicht darin, Seelenstärke oder irgendein esoterisches Wissen zu suggerieren. ›Immer wenn ich jemanden von Unkenntnis überzeuge‹, sagt die Apologie niedergeschlagen, ›glauben die Umstehenden, dass ich alles weiß, was er nicht weiß.‹ Er weiß nicht mehr darüber als sie, er weiß nur, dass es kein absolutes Wissen gibt und dass wir gerade aufgrund dieser Lücke für die Wahrheit empfänglich sind.«[8]

Nach drei ins Leere führenden Definitionsversuchen schlägt Sokrates vor, die Suche nach der Tugend fortzusetzen. Menon ist darüber sehr erstaunt.

»Und auf welche Art, Sokrates, wirst du nun das untersuchen, wovon du so ganz und gar nicht weißt, was es ist? ... Oder wie wirst du, wenn du es auch noch so gut träfest, dann wissen, daß dieses es sei, was du ja nicht kennst?«[9]

Hier haben wir es mit dem berühmten Argument zu tun, das die Sophisten in dieser Zeit anwandten und das Thema endloser Diskussionen gewesen ist. Aus dem Folgenden wird klar, dass Sokrates den Sophisten nicht zustimmt. Der Teil des folgenden Dialogs ist, wie ich weiter unten erläutern werde, ausgesprochen wichtig.

»Also scheint dir dieser Satz nicht mit Recht aufgeschrieben zu werden, Sokrates?«
»Mir, nein!«

»Kannst du mir sagen, warum?«
»O ja, denn ich habe es von Männern und Frauen, die in göttlichen Dingen bewandert sind, vernommen.«
»Und was sagen die nun?«
»Wahres und Schönes, wie mir's wenigstens vorkommt.«
»Was doch? Und wer sind die, welche es sagen?«
»Die, welche es sagen, sind von den Priestern und Priesterinnen, und zwar Leute, denen es darum zu tun ist, imstande zu sein, über das, was sie treiben, Rede zu stehen. Aber auch Pindar sagt es und viele andere von den Dichtern, so viele deren göttliche sind. Was sie aber sagen ist folgendes ... Sieh nun zu, ob dir das, was sie sagen, wahr zu sein scheint: Sie sagen nämlich, die Seele des Menschen sei unsterblich.«[10]

In diesem Dialog geschehen eigenartige Dinge. Plötzlich bewegt sich Sokrates auf einem anderen Niveau und spricht über die von einem göttlichen Wesen Inspirierten. Plötzlich scheint er ein Autoritätsargument in Anspruch zu nehmen, nämlich Männer und Frauen, die in göttlichen Angelegenheiten bewandert sind. Am Ende des Dialogs tauchen diese Inspirierten wieder auf (da zeigt sich, wie wichtig sie für »das Lehren der Tugend« sind), aber dort werden sie dargestellt, um die unsterbliche Seele zu erörtern. Die Art, in der hier über sie gesprochen wird, ist höchstwahrscheinlich eine Idee Platons, die er Sokrates in den Mund legt. Am Ende des Dialogs sagen die von einem göttlichen Wesen Inspirierten nämlich gänzlich andere Dinge. Der Mensch hat bei seiner Geburt, so Platon, eine unsterbliche Seele, die im Prinzip schon alles weiß. Es geht nur darum, das, was schon da ist, hervorzuholen. Lernen ist sich erinnern.[11] Platon flicht an dieser Stelle eine bekannte klassische Episode ein, nämlich die, in der Sokrates einem ungebildeten Sklaven den bekannten Satz des Pythagoras beibringt, indem er ihm Fragen stellt. Es ist eine faszinierende Stelle. Fresco zufolge geht es in dieser Szene allerdings um eine Reihe von Ideen, die Platon eigen sind: Interesse an der Mathematik, um der Mathematik willen, die Idee, dass alles Lernen ein Sich-Erinnern ist, und die Idee der Wiedergeburt der Seele. Hier kommt alles zusammen.[12]

Auch der Philosoph G. Gusdorf merkte schon an, wie unsokratisch diese Szene eigentlich sei. Warum, fragt er, benötigen wir einen Zitterrochen, wenn wir in Wahrheit nichts anderes tun müssen, als uns an das zu erinnern, was wir schon wissen? Es ist ebenso eigenartig, dass der Sklave auf den Satz von Pythagoras kommt, der vor Sokrates lebte, und nicht auf einen von Euklid, der ein Jahrhundert später geboren wurde. Es ist klar, dass der Satz des Pythagoras herauskommen kann, weil der in Sokrates steckt, und er wird von dem Sklaven reproduziert, da er offensichtlich ein hoch begabter Mann ist. Es gibt also viele Menschen, bei denen diese Art Lehrsätze im Dunkel liegen bleiben trotz einem Sokrates als Lehrer![13] Nein, diese wunderbare fiktive Erzählung von Platon hindert uns eher daran zu erkennen, was dem historischen Sokrates vor Augen stand, als dass sie uns hilft. Im weiteren Verlauf des Dialogs wird auch deutlich, dass Menon und Sokrates dadurch bei der Lösung des Problems wenig Fortschritte machen.[14] Sie stellen nämlich fest, dass die Tugend offensichtlich etwas anderes ist als ein mathematischer Lehrsatz.

Sokrates möchte daher auch einfach mit der Suche nach der Tugend fortfahren. Menon erinnert ihn allerdings daran, dass das nicht zur Debatte stand. Die Frage war, ob sie lehrbar sei oder nicht! Sokrates schlägt daraufhin einen Kompromiss vor. Welche Eigenschaften muss eine Sache haben, damit sie unterrichtet werden kann? Sie sind sich sehr schnell einig, dass nur solche Dinge unterrichtet werden können, die mit kennen oder können zu tun haben – beispielsweise Mathematik und Fechten.

Dann müsse nur noch eine Frage geklärt werden, behauptet Sokrates, nämlich ob die Tugend eine Sache sei, die mit Wissen zu tun habe. Wenn sie etwas Rationales wäre, dann könne sie folglich auch gelehrt werden. Daher stellt sich die Frage,

> »... ob die Tugend Erkenntnis ist oder etwas von der Erkenntnis Verschiedenes.«[15]

Beide glauben sagen zu können, die Tugend sei eine Form der Erkenntnis. Die Tugend ist etwas Nützliches, und eine Sache kann nur dann nützlich sein, wenn sie mit Verstand angegangen wird. Wer tugendhaft handelt, handelt mit Verstand. Wir sind nicht von Natur aus tugendhaft, also haben uns andere Menschen in Tugend unterrichtet.

Aber wo sind dann die Lehrer der Tugend? Menon und Sokrates beschließen, auf die Suche zu gehen. Menon ist der Meinung, in ihrer Argumentation sei kein Fehler zu finden. Sokrates dagegen zweifelt und sagt:

> »Daß die Behauptung, die Tugend sei etwas Lehrbares, wenn sie einmal Erkenntnis ist, richtig sei, das will ich keineswegs zurücknehmen. Dagegen sieh zu, ob meine Zweifel, daß die Tugend Erkenntnis sei, dir nicht doch begründet erscheint.«[16]

Hier wird die gewöhnlich ihm zugeschriebene Idee »Erkenntnis ist Tugend« grundsätzlich in Frage gestellt, und zwar von ihm selbst! Und doch gehen sie auf die Suche nach den Lehrern der Tugend. Ein gewisser Anytos wird in das Gespräch mit einbezogen. Sokrates fragt ihn: Wenn jemand schustern lernen will, geht er bei einem Schuster in die Lehre; wenn er lernen will, die Flöte zu spielen, sucht er einen Flötenspieler auf; und wenn jemand die Tugend erlernen will, dann geht er bei einem Lehrmeister der Tugend in die Lehre, nicht wahr? Als Anytos ihn verständnislos anschaut, sagt Sokrates: Du weißt doch, über wen wir reden? Über die Sophisten natürlich, die durch das ganze Land ziehen und die Menschen in der Tugend unterrichten. Es ist, als sei er auf eine Schlange getreten. Anytos lässt an den Sophisten, die andere Menschen für viel Geld lehren, wie sie leben müssen, kein gutes Haar. Tja, sagt Sokrates, wenn die offiziellen Lehrer offensichtlich Scharlatane sind, dann weiß ich auch nicht mehr weiter. An wen muss ich mich dann wenden, wenn ich in wertvollen Angelegenheiten unterrichtet werden möchte? Anytos mischt sich wieder in das Gespräch ein und sagt, es gebe genügend edle Menschen in Athen, die – wenn man bereit sei, auf sie zu hören – einen Tugendhaftigkeit lehren könnten. Nun ist es Sokrates, der den Dialog wieder zur Ausgangsfrage zurückführt.

> »Denn dies ist es, wovon eigentlich unter uns die Rede war, nicht, ob es hier tüchtige Männer gebe oder nicht, auch nicht, ob es früher deren gegeben habe, – sondern ob die Tugend etwas Lehrbares sei, das untersuchen wir schon lange. Und diese Untersuchung hat uns auf die Frage geführt, ob die tüchtigen Männer von jetzt und von ehedem es verstanden haben, die Tugend, in welcher sie tüchtig waren, auch einem anderen mitzuteilen, oder ob die Tugend etwas ist, das sich dem Menschen nicht mitteilen läßt und das einer von dem andern nicht bekommen kann?«[17]

Wenn die Tugend für Sokrates nur eine rationale (bzw. mathematische) Angelegenheit wäre, wären wir mit dem Dialog schon längst fertig. Aber jetzt fährt er erst recht fort. Er zeigt, dass es edlen Menschen oft nicht gelungen ist, ihre eigenen Kinder in dem Maße in der Tugend zu unterrichten, in dem sie ihnen allerlei andere Fertigkeiten und Kenntnisse beigebracht haben. Alle diese Söhne glänzten in Musik, Mathematik, Ringen, Reiten usw. Denkst du wirklich, sagt Sokrates, dass ein Mann wie Thukydides, der so viel Geld für allerlei Unterricht ausgegeben hat, nicht gewollt hätte, tugendhafte Menschen aus ihnen zu machen, und zwar kostenlos? Es ist ihm offensichtlich nicht gelungen.

> »Allein ich fürchte, Freund Anytos, daß die Tugend eben nichts Lehrbares ist!«[18]

So aber stellt sich eine quälende Frage: Wie wird ein Mensch dann tugendhaft? Und langsam, aber sicher kommt Sokrates zum Kern der Frage. Es sei doch lächerlich, sagt er,

> »wie es uns entgangen ist, daß entweder die Menschen ihre Angelegenheiten keineswegs nur unter Leitung der Erkenntnis richtig oder gut besorgen, oder aber ... wir wohl darauf verzichten müssen, überhaupt zu erkennen, auf welche Weise die Menschen tugendhaft werden.«[19]

Scheinbar ist die Tugend etwas anderes als kennen oder können. Scheinbar tut man Gutes, nicht weil man weiß, dass es gut ist. Man ist scheinbar aus anderen Gründen gut.

Sokrates unterscheidet hier zwischen »Einsicht« in etwas haben und »Intuition« über etwas haben.[20] Es gibt Dinge, die wir rational einsehen, und es gibt Dinge, die wir nicht rational, sondern intuitiv erfassen. Und das ist Sokrates zufolge hier der Fall. Was ist denn für tugendhafte Menschen charakteristisch?

> »Nicht also vermöge einer gewissen Weisheit noch als Weise haben jene Männer die Staaten geleitet ... weil sie das, was sie sind, nicht durch Erkenntnis sind. ... so bleibt ja nur übrig das richtige Meinen ...«[21]

Ihre Tugendhaftigkeit ersteht aus intuitiven Gründen. Sokrates betont gegenüber Menon, dass auch er immer wieder bei dieser Art Fragen seine Intuitionen haben muss und in Wirklichkeit sehr wenig sicher weiß.

> »Nun, was ich jetzt sage, sage ich nicht als eine Wissender, sonder nur, wie ich's vermute.«[22]

Und nun, am Ende des Dialogs, kommt Sokrates auf die göttlich inspirierten Menschen zurück, von denen er die Tugend »lernte«. Sokrates spricht über die vielen tugendhaften Menschen, die sie kennen, und sagt:

> »... während sie, was Einsehen betrifft, nicht anders daran sind als die Orakelsprecher und gottbegeisterten Wahrsager: denn auch diese reden viel Wahres, ohne daß sie etwas von dem, was sie reden, wissen.«[23]

Es ist äußerst wichtig zu lesen, was hier genau steht. Etwas »nicht wissen« heißt hier nicht »dumm sein«, es bedeutet, dass man das, von dem man sagt, dass man es nicht weiß, nicht weiß,

> »bis man sie durch den Gedanken des Grundes anbindet.«[24]

Menon kann diesem Gedanken nicht mehr folgen.

> »Ist es nun nicht billig, Menon, diese Männer göttlich zu nennen, da sie ja ohne vernünftige Einsicht vieles Große, was sie tun und reden, recht vollbringen?«
> »Allerdings.«
> »Mit Recht können wir wohl die, welche wir eben genannt haben, die Orakelsprecher und Wahrsager und auch alle Dichter, göttlich nennen.«[25]

Menon stimmt allem brav zu, fragt sich aber wahrscheinlich: Haben wir diese ganze Diskussion nur begonnen, um bei den Wahrsagern zu landen? Aber Sokrates schließt sehr entschieden:

> »Wenn wir aber jetzt in unserem ganzen Gespräche richtig untersucht und uns recht ausgedrückt haben, so dürfte wohl die Tugend weder von Natur sein noch etwas Lehrbares sein, sondern denen, welchen sie zuteil wird ohne Zutun der Vernunft, durch ein göttliches Geschick zuteil werden.«[26]

Ich komme weiter unten noch darauf zurück, was Sokrates unter »göttlichem Geschick« versteht, aber an dieser Stelle kann uns der tiefere Sinn seiner Auffassung nicht mehr entgehen. Wenn es um weltanschauliche Dinge geht, ist die Ratio einfach nicht in der Lage zu erfassen, worum es geht, und daher auch nicht in der Lage weiterzugeben, worum es geht.

Sokrates und Menon sind mit ihrem Verstand auf die Suche nach der Tugend gegangen und Sokrates zeigt, dass genau dort der Fehler lag. Die Tugend muss als »göttliches Geschick« erfahren werden. Wenn wir von einer wissenschaftlichen Logik ausgehen (wie in der Mathematik-Geschichte), dann entgleitet uns die Tugend, da sie eine andersartige Wirklichkeit betrifft als die rationale. Es ist eine Wirklichkeit, die nur in Bildern hervorgerufen werden kann. Es ist keine Frage der Ratio, sondern der Imagination.

Jahrhundertelang hat man sich gefragt, was Sokrates mit dem »Göttlichen« gemeint haben könnte. Wie konnte der Vater des westlichen Denkens so etwas äußern? War es nicht doch richtig, dass seine Schüler dies mythische Element so gelassen haben, wie es war? Man weiß auch darum nichts damit anzufangen, weil er in Athen ja aufgrund seiner Gott*losigkeit* verurteilt wurde. Merleau-Ponty schreibt:

»Er glaubt mehr als sie, aber er glaubt auch anders als sie und in einem anderen Sinn. Die Religion, die er wahr nennt, ist die, ... wo das Göttliche sich nur offenbart ... in einer leisen Mahnung und indem es den Menschen an seine Unwissenheit erinnert.«[27] Wenn er seinen Verstand gebraucht, ist Sokrates sicherlich mit allen großen intellektuellen Denkern nach ihm verwandt, aber der andere Teil in ihm, der von dem genährt wurde, den er seinen »daimonion« nannte, wurde fürchterlich vernachlässigt und ist jahrhundertelang unsichtbar geblieben, auf jeden Fall in den letzten Jahrhunderten. Und dennoch findet man diese weltanschauliche Dimension in allen Dialogen, und zwar an den Stellen, wo sich alle einig sind, dass dort der historische Sokrates redet. Beispielsweise in der »Apologie«, die er direkt vor seiner Hinrichtung hielt. Er sprach über seine Pädagogik hinsichtlich der jungen Menschen in Athen und sagte:

> »Mir aber ist dieses, wie ich behaupte, von dem Gotte auferlegt zu tun durch Orakel und Träume und auf jede Weise, wie nur je göttliche Schickung einem Menschen etwas auferlegt hat zu tun.«[28]

Sokrates unterscheidet hier drei Formen der irrationalen Offenbarung: Träume, Orakel und das, was er »daimonion« nannte – eine »göttliche Fügung«. Der Philosophieprofessor Mark McPherran ist erst vor kurzem in seiner ausführlichen Studie *The Religion of Socrates* näher auf diese Formen der »Socratic Revelation« eingegangen. Aus Platzgründen kann ich in diesem Kapitel nicht ausführlich auf seine Erkenntnisse eingehen. Er arbeitet allerdings gut aus, dass Sokrates zwei Formen der Überzeugung kannte, eine »rationale« und eine »extrarationale«. Im Gegensatz zu den verschiedenen »aufklärerischen« Interpretationen des sokratischen »daimonion« zeigt er, dass es nicht um »two distinct systems of rationally justified belief« geht, sondern um »two distinct sources of information«.[29] Ich empfehle seine Arbeit wärmstens.

Ion

Wie erfahren Menschen diesen »daimonion« (die göttliche Fügung), wenn er im Spiel ist? Wir haben das Glück, dass in einem anderen Dialog, *Ion*, diese Frage in einem wunderbaren Bild diskutiert wird. Ion war ein Rhapsode, ein professioneller Rezitator, ein Interpret der Stücke Homers. In seinem Dialog mit Sokrates fragt er sich, woher seine Inspiration komme. Die Antwort des Sokrates ist nicht nur literarisch brillant, sondern auch für uns erhellend. Er bewegt sich sofort auf dem Niveau, auf dem der Dialog mit Menon endet.

»... es ist nicht eine Kunst, indem es nicht in deinem eignen Vermögen liegt, über den Homeros gut zu reden; sondern es ist eine göttliche Kraft, welche dich dabei treibt, ...«[30]

Und dann benutzt Sokrates ein prächtiges Bild, das des Magnetismus.

»... gerade wie sie in dem Steine liegt, welchen Euripides den Magneten nannte, während er gewöhnlich der herakleiische heißt. Auch dieser Stein nämlich zieht nicht bloß selber die eisernen Ringe an, sondern er legt dieselbe Kraft auch in diese Ringe hinein; so daß sie ebendasselbe wie der Stein auch selbst zu tun vermögen, nämlich andere Ringe anzuziehen, so daß bisweilen eine gar lange Reihe solcher Eisenstücke aneinanderhängt: diesen allen ist dann diese Kraft von jenem Steine angehängt. Ebenso schafft auch die Muse selbst Begeisterte, und indem diese solche Begeisterung weiter verpflanzen, hängt sich an sie eine Kette anderer Begeisterter. Denn alle guten epischen Dichter singen jene ihre schönen Gesänge alle nicht vermöge bewußter Kunst, sondern als Begeisterte und Verzückte, ...«[31]

Sokrates sagt deutlich, dass es hier um Dinge geht, die ohne Beteiligung des Verstandes zustande kommen.

»Denn ein Dichter ist ein luftiges, leichtbeschwingtes und heiliges Wesen und nicht eher imstande zu dichten, als bis er in Begeisterung gekommen und außer sich geraten ist und die klare Vernunft nicht mehr in ihm wohnt; solange er aber diese klare Besinnung noch besitzt, ist jeder Mensch unfähig zu dichten und zu weissagen.«[32]

Wenn Sokrates dann den Zuhörer ins Spiel bringt, denjenigen, der Ion zuhört, dann sehen wir die pädagogische Relevanz dieser Auffassung. Denn obwohl diese Dinge offensichtlich nicht gelehrt werden können, werden sie doch auf die eine oder andere Art weitergegeben. Wenn der Funke überspringt, fragt Sokrates, wird man dann nicht erkennen,

»daß ein solcher Zuhörer der letzte von jenen Ringen ist, die, wie gesagt, die von dem Magneten ausgegangene Kraft wiederum von einander annehmen, der mittlere aber ein Rhapsode und Schauspieler, wie du, und der erste der Dichter selbst? Der Gott aber zieht durch alle diese Mittelglieder die Seele der Menschen, wohin er will, indem er seine Kraft auf den einen und dieser wieder auf den andern überträgt und so einer immer am anderen hängt. Und eine gar lange Kette von Ringen ist es auch hier, welche an die Muse als ihren Magnet sich anhängt; denn eine gar lange Reihe von Chorsängern und Chorlehrern und Unterlehrern hängt noch seitwärts neben euch an den Dichtern als den unmittelbar

> an den Musen hangenden Ringen. Und zwar hängt der eine Dichter an dieser, der andere an jener Muse; wir nennen das zwar: ›er ist von ihr ergriffen‹, aber dies läuft ja auch ziemlich auf dasselbe hinaus, denn er wird doch eben auch von ihr festgehalten.«[33]

Es geht hier um andere Formen der Kommunikation als Unterweisung, es geht hier nicht direkt um das Können, sondern um eine Kunst, es geht darum, dass der Mensch auf der Ebene des Irrationalen berührt wird. Dort muss der Funke überspringen. Es wird uns immer klarer, was Sokrates am Ende des Buches *Menon* meint, wenn er sagt, dass die Tugend nicht durch Unterricht erworben werden kann, sondern eine göttliche Gunst ist, die dem Menschen zuteil wird. Allein in der polaren Wirklichkeit des magnetischen Feldes kann »es« geschehen. Aber in diesem Moment verliert der Mensch den verstandesmäßigen Zugriff auf die Wirklichkeit. Nun erkennen wir, warum Sokrates Menon und die anderen Schüler in Verlegenheit bringt. Er hypnotisiert sie, dass heißt, er bringt ihr Alltagsbewusstsein in Verlegenheit. Wenn das geschieht, ist es so, als würde man von einem Zitterrochen elektrifiziert, man gerät in den Bann des Ringes! Sokrates weiß allerdings, dass nicht er es ist, der den anderen berührt, sondern dass beide von dem »Magnetismus« berührt werden, der die Wirklichkeit durchströmt. »Alles strömt«, sagte einer seiner berühmten Vorgänger. Alles steht unter Strom. Alles fließt!

Theaitetos

Ich komme erst jetzt auf die bekannte Hebammenkunst des Sokrates zurück, aber ich denke, dass wir jetzt auch in der Lage sind, ihre volle Tragweite zu erkennen. Das Bild der Hebamme benutzt Sokrates in dem Buch *Theaitetos.* Auch mit diesem jungen Mann, einem viel versprechenden Mathematiker, führt er ein Gespräch und auch dieses gerät in einem bestimmten Augenblick aus den Fugen. Theaitetos weiß keine Antworten mehr auf die Fragen, die Sokrates ihm stellt, während er gleichzeitig durchschaut, wie brüchig die Antworten der anderen sind. Das Problem, das sie sich vorgenommen haben (was ist Wissen?), wird überraschenderweise in diesem Dialog nicht gelöst. Es scheint so, als wolle Sokrates damit andeuten, dass dafür eine Dimension nötig ist (die Wirklichkeit der Ideen), in die der brillante Mathematiker nicht eindringen kann oder besser gesagt: die er bei sich selbst nicht erschließen kann. Sokrates lässt ihn daher sich weiter quälen. Das irritiert den jungen Mann sehr. Anschließend sagt Sokrates:

»Du hast eben Geburtsschmerzen, lieber Theaitetos, weil du nicht leer bist, sondern schwanger gehst.«
»Das weiß ich weiter nicht; wie es mir aber ergeht, das habe ich dir gesagt.«
»Also du Lächerlicher hast wohl niemals gehört, daß ich der Sohn einer Hebamme bin, einer sehr berühmten und ehrwürdigen, der Phainarete?«
»Das habe ich wohl schon gehört.«
»Etwa auch, daß ich dieselbe Kunst ausübe, hast du gehört?«
»Das keineswegs.«[34]

Und nun erläutert Sokrates diese Kunst. Erst beschreibt er, was für eine Frau eine Hebamme in seiner Kultur ist. Sie darf andere Frauen erst dann entbinden, wenn sie selbst nicht mehr schwanger werden kann, sie kennt allerlei Mittel, um Wehen hervorzurufen oder abzuschwächen, sie bringt schwierige Geburten zu einem guten Ende, sie kann Geburten vorzeitig einleiten oder unausgereifte Früchte abtreiben und weiß auch, welcher Mann mit welcher Frau verkuppelt werden kann. Sie ist eine Heiratsvermittlerin. Und dann folgt der berühmte Vergleich, in dem es uns nicht mehr wundert, immer wieder die Göttlichkeit durchscheinen zu sehen.

»Das Größte aber an unserer Kunst ist dieses, daß sie imstande ist zu prüfen, ob die Seele des Jünglings Mißgestaltetes und Falsches zu gebären im Begriff ist, oder Gebildetes und Echtes. Ja auch hierin geht es mir eben wie den Hebammen: ich gebäre nichts von Weisheit, und was mir bereits viele vorgeworfen, daß ich andere zwar fragte, selbst aber nichts über irgend etwas antwortete, weil ich nämlich nichts Kluges wüßte zu antworten, darin haben sie recht. Die Ursache davon aber ist diese: Geburtshilfe leisten nötigt mich der Gott, erzeugen aber hat er mir gewehrt. Daher bin ich selbst keineswegs etwa weise, habe auch nichts dergleichen aufzuzeigen als Ausgeburt meiner eigenen Seele. Die aber mit mir umgehen, zeigen sich zuerst zwar zum Teil gar sehr ungelehrig; hernach aber, bei fortgesetztem Umgange, machen alle, denen es der Gott vergönnt, wunderbar schnelle Fortschritte, wie es ihnen selbst und andern scheint; und diese offenbar ohne jemals irgend etwas etwa von mir gelernt zu haben, sondern nur selbst aus sich selbst entdecken sie viel Schönes und halten es fest; die Geburtshilfe indes leisten dabei der Gott und ich.«[35]

Er fährt fort und beschreibt die unterschiedlichen Schüler, die er hat. Einige haben nichts als Missbilligung für ihn und gehen voreilig von ihm weg oder lassen das Kind, das geboren ist, verhungern. Andere kommen wieder zurück.

> »Wenn solche dann wiederkommen, meines Umgangs begehrend, und wunder was darum tun, hindert mich doch das Göttliche, was mir zu widerfahren pflegt, mit einigen wieder umzugehen; andern dagegen wird es vergönnt, und diese machen wieder Fortschritte.«[36]

Bei dem einen löst er Wehen aus, bei anderen besänftigt er sie, viele »verkuppelt« er mit anderen »göttlichen« Männern. Einige fühlen sich auch betrogen.

> »Dieses habe ich dir, Bester, deshalb so ausführlich vorgetragen, weil ich die Vermutung habe, daß du, wie du es auch selbst meinst, etwas in dir trägst und Geburtsschmerzen hast. So übergib dich also mir, als dem Sohn einer Geburtshelferin und auch selbst der Geburtshilfe Kundigen, und was ich dich frage, das beeifere dich, so gut du nur kannst, zu beantworten! Und wenn ich bei der Untersuchung etwas, was du sagst, für ein Mondkalb und nichts Echtes erfunden habe, also es ablöse und wegwerfe, so erzürne dich darüber nicht, wie die Frauen es bei der ersten Geburt zu tun pflegen. Denn schon viele, mein Guter, sind gegen mich aufgebracht gewesen, wenn ich ihnen eine Posse abgelöst habe, daß sie mich ordentlich hätten beißen mögen, und wollen nicht glauben, daß ich das aus Wohlmeinen tue, weil sie weit entfernt sind einzusehen, daß kein Gott jemals den Menschen mißgünstig ist, und daß auch ich nichts dergleichen aus Übelwollen tue, sondern mir nur eben keineswegs verstattet ist, Falsches gelten zu lassen und Wahres zu unterschlagen.«[37]

Es wird immer die Frage bleiben, ob der historische Sokrates selbst dieses treffende Bild benutzt hat, um sein eigenes Lehrmodell wiederzugeben oder ob Platon es ihm in den Mund gelegt hat. Es ist so wunderbar fein ausgearbeitet und es ähnelt so sehr den Auffassungen Platons, dass viele Wissenschaftler es Platon zuschreiben. Das heißt natürlich nicht, dass Platon mit diesem Bild nicht trotzdem einfach hätte nachzeichnen können, was Sokrates tatsächlich tat.[38] Fresco bemerkt dazu, dass Sokrates' Mäeutik dadurch nur hervorgehoben würde, wenn wir es hier mit einem Produkt der Phantasie des Platon zu tun hätten.[39] So ist er, ebenso wie andere Wissenschaftler, der Meinung, der Name der Mutter sei zu schön, um wahr zu sein. »Phainarete« bedeutet wörtlich: »Die, die die Tugend ans Licht bringt«. Andere wiederum haben bemerkt, dass dies in jener Zeit ein durchaus gebräuchlicher Name gewesen sei.[40]

Während das Bild der Hebamme nur an dieser einen Stelle auftaucht, wird das Bild des schwangeren Menschen noch an einer anderen Stelle auf beeindruckende Weise ausgearbeitet, und zwar im *Symposion* [Das Gastmahl]. Sokrates erzählt dort, er habe in Athen seine Lehrerin, die Priesterin Diotima, getroffen. Diese Frau, die »von einem göttlichen Wesen Inspirierte«, über die er in *Menon* spricht, hat ihn in den Eros eingeweiht. Im Zusammenhang mit diesem Thema ist es also kein Zufall, dass gerade eine Priesterin Sokrates' Lehrerin war. Es ist einer der schönsten Texte Platons. Wenn Diotima erklärt, was Eros bewirkt, spricht sie über eine »Zeugung im Schönen, dem Körper wie dem Geiste nach«. Als Sokrates sagt, er verstünde nicht, was sie damit meint, antwortet sie:

> »So will ich es dir denn deutlicher sagen ... Alle Menschen nämlich tragen Zeugungsstoff in sich, körperlichen sowie geistigen, und wenn wir zu einem gewissen Alter gelangt sind, so strebt unsere Natur zu erzeugen. ... Wenn nämlich das, was den Zeugungsstoff in sich trägt, dem Schönen sich nähert, dann empfindet es Lust und zerfließt in Wonne und gebiert und erzeugt; wenn es aber dem Häßlichen sich nähert, dann zieht es sich finster und traurig in sich selbst zurück und wendet sich ab und rollt sich zusammen und erzeugt nicht, sondern hält mit Schmerzen seinen Zeugungsstoff an sich. Darum trägt denn auch das Schwangere und schon vom Zeugungstriebe Strotzende eine so heftige Leidenschaft zu dem Schönen, weil es durch dieses großer Wehen entledigt wird. Es ist nämlich, mein Sokrates, ... die Liebe nicht, wie du glaubst, auf das Schöne als solches gerichtet.«
> »Auf was denn sonst?«
> »Auf die Erzeugung und Geburt im Schönen«[41]

Die Implikationen dieses Textes haben wir schon im vorigen Kapitel gesehen (vgl. Schiller) und wir werden uns damit auch noch im folgenden Kapitel beschäftigen. Es geht mir jetzt darum zu zeigen, dass das Bild der Hebamme auf dem des schwangeren Menschen aufbaut, der von Natur aus »auf die Erzeugung und Geburt im Schönen« angelegt ist.

Wenn wir die wesentlichen Gedanken aus *Ion, Menon* und *Theaitetos* miteinander verknüpfen, läuft es auf Folgendes hinaus: Man kann die Tugend nicht lehren, man kann sie höchstens rhapsodisch hervorrufen; man kann die Tugend nicht weitergeben, sie ist ein Kind, das bei einem selbst geboren werden muss; diese Art von Lernprozess ist keine distanzierte Angelegenheit, sondern kommt nur durch gemeinsame Inspiration zustande. Lehrer und Schüler werden zusammen von dem magnetischen Stein der Weisen berührt.

Im Geiste des Sokrates muss man sagen: Alles, was der Verstand bedenkt und zustande bringt, kann gelehrt werden, aber alles, was mit unserem intuitiven, normativen Bewusstsein zu tun hat, kann es grundsätzlich nicht. Dort sind offensichtlich andere Prozesse im Spiel.

Man kann natürlich religiöse Wertvorstellungen unterrichten, *als ob* es um geometrische Analysen ginge, und vor allem nach dem Konzil von Trient herrschte in der römisch-katholischen Kirche die Überzeugung, man könne allerlei Glaubenswahrheiten lehren, indem man sie als theologische Umschreibungen in Frage- und Antwortform kleidete (der Katechismus). Logisch gesehen lässt sich dagegen nichts einwenden, aber das Ganze hatte wenig Verbindung zum Erlebnis selbst und natürlich nichts mit einem sokratischen Zwiegespräch zu tun. Wir bekamen eine Antwort auf eine Frage, die wir uns nicht gestellt hatten. Der Glaube spielte sich auf der Ebene des Wissens, Verstehens und des späteren Reproduzierens ab. Wie funktioniert das Lehren von Wertvorstellungen denn dann? Um dies zu verdeutlichen, behandle ich erst den Platz des Schülers und dann den des Lehrers. Diese Trennung ist allerdings künstlich und in einem letzten Abschnitt möchte ich die Beziehung zwischen beiden hervorheben.

Der Schüler

Aus Sokrates' Sicht findet das Lernen immer auf Seiten des Schülers statt. Sokrates' große Erkenntnis ist, dass Lernen ein Prozess ist, in dem der Schüler bedeutsame Erfahrungen sammelt. Der Schüler gebiert das Kind. Der Lehrer ist nur ein Geburtshelfer, er übergibt keine Kinder. Auf weltanschaulichem Gebiet haben wir manchmal wunderbare Inhalte, die uns sehr zu Herzen gehen. Aber, wenn man diese Inhalte anderen gegenüber äußert, macht man immer wieder die Erfahrung, auf Unverständnis, Ironie, Zweifel und sogar Ablehnung zu stoßen. Liegt das nun am Inhalt oder an uns selbst? Das muss an keinem von beiden liegen. Es muss auch nicht am Zuhörer liegen, wie wir manchmal geneigt sind zu glauben. Er ist nicht aufgeschlossen, sagen wir dann. Das ist zwar vielleicht wahr, aber das sollte man nicht als etwas Negatives ansehen. Ob man einer Sache gegenüber aufgeschlossen ist, ist nämlich abhängig von der Frage, ob ein Mensch damit schwanger geht oder nicht. So ist es sehr bemerkenswert, dass gerade im *Theaitetos*, wo die Hebammenkunst erläutert wird, nichts geboren wird. Ist ein Mensch nicht schwanger, kann er auch nicht entbunden werden. Nur weil ein Inhalt gut ist, ist er noch lange nicht übertragbar.

Stellen Sie sich vor, Sie würden gefragt: Glaubst du an Kwannon? Sie würden wahrscheinlich mit einem Achselzucken zur Tagesordnung übergehen. Aber wenn man gefragt würde, ob man an sein Kind glaube, finge es sofort an, in einem zu arbeiten. Nun können Sie mir glauben, dass Ihnen, wenn Sie zur Zeit der Sung-Dynastie in China gelebt hätten, der Glaube an Kwannon nicht einerlei gewesen wäre. In dem Augenblick, in dem wir nach dem Glauben an etwas befragt werden, hängt die Antwort von der Beziehung ab, die wir zum Erfragten haben. Es hängt davon ab, ob wir mit dieser Sache schwanger gehen oder nicht. Es ist nicht der Wert des Inhalts einer Sache, der sie leichter oder schwieriger übertragbar macht, sondern die Haltung desjenigen, der ihr gegenüber aufgeschlossen ist oder nicht. Man sieht daher auch immer wieder, wie Sokrates auf die Suche nach der Einstellung seiner Schüler geht. Er bombardiert sie mit Fragen und gibt wenige oder keine Antworten. Er weiß, dass er wenig oder nichts aus ihnen herausholt, wenn er Inhalte überträgt, zumindest wenn es darum geht, das Verhalten eines anderen Menschen zu beeinflussen.

Der Schulpädagoge A. Combs schreibt: »Eine Information wird nur in gewissem Maße das Verhalten einen Individuums beeinflussen, wenn es die Bedeutung, die diese Information für es persönlich hat, entdeckt hat.«[42] Einer Information Bedeutung geben kann man auch umschreiben als diese Information »für wahr oder unwahr halten«. Dieses Fürwahrhalten (wir haben das im sechsten Kapitel gesehen) kann man nicht übertragen. Wir haben gegenüber allem einen persönlichen Standpunkt (»eine Tatsache ist nicht irgendetwas; für jeden ist eine Tatsache das, was er denkt, was es ist«[43]) und das gilt auf jeden Fall für Wert-Urteile. In einer Wertschätzung liegt immer ein existenzieller, intuitiver Entschluss, ein Sprung, ein Risiko.

Genau das ist das Charakteristische des menschlichen Handelns. Fürwahrhalten ist eine persönliche Stellungnahme, die als solche nicht von jemand anderem stammen kann. Die persönliche Würde eines Menschen ginge verloren, wenn dieses Fürwahrhalten mitgeteilt werden könnte wie beispielsweise 4 x 4 = 16. Dann würde einem Menschen das, was ihm eigen ist, sein persönlicher Standpunkt, aberkannt. Bei dem Fürwahrhalten geht es um Dinge, die ich sein muss, und nicht um Dinge, die ich kennen muss. Wenn Weltanschauung übertragbar wäre, dann wäre der Schüler von der Notwendigkeit entbunden, sein eigenes Fürwahrhalten zu entdecken. Ein Lehrer kann es nicht übertragen, er kann nur Anlass dazu sein, einen An-Stoß geben, ein Zitterrochen sein.

Was ist Lernen überhaupt? Es ist ein Prozess, in dem man neue bedeutsame Erfahrungen macht. Jeder Mensch existiert wie eine Mischung aus Bedeutungsfeldern, aus denen er lebt und mit denen er die Welt beurteilt. Es gibt u.a. katholische und protestantische, islamische und buddhistische, bürgerliche und proletarische, progressive und konservative, intuitive und rationale Bedeutungsfelder. Jeder baut so eine Welt auf und darin unterscheiden wir uns häufig sehr deutlich. Im Prinzip will man an seinem Bedeutungsfeld festhalten. Man erhält seine Vorstellungen so lange aufrecht, bis man erkennt, dass eine andere Vorstellung es wert ist, ebenfalls betrachtet zu werden. In diesem Augenblick beginnt der Lernprozess. Was geschieht dann? Man beginnt zu problematisieren. Man wägt das eine gegen das andere ab. Und selbst wenn man danach bei seinen alten Überzeugungen bleibt, hat man einen Lernprozess durchlaufen. Lernen beginnt, wenn wir in unserem Bedeutungsfeld mit etwas Neuem schwanger werden.

»Neu« heißt dabei »neu für mich«. Sören Kierkegaard schreibt dazu: »... denn erst wenn ich es entdecke, ist es entdeckt, vorher nicht, und wüßte es denn die ganze Welt.«[44] Ich kann zwar auf Autorität von jemand anderem etwas annehmen, aber dann handelt es sich eher um glauben als um lernen. A. Combs schreibt dazu: »die wichtigste Lernsituation ist die, in der der lernenden Person geholfen wird, ihre Ideen unter günstigen Umständen zu prüfen und zu untersuchen, und in der sie die Chance bekommt, deren eventuelles Gelingen zu beurteilen.«[45] Lernen beginnt, wenn wir einer neuen Erfahrung ausgesetzt werden. Das bringt ein gewisses Zögern mit sich. Wir sehen daher auch, dass Sokrates' Schüler immer wieder die Fassung verlieren, verlegen werden, da lang gehegte Vorstellungen wie Schnee an der Sonne schmelzen. Daher ist Lernen: Geburtswehen haben. Es ist nichts Schönes. Anders gesagt, wenn sich ein Lernprozess ankündigt (wir reden hier immer über das Lernen von Wertvorstellungen!), dann kommt das Alltagsbewusstsein vom richtigen Wege ab, da die neuen Impulse aus dem intuitiven Bewusstsein kommen. Auf der Ebene von Wissen und Nicht-Wissen ist für die Schüler des

Sokrates eine Frage unlösbar geworden und auf der Ebene, auf der diese Frage wirklich beantwortet werden kann, hat das Wissen keinen Einfluss mehr. Eine Art Bestürzung entsteht.

Der Lehrer

Natürlich ist Lernen eine Sache des Schülers, aber es entsteht im Schüler nicht von selbst. Der Mensch steht nicht alleine in der Wirklichkeit, er existiert nur aus der Gnade der Partizipation. Wenn ein Mensch auf die Welt kommt, ist er schon Millionen Jahre alt und hat gewissermaßen schon ungeheuer viel gelernt. Nach seiner Geburt geht dieser Lernprozess weiter und er lernt über seinen Körper, die Natur, die Umgebung usw. Einer der vielen Lernbeteiligten im Leben ist der Lehrer. Nicht dass man um zu lernen notwendigerweise einen Lehrer benötigt, aber er kann in bestimmten Situationen besonders sinnvoll sein. Dann bleibt es allerdings dabei, dass er nur ein Geburtshelfer ist. Das ist die zweite wichtige Intuition des Sokrates. Der Lehrer schafft nichts Neues, er befreit das innere Leben des Schülers. Der Lehrer trägt dazu bei, dass das Feuer im Schüler entfacht wird, indem er auf ansteckende Weise arbeitet. Sokrates bedrängt, befragt, argumentiert, verwirft, aber er wird niemals die Verantwortung der Antwort übernehmen. Er gibt Rätsel auf, aber er wird sie meistens nicht lösen. Er bringt den Schüler dazu zu problematisieren. Er bringt seinen Schüler in Schwierigkeiten!

Ein guter Lehrer stellt nicht die eigenen Probleme zur Diskussion, sondern die des Schülers; auch nicht »die« Lebensprobleme, sondern die, mit denen der Schüler gerade schwanger geht. Ausgehen von der Situation, die sich hier und jetzt ergibt, ist eine Conditio sine qua non für einen weltanschaulichen Lernprozess.

Es gibt nichts, das so vergänglich ist wie das »Jetzt«, während wir gleichzeitig mit nichts anderem so ewig verbunden sind. Ein Mensch lebt in einem immer gegenwärtigen und gleichzeitig immer flüchtigen Jetzt. Das steckt in seiner Natur. Er kann einfach nicht in der Vergangenheit oder in der Zukunft leben. Vergangenheit und Zukunft sind für ihn nur *gegenwärtig* bedeutsame Erlebnisse, es sind Gedanken, im Kortex konstruiert. Aber sie spielen sich alle im Heute ab. Wenn ein Mensch dies übersieht, entfremdet er sich von sich selbst. Wenn er beständig für die Zukunft arbeitet, muss er einsehen, dass diese per definitionem nicht erreichbar ist. Das Gleiche gilt für das so genannte Verweilen in der Vergangenheit. Nicht, dass Erinnerungen und Erwartungen nicht sinnvoll wären, aber nur wenn sie im Heute Wurzeln schlagen.

Das Hier und Jetzt ist für jeden für eine bestimmte Situation strukturiert. Es gibt kein Hier und Jetzt losgelöst von der konkreten Situation, ebensowenig wie es Obst gibt, das nicht gleichzeitig ein Apfel, eine Birne oder eine andere Frucht ist. Obst an sich gibt es nicht. Mensch sein heißt in *einer* Situation sein. Ein Mensch kann sich daraus nicht befreien. Diese Beschränkung gehört einfach zu unserem Leben. Ich kann mich nicht aus einer Situation lösen, ohne sofort in eine andere zu geraten. Ich kann zwar Pläne machen, um eine Situation zu verändern, aber ich kann niemals das »in einer Situation sein« aufheben. Ich existiere in dieser historischen Zeit, unter diesen Umständen, bin Mann oder Frau, alt oder jung, werde geleitet von Umständen und Möglichkeiten.

Die Idee, dass der Schüler gebiert und der Lehrer entbindet, ruft bei Sokrates eine dritte Intuition hervor, dass man niemals aus dem konkreten Platziert-Sein des Menschen eine Abstraktion machen darf. Wenn das geschieht, geht es eigentlich um nichts mehr. Es entsteht ein gänzlich anderer Dialog mit Menon als mit Ion, und Ion hat ein ganz anderes Problem als Theaitetos. Sokrates weiß, dass diese Männer erst lernen können, wenn es in ihrer konkreten eigenen Situation verwurzelt ist.

Es hat keinen Zweck, mit Menon über dichterische Inspiration zu sprechen oder mit Ion über die Tugend, wenn sie damit nicht schwanger gehen. Der Philosoph Alain sagt: »Die Wahrheit dauert nur einen Moment für uns Menschen, die kurzsichtig sind. Sie ist an eine Situation gebunden, an einen Augenblick; man muss sie in diesem Moment sehen, aussprechen, machen, nicht davor, nicht danach, in lächerlichen Grundsätzen; nicht für mehrere Male, *denn nichts ist mehrere Male*«.

Gemeinsame Inspiration

Es gibt einen Aspekt in der Methode des Sokrates, der so offenkundig ist, dass wir ihn leicht aus dem Auge verlieren können. Es liegt nämlich eine große Gefahr darin, die Rolle des Schülers und des Lehrers getrennt voneinander zu untersuchen, weil der Kern des sokratischen Lernprozesses gerade in der Begegnung der beiden liegt. In seinem Buch *Joodse traditie als permanent leren* (Jüdische Tradition als permanentes Lernen) behauptet Ido Abram: »Das wichtigste Verhältnis, das zwischen Lehrer und Schüler existieren muss, ist ein Vertrauensverhältnis. Das Fehlen einer solchen Beziehung führt zu Missständen [...] und erklärt den Abscheu und den Hass gegenüber Schulen, die in vielen Anti-Schul-Veröffentlichungen deutlich wird. ... Wenn Lehrer und Schüler sich nicht füreinander verantwortlich fühlen und sich nicht gewogen sind, löst selbst der beste Vertrag kein einziges Problem.«[46] Der Kern ist die Begegnung zwischen Menschen, die gemeinsam eine bestimmte Perspektive vor Augen haben, die gemeinsam verlegen, verwundert, unwissend usw. sind. Der Anfang allen Lernens liegt darin, einen Dialog zustande zu bringen. Für viele ist Lehren ein Monolog des Lehrers, dessen Inhalt bei einer Prüfung als Echo des Schülers zu ihm zurückkehrt. Der Schüler wird so zum Repetitor einer vorfabrizierten Wahrheit. Wenn der Lehrer sich allerdings der Wahrheit öffnet, öffnet er sich gleichzeitig dem Schüler. Aus diesem tief empfundenen Mit-Gefühl gerät Sokrates selbst in Verlegenheit und weiß beispielsweise in dem Gespräch mit Menon wirklich nicht, was man unter Tugend verstehen kann. Wenn es keine Begegnung gibt, ähnelt Lehren schnell der Manipulation und macht den Schüler abhängig. Immer wieder aufs Neue sehen wir in der Geschichte, dass, wenn es um weltanschauliche Fragen geht, eine kleine wissende Minderheit mit unfehlbarer Autorität eine große unwissende Mehrheit unterrichtet. Das geht meist mit Drohungen einher – bewusst oder unbewusst. Der eine Mensch glaubt, das Recht zu haben, den anderen in der Tugend unterweisen zu dürfen oder zu müssen. Ja, gerade in der Tugend. Man muss als Schüler ein Kind sein oder sich als Kind fühlen, um es in solch einer Situation aushalten zu können. Weltanschauliche Bildung wird häufig von Strukturen des Wissens und der Macht bestimmt.

»Eine Erziehung, die uns nicht lehrt wie, sondern was wir denken müssen, wird immer eine herrschende Klasse von geistigen Hütern und Meistern erfordern. Aber gerade die Idee, jemanden zu leiten, ist antisozial und anti-geistig. Die Führung gibt dem, der sie ausübt, Befriedigung in seiner Machtgier; es gibt denen, die geführt werden, Befriedigung in ihrem Verlangen nach Sicherheit.«[47]

Sokrates möchte kein autoritärer geistiger Führer sein. Die Freiheit des Schülers steht bei ihm im Mittelpunkt. Er erlegt ihm keine Lernpflicht auf, er trifft ihn und, obwohl er ihn in Verlegenheit bringt, entzieht er ihm niemals seine Freiheit. Seine Schüler können sich von ihm abwenden, zu ihm zurückkommen oder fortbleiben. Er verzichtet eher auf das »was«, bevor er das »wie« in Gefahr bringt. Snygg weist darauf hin, dass »nichts so unbrauchbar ist wie Lösungen, zu denen wir kein Problem haben«.[48] Der Schüler muss nicht bestimmte Gedanken lernen, sondern er muss lernen zu denken. Man muss ihn nicht irgendwohin tragen, man muss ihn begleiten.

Kierkegaard schreibt einmal: Einen Menschen auf der Straße aufzuhalten und mit ihm zu sprechen ist nicht schwierig, aber einem Passanten etwas sagen zu müssen, ohne stehen zu bleiben und ohne ihn zu überreden, den gleichen Weg zu gehen wie man selbst, das ist entsetzlich schwierig.

Und warum geht Sokrates ein Stück mit den anderen mit? Sie können sich nicht vorstellen, sagt er zu Menon, dass ich das aus Zuneigung tue. Aber woher kommt diese Zuneigung? Um das klar zu erkennen, müssen wir noch einen Schritt weitergehen, dann kommen wir zum Kern der Auffassung des Sokrates.

Um diesen zu entdecken, müssen wir zuerst etwas auf ein klassisches Diskussionsthema eingehen. Es gibt nämlich zwei diametral entgegengesetzte Theorien, wenn es um die Antwort auf die Frage »Wie lernt ein Mensch?« geht. Die eine Theorie besagt, dass alles aus dem Schüler kommt und der Lehrer nur Dinge hervorrufen kann; die andere besagt, dass der Mensch als unbeschriebenes Blatt auf die Welt kommt und dass es gerade die Einprägungen des Erziehungssystems sind, die bewirken, dass er wird, was er ist. Dann stellt sich die Frage: Kommt die Wahrheit nun aus dem Inneren des Menschen oder von außen? Menschen, die sich berufsbedingt mit weltanschaulichen Fragen beschäftigen, stellen die Frage meist so: Gibt es eine Tradition, in die der Mensch aufgenommen werden muss, oder schafft sich jeder Mensch für sich selbst eine Weltanschauung? Diese Diskussionen sind aussichtslos, denn beide Parteien haben dezidierte Gründe, mit denen sie die andere angreifen: Wenn alles aus der Tradition kommt, woher kommt dann ursprünglich die Tradition als solche? Aber auch: Wenn alles aus dem Menschen selbst kommt, wie kann man dann von Entwicklung sprechen? Warum entdeckte dann nicht Adam schon die Formel der Relativitätstheorie $E = MC^2$?

Es ist bemerkenswert, dass beide Parteien glauben, Sokrates sei aus ihrer Auffassung heraus zu interpretieren. Die eine Partei sagt: Sokrates ist der Meinung, alles sei im Schüler schon vorhanden und der Lehrer sei nur der Geburtshelfer. Die andere Partei behauptet: Sokrates mag zwar dieser Meinung sein, aber alles weist doch darauf hin, dass er von außen auf den Schüler einwirkt und dieser so zu einer Einsicht kommt. Es sind doch die Dinge, die Sokrates berühren, die diskutiert werden. Und Sokrates mag dann zwar sagen, dass er nichts weiß, aber das weiß er dann doch und das überträgt er auch fortwährend.

Es wird uns nicht gelingen, das Problem auf dieser Ebene zu lösen. Wir müssen es überwinden und das ist nur möglich, wenn wir den Gedanken mit einbeziehen, dass ein Lernprozess sich Sokrates zufolge auf einer Ebene abspielt, die er »göttliche Inspiration« nennt. In der Auffassung, die in *Ion* vertreten wird, finden wir eine Antwort auf unsere Frage. Lehrer und Schüler müssen in einer rhapsodischen Verbindung beieinander sein. Sokrates zeigt, dass Meister und Schüler im Dialog einander nicht mehr angehören, sondern dass sie gemeinsam in einer Wirklichkeit stehen, die sie umspannt und übersteigt. Es ist eine transzendente Wirklichkeit, aus der beide schöpfen und wodurch beide in Entzücken geraten. Meister und Schüler befinden sich in einem magnetischen Feld und dies verursacht, dass sie sich zueinander gezogen fühlen. Sie sind beide Ringe, die durch den Stein der Weisheit magnetisch werden und sich anziehen. Meister und Schüler handeln nicht aus eigener Kraft, sie sind keine »Selbstversorger«.

In diesem Sinne kommt im Lernprozess alles von außen, und wir werden getragen und inspiriert von dem, was die ganze Wirklichkeit trägt und inspiriert. Wir entstammen der Wirklichkeit, wir haben an ihr teil und sind niemals unabhängig von ihr.

Aber ... da alles mit allem zusammenhängt, ist auch alles im Lehrer und im Schüler vertreten. Sie sind ein Durchschnitt der Wirklichkeit. Der Mittelpunkt der Wirklichkeit ist überall und nirgends. Ich falle mit dieser Wirklichkeit zusammen. In diesem Sinne können Schüler und Lehrer sagen, dass sie alles aus ihrem Inneren erfahren. Denn nichts von der Wirklichkeit ist ihnen fremd.

Da Sokrates die verstandesmäßigen Kapazitäten seiner Schüler bis aufs Äußerste nutzt, zwingt er sie bis an die Grenze. Dort angekommen, versucht er immer auf eine rhapsodische Art den anderen in Aufruhr zu versetzen. Auf der Ebene der Intuition und der Instinkte versucht er, mit dem anderen in Kontakt zu kommen und ist sich darüber in Klaren, dass die Wirklichkeit, auf die beide stoßen, sie umgibt. Wenn die Bürger Athens mit ihm in Kontakt treten, fühlen sie sich als Kosmonauten.

Seine Art zu problematisieren ist von der Inspiration durchdrungen. Diese Inspiration kommt nicht aus Sokrates heraus. Er begreift, dass der universelle Geist ihn bewegt, sodass er gar nicht anders kann. Aus dieser Haltung können wir die Bilder verstehen, die seine pädagogische Methode charakterisieren: hypnotisieren, lähmen, in Aufruhr versetzen, Geburtswehen hervorrufen, Bestürzung wecken usw. Sokrates hat nicht die Vorstellung, dass bei den Schülern eine Saite angeschlagen wird, sondern dass bei beiden eine Saite angeschlagen wird.

Wenn wir Wertvorstellungen lehren oder lernen wollen, dann hilft argumentieren nicht viel. Wir können höchstens darlegen, dass argumentieren nicht hilft – was Sokrates daher auch fortwährend tut. Er geht mit seinem Verstand immer wieder ... auf das Ende zu. Aber was dann? Dann bleibt nichts anderes übrig, als bei dem anderen hervorzurufen, was dieser erfährt. Dann bleibt nur noch eine rhapsodische Verbindung und er versucht, den anderen zu magnetisieren, zu begeistern. Wenn es darum geht, das Unaussprechliche auszusprechen, hilft die kortikale Sprache uns wenig oder gar nicht mehr. Wir gehen dann über auf eine figürliche, bildhafte Sprache, auf die Phantasie, auf das Imaginäre, auf Ideen und Visionen, auf ... Schweigen. Nicht mehr zeigen, sondern verweisen, nicht mehr logisch sprechen, sondern paradox, nicht mehr wissenschaftlich, sondern symbolisch, nicht mehr analytisch, sondern holistisch, nicht aus der Hirnrinde, sondern aus dem Gehirnstamm.[49]

»Kannst du mir sagen, Sokrates, ist die Tugend lehrbar?« Die Antwort lautet: Sie ist nicht lehrbar, sie kann höchstens (wenn man damit schwanger geht) in einer rhapsodischen Verbindung hervorgerufen werden!

Ode an Sokrates

Wie bekannt, war der dänische Philosoph Sören Kierkegaard (1813-1855) von Sokrates' Mäeutik fasziniert. Ich will daher abschließend einige lobende Gedanken Kierkegaards über den griechischen Philosophen aus seinen *Philosophischen Brocken* zitieren. Nachdem er Sokrates' Hebammenkunst erläutert hat, schreibt er:

> »In Anbetracht hiervon zeigt es sich, mit welch einer wundervollen Folgerichtigkeit Sokrates sich selber treu geblieben ist und künstlerisch wirklich werden ließ, was er verstanden hatte. Er war und blieb Wehmutter; nicht weil er ›das Positive nicht hatte‹, sondern weil er einsah, daß jenes Verhältnis das höchste ist, das ein Mensch gegen den anderen einnehmen kann. Und darin behält er ja in alle Ewigkeit recht; denn mag gleich irgend ein göttlicher Ausgangspunkt gegeben sein, zwischen Mensch und Mensch bleibt dies das wahre Verhältnis, wenn man auf das Unbedingte reflektiert ... O, seltener Edelsinn, selten in unsrer Zeit, wo der Pastor ein bißchen mehr ist als der Küster, wo jeder zweite Mensch Autorität ist, indessen alle diese Unterschiedlichkeiten und alle die viele Autorität vermitteln in einer gemeinsamen Narrheit, und in einem commune naufrago ... Zwischen Mensch und Mensch ist dies das Höchste; der Jünger ist Veranlassung, daß der Lehrer sich selbst versteht, der Lehrer Veranlassung, daß der Jünger sich selbst versteht; der Lehrer läßt beim Tode keinerlei Forderung an des Jüngers Seele hinter sich, gerade ebenso wenig als der Jünger eine Forderung über etwas, das der Lehrer ihm schuldig sei, erheben könnte. Und wäre ich der Schwärmerei nach ein Plato ... und vermöchte meiner Bewunderung Leidenschaft sich nicht

zu stillen außer in der Umarmung jenes herrlichen Manns, so möchte Sokrates meiner wohl lächeln und sagen: »O, Lieber, du bist doch ein arglistiger Liebhaber; denn mich willst du vergöttern mittels meiner Weisheit, und dann willst du selber der sein, der mich am besten verstanden, und der sein, aus dessen bewundernder Umarmung ich mich nicht zu reißen vermöchte; bist du am Ende nicht ein Verführer?« Und wo ich ihn nicht verstehen wollte, würde seine kalte Ironie mich wohl zur Verzweiflung bringen, wenn er vor mir darlegte, daß er mir ebensoviel schuldig sei wie ich ihm. O seltene Redlichkeit, die keinen betrügt, auch den nicht, der seine Seligkeit darin fände, betrogen zu werden, selten in unsrer Zeit, da jedermann weiter geht als Sokrates. O seltene Treue, die keinen verführt, auch den nicht, der alle Kunst der Verführung braucht, um sich verführen zu lassen.«[50]

9. Symbolisieren lernen: Die Praxis am Beispiel des Films

»Die wahre Sprache des Films ist die,
die das Unsichtbare ausdrückt.«
Robert Bresson

In diesem Kapitel wird anhand des Phänomens »Film« und des »Filmgesprächs« veranschaulicht, wie Menschen symbolisieren können und wie sie sich anschließend ihrer Symbolisierungsprozesse bewusst werden können. Der Film versteht es ausgezeichnet, unsere schlummernden, unbewussten Triebe zu projizieren und zum Leben zu erwecken. Das Filmgespräch soll diese Projektionen nicht reduzieren, sondern vielmehr verstärken.

Einleitung

Dieses letzte Kapitel kann ebenso gut wie das erste eines neuen Buches gelesen werden. Es hat zum Ziel, konkret zu illustrieren, wie der Vorgang des Symbolisierens tatsächlich funktionieren kann und wie man mystagogisch-didaktisch mit einem solchen Symbolisierungsprozess umgehen kann. Auf diese Weise möchte ich den recht abstrakten Betrachtungen der vorhergehenden Kapitel Hand und Fuß verleihen, und zwar soll dies am Beispiel des Phänomens »Spielfilm« geschehen. Tatsächlich stand mir hier eine ganze Palette von Möglichkeiten zur Verfügung, und es wäre ohne Zweifel sinnvoll, einige dieser Herangehensweisen in einem zweiten, eher praktisch angelegten Buch zu erläutern. Schließlich gibt es unzählige Möglichkeiten, einen anderen Menschen in die »transitionale Wirklichkeit« einzuführen. Der Film ist hier nur eine der möglichen Kunstformen. Die Welten beispielsweise des Theaters, der Architektur, Literatur, Musik, Malerei und Bildhauerei sind grundsätzlich ebenso zugänglich. Daneben bieten natürlich die Religionen einen unerschöpflichen Reichtum an Möglichkeiten (oft verwoben mit verschiedenen Formen der Kunst), aber auch in vielen säkularen, kulturellen Aktivitäten manifestiert sich der Homo ludens. Ganz zu schweigen von Sport, Spiel und Tourismus. Darüber hinaus kennt auch der moderne Mensch noch viele »rites de passage«, von der narrativen Initiation des Kindes durch

Märchen bis hin zu den Ritualen des Abschieds rund um den sterbenden Menschen. Der Mensch schmückt sein Leben auf die eine oder andere Weise mit Ritualen und Symbolen aus. So will er ein voll-endetes Leben antizipieren. Geburtsrituale, Versöhnungsrituale, Freundschaftsrituale, Ehe- und Abschiedsrituale – sie kehren immer wieder.[1] Wie viel symbolisches Bewusstsein haben nicht nahezu alle Kulturen um diese Basisfunktionen herum aufgebaut? Unser Atmen, unsere Träume, unsere Mahlzeiten und unsere Sexualität können stark von einer »transitionalen« Sphäre geprägt sein, wenngleich man zugeben muss, dass unsere westliche Kultur sicherlich einige Antennen hierfür eingebüßt hat.[2] Und nützt nicht auch die Losung »l'imagination au pouvoir« der Art und Weise, in der wir Politik betreiben, mit der Natur umgehen und unsere Kinder erziehen? Alle diese Themen könnten nacheinander in diesem möglichen zweiten Buch behandelt werden. Ich habe mich also ad exemplum und Pars pro toto für den Film entschieden, nicht nur, weil ich mich in den vergangenen Jahren mit diesem Thema verstärkt beschäftigt habe, sondern eben auch, weil ich an einem *säkularen, zeitgenössischen* Medium illustrieren wollte, was mich in diesem Buch beschäftigt, einem Medium, das also nicht unmittelbar eine klassische/religiöse Konnotation hervorruft. Ebenso gut hätte ich im Prinzip den Umgang mit der Bibel als Beispiel wählen können, aber dann hätte die Gefahr bestanden, dass man einem Bibeltext schon a priori eine religiöse Natur zusprechen würde. Ein Bibeltext *ist* jedoch nicht religiöser Natur, er kann es eventuell *werden.*

Im ersten Abschnitt werde ich den Film als eine wunderbar reiche Quelle der Symbole beschreiben, im zweiten widme ich mich dem Zuschauer, der von diesem Medium gefesselt wird. Ich habe mich dabei für einen bestimmten Zuschauertyp entschieden: Den älter werdenden Menschen. Diese Wahl ist einerseits willkürlich (ich hätte auch den Standpunkt von Kindern, Jugendlichen oder jüngeren Erwachsenen einnehmen können), andererseits entscheide ich mich gerade für den älteren Menschen, weil für seine Situation das Bedürfnis nach der Projektion von Seelenbildern prägnant herausgearbeitet wird. Der ältere Mensch wird in dieser Hinsicht wohl am meisten sich selbst überlassen. Im dritten Abschnitt beschreibe ich dann in groben Zügen ein didaktisches Modell für ein Filmgespräch, das die Symbolisierungsprozesse berücksichtigt, die während der Betrachtung des Films stattgefunden haben. Dieses Modell ist im Prinzip auf Menschen jeden Alters anwendbar.

Es ist der Weihnachtsabend des Jahres 1925 in der Pfarrersfamilie Bergman in Uppsala. Zwischen den Geschenken unter dem Weihnachtsbaum fällt dem siebenjährigen Ingmar ein großes Paket auf, und zwar wegen des Namens, der auf dem braunen Papier steht: »Forsners«. Das ist der Besitzer eines Fotogeschäfts, der nicht nur Kameras, sondern auch echte Cinematographen verkauft. Man stelle sich vor: ein echter Cinematograph! Kurz zuvor war er mit seiner Tante im Kino gewesen und hatte dort ein unvergessliches Erlebnis gehabt. »Ich wurde von einem Fieber erfasst, das sich niemals wieder gelegt hat. Die geräuschlosen Schatten wenden mir ihre bleichen Gesichter zu und sprechen mit unhörbarer Stimme meine tiefsten Gefühle an.«[3] Zu seinem großen Kummer bekommt jedoch sein großer Bruder das eckige Paket, in dem, wie sich herausstellt, wirklich ein Cinematograph steckt. Schimpfend und zeternd verlässt er das Zimmer, schließt sich ein und fällt weinend in den Schlaf. Als er in der Nacht wach wird, steht sein Entschluss fest. Er weckt seinen Bruder und bietet ihm seine hundert Zinnsoldaten im Tausch gegen den Cinematographen. Sein Bruder willigt ein. Am folgenden Tag dreht er seinen ersten Film. Dieses Ereignis ist der Erwähnung wert. Schließlich geht es hier nicht nur um eine persönliche Anekdote, vielmehr muss dieses Ereignis in der Filmgeschichte, die ein gutes Jahrhundert alt ist, als »Sternstunde« in Erinnerung bleiben. Einer der genialsten Cineasten entdeckt seine wahre Natur. »Am folgenden Morgen zog ich mich in den geräumigen Kleiderschrank des Kinderzimmers zurück, stellte den Cinematographen auf eine Zuckerkiste, zündete die Petroleumlampe an und richtete die Lichtquelle auf die weiß gekalkte Mauer. Danach legte ich den Film in den Apparat ein. Auf dem Deckel stand eine Erläuterung: Der Film hieß *Frau Holle*. Wer diese Frau Holle war, wusste niemand, aber später stellte sich heraus, dass sie eine Volksvariante der Liebesgöttin der Mittelmeerinseln war. Auf der Mauer erschien das Bild einer Weide. Auf der Weide schlummerte eine junge Frau, die klar erkennbar Trachtenkleidung trug. Als ich an der Kurbel drehte – ich kann es nicht erklären, ich finde keine Worte für meine Erregung, ich kann mir, wenn ich nur will, den Geruch des heißen Metalls wieder vergegenwärtigen, die Luft im Kleiderschrank, Mottenkugeln und Staub, die Kurbel in meiner Hand, das zitternde Rechteck auf der Mauer. Ich bewegte die Kurbel, und das Mädchen erwachte, setzte sich auf, erhob sich langsam, streckte seine Arme, drehte sich und verschwand nach rechts. Als ich weiterkurbelte (die Enden waren aneinandergeklebt), lag sie wieder dort und wiederholte genau die selben Bewegungen. Sie regte sich«.[4]

Wie viele von uns haben nicht eine ähnliche Erfahrung gemacht, als wir zum ersten Mal mit der »Laterna magica« in Berührung kamen? Als Bergman sein alles überragendes Erlebnis hatte, befand sich der Film, technisch betrachtet, noch in den Kinderschuhen, aber der faszinierende Kern des Erlebnisses dieses Mediums hat sich niemals verändert: Auf die »dunkle« Wand unserer »Kleiderschrank-Existenz« wird die »irgendwo anders« vorhandene Wirklichkeit plötzlich voller »Licht und Bewegung« projiziert. Fasziniert und voller Spannung schauen wir zu, denn wir begreifen einerseits, dass diese Bilder voller Licht und Schatten nur »Illusionen« sind, aber andererseits sind wir davon überzeugt, dass diese Illusionen wirklicher sind als die Wirklichkeit außerhalb des Schrankes. Wenn wir den Schrank verlassen ist es so, als ob wir aus einem Traum erwachen.

Licht-Dunkelheit ist vermutlich das grundsätzlichste Gegensatzpaar, das unser Leben sowohl von innen als auch von außen bestimmt. Und eben diese beiden Pole sind für dieses Medium bedeutsam. Selbst wenn wir in einem erleuchteten Zimmer Fernsehbilder betrachten, erleben wir die aufleuchtenden Bilder auf dem Bildschirm so, als säßen wir im Dunklen. Der verdunkelte Kinosaal wirkt hier natürlich »ipso facto«. Wenn ein Bild in einen dunklen Saal projiziert wird, ist das eine Erfahrung, die sich mit dem ersten, alles bestimmenden Urmoment des ersten Schöpfungstages deckt: Es werde Licht, und das Licht scheint in der Finsternis! Dies ist schlechthin die Grundbedingung aller Schöpfungsaktivitäten. So entwickelt sich dann auch jeder Film wie eine Art Schöpfungsmythos. »Film! Verbreitet über die ganze Erdkugel liegt ein geheimnisvolles Produkt der industriellen Revolution in versteckten Lagern verstaut. Höchst entflammbar, sogar explosiv, oder im besten Falle schwer abbaubar. Es ist kein Gift, es ist kein Abfall. Es ist eine schlummernde Welt der Phantasie, die – *zu Leben erweckt durch gebündeltes Licht* – ein großartiges Schauspiel der Sehnsüchte, Ängste und Philosophien ganzer Generationen ergeben würde.«[5] Der Autor spielt hier wörtlich auf die vollgestopften Magazine an, aber tatsächlich impliziert seine Beschreibung eine bestimmte Seherfahrung. Das, was unbewusst oder halb bewusst in uns schlummert, wird durch ein Bündel fokussierten Lichts zu Leben erweckt. Bei Ingmar hatte das eine explosive Wirkung. Es wird kein Zufall sein, dass er in seinem letzten Film, *Fanny und Alexander*, gerade diese Erinnerung an den Cinematographen wieder inszeniert.

So paradox es ist, das oben Ausgeführte bedeutet, dass sich unser Geist während der Betrachtung eines Films eher in einem Schlafzustand befindet, als dass er hellwach ist. Eine großartige Metapher für die Seherfahrung ist daher der »Traum«! Erleben wir im Traum nicht auch so etwas wie einen Lichtstrahl, der Bilder auf die dunklen Wände unseres schlafenden Geistes projiziert? Sind wir im Traum nicht alles zugleich, dunkler Kleiderschrank, Cinematograph, der Mann an der Kurbel, Film und Leinwand, aber vor allem auch: Schöpfer des Lichts?

Besonders Ingmar Bergman war sich dieser Metapher bewusst. »Das Filmen ist für mich eine bis ins kleinste Detail geplante Illusion, die Spiegelung einer Wirklichkeit, die mir, je länger ich lebe, immer illusionärer erscheint. Wenn ein Film kein Dokument ist, *ist er ein Traum.*«[6]

Es gibt eine ästhetische, technologische, ökonomische und soziale Historiographie des Films. Die »Traum«-Geschichte muss noch geschrieben werden. In dem, was in der Regel als »objektive« Filmanalyse gilt, wird hauptsächlich die sichtbare Oberfläche der Filme analysiert! Wenn wir uns aber damit zufrieden geben, wird uns gerade die Essenz dieser Kunst entgehen. Wir werden dann auch nie in der Lage sein, so etwas wie einer religiösen Filmgeschichte auf die Spur zu kommen.

Gibt es so etwas wie einen religiösen Film? Jeder weiß, dass die Antwort auf diese Frage alles andere als einfach ist, und ich mache mir keine Illusionen darüber, in einem solch begrenzten Rahmen auch nur ansatzweise die wichtigsten Facetten dieser Frage berühren zu können. Vieles hängt hier natürlich davon ab, was man unter »Religion« versteht. Ich möchte jedoch betonen, dass es hier ebenso wichtig ist, was man unter »Film« versteht.

Lassen Sie uns noch kurz in der vorzüglichen Gesellschaft Bergmans bleiben. Er umschreibt das Phänomen Film meiner Meinung nach auf überragende Weise folgendermaßen: »Film als Traum. Film als Musik. Es gibt keine Kunstform, die sich wie der Film über unser alltägliches Bewusstsein erhebt, geradewegs aus unseren inneren Gefühlen, tief im dämmerigen Raum unserer Seele. Ein kleines Unglück in unserem Sehnerv, ein Schockeffekt; vierundzwanzig kleine belichtete Bilder pro Sekunde, dazwischen Dunkel, der Sehnerv registriert das Dunkel nicht. Wenn ich am Schneidetisch den Film Bild für Bild ansehe, fühle ich immer noch das schwindelerregende Gefühl der Magie meiner Kinderjahre; im Dunkel des Schrankes kurbelte ich ein Bild nach dem anderen zum Vorschein, registrierte die nahezu unmerklichen Veränderungen, kurbelte schneller: eine Bewegung. Die stummen oder sprechenden Schatten wenden sich ohne Umweg an meine verborgensten Räume.«[7]

Der »Ort«, an dem wir in unserem Geist die Filmbilder wahrnehmen (»über unser alltägliches Bewusstsein hinaus, im dämmerigen

Raum unserer Seele«), dort, und nirgendwo anders, befinden sich auch die Räume unserer religiösen Wahrnehmung. Die religiöse Wahrnehmung hat ebenfalls den Charakter eines Traums. Das habe ich in den vorhergehenden Kapiteln immer wieder beschrieben. Nicht das Wort, sondern der Traum bildet den Ausgangspunkt des religiösen Erlebnisses. Wenn das religiöse Erlebnis in Worten ausgesprochen wird, finden alle literarischen Genres nur im träumenden Menschen ihre Wurzel: Mythos, Märchen, Legende, Sage, Parabel, Wunder, Vision und Gleichnis. Die verbale Äußerung ist immer nachgeordnet. Zuerst gibt es das imaginäre Bild. »Nicht das verbale, an Worte gebundene Vernehmen, sondern das »Schauen« gilt ... als das eigentliche Sehen und Hören Gottes. Höher kann der Traum religiös nicht geschätzt werden.« In Hiob 33,14-15 steht: »Denn einmal redet Gott und zweimal, man achtet nicht darauf. Im Traum, im Nachtgesicht, wenn tiefer Schlaf auf die Menschen fällt, im Schlummer auf dem Lager«. Das meint der Autor hier wörtlich! Aber der Film ist auch im Wortsinne ein Tagtraumerlebnis![8]

Im Film, in jedem Film, bewegen wir uns in dem Traum-Raum, in dem auch die religiösen Bilder gedeihen (können) und sich manifestieren (können). Im Film bewegen wir uns auf »heiligem Boden«. Der avantgardistische Filmemacher Godard schreibt: »Der Film ist die religiöseste aller Künste, weil er den Menschen vor die Essenz der Dinge stellt und die Seele im Körper sehen lässt.« Nun können Regisseure natürlich die Wände dieser Räume mit explizit religiösen Bildern auskleiden (gerade ein Film eignet sich gut hierfür), aber es ist ebenso wichtig anzumerken, dass ein Zuschauer, der eine Antenne für religiöse Signale hat, beim Betrachten von nicht-explizit religiösen Bildern von diesen sehr religiös berührt werden kann. Solche Zuschauer haben nämlich Augen und Ohren dafür, Sinneswerkzeuge, die empfindlich sind für Träume und Illusionen. Im Film bewegen wir uns wie in einer Untergrundbahn. Oberirdische Räume, reich mit religiösen Wandteppichen ausgestattet, haben oft bei weitem nicht diese magische oder alchimistische Wirkung auf unsere Seele.

Ich träume zuweilen davon, dass es zu Zeiten Jesu bereits einen Cinematographen gab und dass die vier Evangelisten jeder einen *Film* über ihn gemacht hätten. Dann würden wir sonntags hören: »Die ersten Bilder stammen aus dem Film von Lukas!« Hierzu muss allerdings schnell etwas angemerkt werden. Wir haben, mit wenigen Ausnahmen, ein Jahrhundert lang hauptsächlich schlechte Erfahrungen mit *Jesus*filmen gemacht. Die Evangelisten aber, als wahre Traum-Cineasten, hätten natürlich einen *Christus*film gemacht!

Zu Beginn seiner Existenz wurde der Film hauptsächlich als eine Art Kirmesattraktion betrachtet. Und als dann nach und nach eine Filmindustrie entstand, hatte diese in der Hauptsache nur eine einzige Motivation: (frivole) Entspannung zu bieten. Dass der Film jemals als Kunstform anerkannt werden würde, schien ziemlich unmöglich, und dass man einem Film weltanschaulichen Tiefgang zuerkennen würde, der pädagogisch bedeutsam sein sollte, schien undenkbar. Man wollte die Menschen eher von diesem gefährlichen Medium fernhalten. Theologen rümpften darüber ihre (moralische) Nase, und Kulturwissenschaftler verdammten die künstlichen Tricks, die auf der Basis technischer Reproduzierbarkeit angefertigt worden waren. Noch 1948 schreibt der große Van der Leeuw in *Wegen en Grenzen*: »Sie [die Filmbilder] sind ein bleicher, farbloser Schein des Lebens, durch einen Trick in Bewegung gesetzt. Man hat versucht, die Bewegung gerinnen zu lassen und sie gleichzeitig fortzuführen. Dies ist nur mit Hilfe des technischen Tricks möglich. Mit Kunst kann dies niemals etwas zu tun haben. Die Filmkunst ist verurteilt – nicht durch die in vielerlei Hinsicht verachtenswerte Art und Weise, in der sie sich dem Geschmack des Publikums anpasst und sich in Sensation oder Sentimentalität ergeht. Das haben auch andere Künste getan. Sie jedoch ist in ihrem Wesen verurteilt. Nur ein Wunder kann Raum in Zeit verwandeln, kein Theatertrick.«[9] Fünfzig Jahre später ist der Film als Kunstform völlig anerkannt. Es erwies sich jedoch als erheblich schwieriger, den Film als Medium zur Vermittlung von weltanschaulichem Tiefgang zu akzeptieren, ganz zu schweigen von religiösem Tiefgang. Weltanschauliche Standpunkte sind traditionell mit der Sprache der Wörter verbunden, und dann auch noch mit der spezifischen Sprache des juristischen und scholastischen Wortes. Diese Art von Wort sucht immer die eine Wahrheit: etwas ist *entweder* dies *oder* das. Das Bild nun lässt sich nie zurückführen auf ein »Entweder-Oder«, und schon gar nicht auf etwas Wahres oder etwas Unwahres. Es bewegt sich in der Ordnung des Imaginären, nicht in der des Konzeptionellen. So ist das Bild in kirchlichen Kreisen dann auch dem Wort untergeordnet worden, es ist immer als ein unsicherer und zwiespältiger Faktor in der Verkündigung abgewertet worden. Das Bild gibt immer eine verschleierte Wirklichkeit wieder, es lädt zur Kontemplation ein, zur Betrachtung, zum Symbolisieren. Das Blatt hat sich jedoch gewendet. Man beginnt zu erkennen, dass die Quellen der Spiritualität gerade mit der Bildformung, mit Symbolen, verbunden sind. Das Bild erhält wieder seine volle Bedeutung zurück, eine Bedeutung, die es übrigens in der mystischen Theologie immer behalten hatte.

Das Filmbild hat lange Zeit in unserer Kultur nur »zur Unterhaltung« einen Platz gehabt. Das soll auch unbedingt so bleiben, denn es ist eine der faszinierenden Seiten dieses Mediums, dass wir uns immer dann, wenn der Projektor anfängt zu laufen, als Homo ludens erleben. Nach und nach ist jedoch die Überzeugung gewachsen, dass ein Film auch »zur Belehrung« dienen kann, ich möchte aber vor allem betonen, dass das Filmbild »zur Verehrung« gedacht ist. Im Erleben des jungen Bergman und vieler nach ihm ist das Filmbild eine Ikone, ein leuchtendes Fenster zur Ewigkeit, oder, wie Sylvain de Bleeckere es so feinsinnig beschrieb: »Das Licht der Schöpfung«.

Der ältere Mensch auf der Suche nach Bildern seiner Lebensgeschichte

Im Alter schreibt die italienische Schriftstellerin Natalia Ginzburg: »Nun sind wir dabei, das zu werden, was wir niemals werden wollten: alt. Wir haben das Alter weder gewollt, noch erwartet; und wenn wir versuchten, es uns vorzustellen, geschah dies immer auf eine oberflächliche, grobkörnige und fahrige Art und Weise. Es hat uns weder zu tiefgehender Neugierde gereizt, noch zu tiefgehendem Interesse. In der Geschichte vom Rotkäppchen war die Person, die uns am wenigsten neugierig machte, die Großmutter, und es interessierte uns überhaupt nicht, dass sie sicher aus dem Bauch des Wolfes zum Vorschein kam.«[10]

Was mir in diesem Zitat auffällt ist die Tatsache, dass in dem Moment, in dem für Natalia die Erkenntnis des Alters da ist, sofort auch die Märchenbilder erscheinen. Das Alter ist für sie keine beruhigende Aussicht (später in ihrem Text spricht sie über ein »Voranschreiten in Richtung auf ein graues Gebiet« und über ein »Verfallen in die Unbeweglichkeit eines Steines«), aber die Bilder aus dem Märchen vom Rotkäppchen sind hängen geblieben, Bilder, die von der Erlösung der »alten Frau« aus »dem verschlingenden Wolf« erzählen. Sie versucht, in ihrer eigenen Lebensgeschichte der Lebensgeschichte an sich auf die Spur zu kommen, erzählt und besungen in unzähligen Mythen und Märchen. Mit den überlieferten Bildern versucht sie, eine Brücke zwischen ihrer Persönlichkeit und dem Leben an sich zu schlagen. Verfügt man über Symbole, so ist es leichter, den Übergang, den Weg hinüber, zu schaffen, sagt der alte Alchimist. Ein Symbol führt zusammen, was zunächst gegensätzlich erschien.

Unser Leben ist ständigen Veränderungen unterworfen, und jede Veränderung bedeutet einen »Übergang«, das Überschreiten einer Schwelle, das Sterben in der einen Welt und das Geborenwerden in einer anderen, einen Prozess der Desintegration und der Integration. Manchmal gehen diese Veränderungen subtil vor sich und fallen uns nicht auf, ein andermal dringen sie auf schmerzhafte Weise in unser Bewusstsein ein und bringen uns aus dem Gleichgewicht. Bereits seit Millionen von Jahren haben Menschen bei sich selbst in diesen Transformationen ein mehr oder weniger festes Muster entdeckt, ein Muster, das sich in unsere Gene eingenistet hat, in unseren Leib, in unsere Seele, in unseren Geist. Und dieses Muster stellt sich in einer Vielfalt von Symbolen dar, Symbolen, die so stark sind, dass sie ihrerseits wieder dieses Muster in uns zum Leben erwecken können. Die Geschichte vom Rotkäppchen handelt von mir, von meiner tiefsten Lebensgeschichte. Ich muss mich von meinen Eltern trennen, muss in den dunklen Wald des Lebens gehen, muss in das Gute und das Böse eingeweiht werden, und so weiter.

Der größte Übergang, den jeder Mensch vollziehen muss, ist wahrscheinlich der des Brückenschlags zwischen Leben und Tod. Dieser große Übergang zerfällt ein Leben lang in kleinere, aber dennoch deutlich markierte Übergänge. Die Pubertät ist eine solche Periode.

Ein anderer radikaler Übergangsmoment befindet sich ungefähr um unser fünfzigstes und sechzigstes Lebensjahr. Dann durchlaufen wir in physischer, psychologischer und intellektueller Hinsicht eine starke Transformation. Und wie jeder Übergang ist auch dieser gepaart mit Hoffnung und Angst. Die alten Masken der Persona passen nicht mehr. Und auch dieser Übergang ist mit einer starken Desintegration verbunden. »Wenn wir merken, dass wir unser Leben nicht mehr anhand der Zahl der Jahre seit unserer Geburt messen, sondern nunmehr eine sorgfältige Schätzung der niemals zu wissenden Zahl der Jahre vornehmen, die wir noch vor unserem Tod übrig haben, kann unsere Lebenslust schwinden, kann all unser zielgerichtetes Verfolgen unserer Begierden abflauen. Möglicherweise haben wir noch viele Jahre vor uns, aber in unserer Verzweiflung haben wir das Gefühl, dass das Ende nahe ist.«[11] Wir können uns in manische Aktivität flüchten oder in depressive Apathie eintauchen, aber wir müssen erkennen, dass wir wieder einmal, und sei es vielleicht zum letzten Mal, im Bauch des Wolfes gelandet sind. Auch hier ist das Abtauchen ins Unterbewusste – auf die Signale der Transformation, auf die Erlösung wartend – wieder eine wichtige Aufgabe. Sonst verlieren wir uns in dem Slogan: »Älter werden muss nicht sein« oder wir nehmen an einem Kurs mit dem Titel »Fünfzehn Arten jung zu bleiben« teil.

Aber, so fragt sich Prétat, wo werden gerade dem älteren Menschen in unserer Gesellschaft noch Transformationssymbole und Übergangsrituale angeboten? Sicherlich, es tauchen im Leben in wichtigen Augenblicken des Übergangs immer wieder Urbilder in unseren Träumen auf, auch in der letzten Phase unseres Lebens, aber wer hilft dem älteren Menschen, seine Träume zu deuten, Träume, die manchmal beängstigend sind? Und wer erzählt ihm noch »Märchen« in der eigentlichen Bedeutung des Wortes? Gerade dann, wenn unsere bewusste Energie offensichtlich in einer kritischen Zeit im Unbewussten verschwindet, sind eben Bilder in der Lage, uns wachzurütteln. »Das Erreichen einer neuen Lebensphase scheint es erforderlich zu machen, dass die zu dieser Phase gehörenden Initiationssymbole auf der Bildfläche erscheinen. Wenn es die Kultur versäumt, diese Symbole in institutionalisierter Form anzubieten, wird das Selbst dazu gezwungen, sie *faute de mieux* erscheinen zu lassen.«[12]

Ich bin davon überzeugt, dass Spielfilme hier eine große Bedeutung haben können, Filme, die Ältere sich alleine und/oder gemeinsam anschauen und über die sie miteinander ins Gespräch kommen. In Übergangssituationen haben wir eher ein Bedürfnis nach Stimmen, die sich an unsere Seele richten, als nach solchen, die unseren Intellekt ansprechen. Einer der schönen Aspekte von Filmbildern ist, dass sie einen Widerhall in den unbewussten Komplexen unserer Psyche finden, von denen wir kaum ahnen, wir sehr sie unsere bewussten Überzeugungen beeinflussen.

Überdies gibt es auf die wichtigsten Fragen in unserem Leben keine rational zufriedenstellenden Antworten, sie können vielmehr nur über einen Mythos, ein Märchen oder eine Parabel beantwortet werden. Jung hat sein Leben lang betont, wie wichtig es ist, dass ein Mensch seine Mythen hat, sicherlich in der modernen Zeit, in der die großen Religionen ihre eigenen Mythen oft entmythologisiert oder, besser gesagt, dogmatisiert haben. Ein Mythos gibt keine Antwort auf ein intellektuelles Problem, sondern er übersteigt es. Wir lösen unsere Lebensprobleme niemals, wir überwinden sie oder wir gehen an ihnen zugrunde.

Jung schreibt in *Erinnerungen, Träume, Gedanken* über einen Traum, den eine sechzigjährige Frau zwei Monate vor ihrem Tod hatte.

In diesem Traum landete sie im Jenseits in einer Schulklasse, in der in den vorderen Bänken ihre verstorbenen Freundinnen saßen. Alle sahen erwartungsvoll zu ihr hin. Sie blickte sich um, ob sie einen Lehrer oder Sprecher sähe, konnte aber niemanden finden. Man gab ihr zu verstehen, dass sie selbst die Sprecherin sei, denn alle Gestorbenen mussten sofort nach ihrem Tod über alle Erfahrungen, die sie im Laufe ihres Lebens gemacht hatten, Bericht erstatten. Die Toten waren an ihren Lebenserfahrungen sehr interessiert. Es half nichts, sie musste ihre Lebensgeschichte selbst zu einem guten Ende bringen.

Der Kommentar, den Jung, der damals selbst kurz vor seinem Tode stand, zu diesem Traum abgibt, erscheint mir sehr weise. Er schreibt: »Es kommt eine sozusagen unabweisbare Frage auf sie zu, und sie wird diese beantworten müssen. Hierzu braucht sie einen Mythos über den Tod, denn der ›Verstand‹ zeigt ihr nichts als das dunkle Grab, in dem sie landet. Der Mythos kann ihr jedoch andere Dinge zeigen, hilfreiche und bereichernde Bilder des Lebens im Reich der Toten. Glaubt sie daran oder hat sie auch nur ein bisschen Vertrauen, dann hat sie damit genauso viel Recht oder Unrecht, wie jemand, der nicht daran glaubt. Während jedoch derjenige, der alles leugnet, dem Nichts entgegengeht, folgt der, der sich dem Urbild verpflichtet, *den Spuren des Lebens bis in den Tod.* Beide sind zwar unwissend, der eine jedoch gegen seinen Instinkt, während der andere seinem Instinkt folgt.«[13]

Dieser Gedanke scheint mir grundlegend zu sein. Der Verstand sucht nach Dingen, die er niemals finden wird, wenn er sich auf seine eigene Kraft stützt. Diese Dinge existieren als Symbole, nicht als Konzepte, und nur der Instinkt kann ihnen auf die Spur kommen. Im vorigen Kapitel haben wir gesehen, dass Winnicott zufolge die subjektive und die objektive Wirklichkeit erst in einer »Übergangssphäre« überstiegen und in eine dritte Art von Wirklichkeit projiziert werden können. Die Produkte dieser Projektionen müssen als Illusionen charakterisiert werden. In dieser Wirklichkeit spielt der Mensch; es ist die Welt von Raum und Kreativität, Spiritualität, Spontaneität, Erneuerung, Veränderung, Abenteuer, sozialem Engagement und Befreiung. Die Menschen führen einander auf verschiede Weisen in diese Welt ein. Es gibt traditionelle Medien, wie das Märchen, das Spiel und Initiationsriten, aber es gibt auch zeitgenössischere, wie beispielsweise den Film.

Ein Film versetzt uns wie kein anderes Medium in diesen transitionalen Raum. Seine gesamte Wirklichkeit existiert dank der Illusion und steckt selbst randvoll mit Illusionen. Er ist eine Laterna magica.

Es ist nicht schwer, Filme zu finden, in denen der ältere Mensch auf eine einzigartige Weise selbst im Mittelpunkt steht. Wenn man sich einen solchen Film ansieht (einzeln oder in Gruppen), können anhand der Bildgeschichte intensive Gespräche darüber entstehen, was einen daran gefesselt hat. Ich führe im Folgenden drei mögliche Beispiele an. Es handelt sich um Filme, die 1997 auf einem Symposion im Rahmen eines Projektes gezeigt wurden, bei dem es um Führen von Filmgesprächen mit älteren Menschen ging.[14] Alle drei schneiden die Thematik des

Übergangs zur letzten Phase unseres Lebens an, alle drei bieten Bilder für diesen Übergang an.

Antonia

Am Ende des Films *Antonia* ist Folgendes auf der Leinwand zu lesen: »Und wenn die lange Chronik dem Ende zugeht, ist nichts vollendet.« Dieser Gedanke ist für diesen Film charakteristisch. Die Lebenschronik eines jeden Menschen ist in ein kosmisches Geschehen aufgenommen, das ein Menschenleben trägt, mit Energie versorgt, es zur Welt kommen und sterben lässt. Geboren werden, aufblühen, sich fortpflanzen, sterben und wieder geboren werden, an dieser Aneinanderkettung von Übergängen muss jedes Individuum teilnehmen. Der Film von Marleen Gorris sollte nicht in erster Linie als psychologische Geschichte gesehen werden, sondern vielmehr als eine mythologische Geschichte, in der alles von archetypischer Natur ist. Die alte Antonia beschließt an einem bestimmten Tag selbst, dass sie sterben wird. Es gibt eine Zeit zu leben und eine Zeit zu sterben, zu essen und zu trinken, zu lieben, zu säen und zu ernten – sie spürt diese »Gezeiten« instinktiv. Im Mittelpunkt des Films stehen vier Generationen von Frauen, Antonia, ihre Tochter Danielle, ihre Enkelin Thérèse und ihre Großenkelin Sarah. Generationen in der tiefsten Bedeutung dieses Wortes: Sie generieren, jede auf ihre Weise, Leben! Aber um sie herum gibt es ein Durcheinander von verschiedenen Formen des Lebens, von geistig Behinderten und Dementen bis hin zu philosophisch Hochbegabten. In Antonias Augen jedoch darf und muss alles leben.

Während des Symposions wurde ein Ausschnitt gezeigt (wir befinden uns am Ende des Films), in dem die Enkelin Thérèse in einem Brief liest, dass »der Philosoph« des Dorfes, »krummer Finger« genannt, sich das Leben genommen hat. Etwas, das eigentlich in diesem Film unmöglich ist! Er hat sich erhängt. Wir sehen die Ratlosigkeit, die gerade Thérèse befällt, die eine enge Verbindung zu diesem integeren Mann hatte. Antonia weiß jedoch, dass gelebt werden muss. Das Leben muss getanzt werden. Glänzend stellt Gorris den letzten Tanz Antonias dar. Während des Tanzes sehen wir alle gestorbenen Figuren wieder zurückkehren. Sie werden wieder lebendig. Schließlich ist nichts vollendet!

»Das ist der einzige Tanz, den wir tanzen!« wird uns gesagt. Dazu sind wir auf der Erde! Das Leben spielt einen Totentanz, aber genauso gut spielt vielleicht der Tod mit uns den Tanz des Lebens! Der Philosoph läuft sich in seinen Gedanken tatsächlich tot! Er tanzt auch nicht im Film, er lebt nur in seinen Gedanken. Aber nach seinem Tod sieht die Urenkelin Sarah, dass er wieder eine neue Chance erhält, genauso wie die »verrückte Madonna« und der »Protestant«. Und dann winkt Antonia Sarah zu sich! Sie soll allen anderen erzählen, dass die Urmutter sterben, dass die Mater in die Materie hinabsteigen wird. Wenn aber in diesem Film eines deutlich ist, dann ist es die Tatsache, dass der Tod nicht das Ende eines linearen Prozesses ist, sondern ein Augenblick in einem zyklischen Prozess, der niemals vollendet sein wird.

Shadowlands

Der Sprachwissenschaftler und Philosoph Lewis verkörpert in dem Film *Shadowlands* den Typ alten Mann, der sich immer weiter zurückzieht, um sein Leben zu beschützen, und es fällt dem Junggesellen außerordentlich schwer einzusehen, dass auch tödliche Prozesse lebenserweckend sein können. In der Theorie kennt er sich genau aus, aber er hat sein Leben so abgeschirmt, dass ihn – wie er glaubt – nichts mehr berühren kann. Vor allem seine Gefühle hat er im Griff. Obwohl er erst 55 Jahre alt ist, ist er auf diese Weise schon ein – im ungünstigen Wortsinne – alter Mann. Sein Leben gerät jedoch aus den Fugen, als er sich in eine junge amerikanische Dichterin verliebt, die mit ihrem kleinen Sohn nach England gezogen ist. Besonders, als diese Liebe kurz darauf auf eine harte Probe gestellt wird, als sich nämlich herausstellt, dass sie an einem unheilbaren Knochenkrebs leidet. Lewis weigert sich aus tiefster Seele, sich dieser Tatsache zu stellen. Sie hingegen tut dies sehr wohl (sie hat etwas von Antonia und ihren Töchtern im Blut!), und sie hilft ihm, die Schutzpanzer seines Lebens Schicht für Schicht abzuschälen und, wo es nötig ist, sogar aufzubrechen. Und der an Jahren älter werdende Mann wird ständig jünger und jünger und findet das eingesperrte Kind in sich wieder.

Der gezeigte Ausschnitt spielt im letzten Teil des Films. In Lewis Zimmer hängt das Bild eines »goldenen Tales«, eines Tales, das er als Kind besucht hat und an dem er sehr hängt. Seine junge Frau schlägt ihm vor (sie wissen zu diesem Zeitpunkt bereits, dass sie unheilbar krank ist!), sich aufzumachen, dieses goldene Tal zu suchen. Sie finden es auch; und Lewis will diesen »goldenen« Augenblick festhalten. Sie jedoch begreift, dass auch diese Erfahrung wieder aufgebrochen werden muss.

Sie lehrt ihn, dass es offenbar nicht nur darum geht, sich im Leben durchzuschlagen! Man muss auch begreifen, dass das sonnendurchströmte Tal gleichzeitig ein verregnetes Tal sein kann. Man muss begreifen, dass man sich nicht rettet, indem man ängstlich versucht, das Schöne festzuhalten. Man muss sich bewegen, in seinen Morris steigen, sich trauen, sich aus seinem Studierzimmer zurückzuziehen und versuchen »just happy« zu sein, in dem Wissen, dass irgendwo diese Landschaft auftauchen wird, »there«! Das Leben ist so beschaffen, dass die Kindheitsvisionen eines Menschen auch noch im Alter völlig integriert werden können, vorausgesetzt, man weiß, dass man in »Shadowlands« lebt.

Children of Nature

In dem Film *Children of Nature* überlässt der alte isländische Schafbauer Thorgeir Kristmundsson seinen kleinen Bauernhof sich selbst – er ist nicht mehr in der Lage, ihn zu bewirtschaften – und zieht bei seiner Tochter in der großen Stadt ein. Diese rät ihm dringend, in ein Pflegeheim zu ziehen, weil er überhaupt nicht an eine junge, moderne, städtische Familie angepasst ist. Er meldet sich im Heim an, aber man merkt, dass die Beklemmung mit jedem Schritt wächst, den er nach dem Verlassen seines Bauernhofes unternimmt. Im Pflegeheim trifft er Stella, eine alte Jugendfreundin, die schon mehrmals versucht hat zu fliehen. Wohin? »Dorthin, wo ich geboren bin, da will ich sterben. Wo wir geboren sind, ist alles zu Ruinen zerfallen, wo wir jetzt leben, sind wir gefangen! Wir leben nicht mehr!« Sie beschließen, gemeinsam zu fliehen, sich auf die Suche zu machen nach dem verfallenen alten Bauernhof weit weg im Landesinneren, in einem desolaten Zustand. Die Reise, die sie gemeinsam beginnen, bildet den Kern des Films. Rasch macht uns Regisseur Frioriksson klar – wenn es uns nicht schon klar war –, dass hier eine »Reise« zu den Quellen unseres Lebens unternommen wird, Quellen, die sich manchmal in der Unterwelt befinden, Quellen, die wir in Island buchstäblich sehen, Quellen unserer Natur. Die isländische Natur ist verblüffend schön und geheimnisvoll, ein Wirbel von Naturkräften. Der Film zeigt überdeutlich, dass der Mensch ein Kind dieser Natur ist, dass er zu ihr gehört, und wenn die Kultur dies nicht erkennt, muss sie reformiert werden. Gerade der alte Mensch muss offensichtlich durch kulturelle Einschnürungen immer mehr Einbußen in seiner natürlichen Existenz hinnehmen.

Der gezeigte Ausschnitt verbildlicht zweifellos die klassische Überquerung des Styx, die uns aus der griechischen Mythologie bekannt ist, die Fahrt über den Fluss mit dem Fährmann Charon in die Unterwelt.

Ihren Jeep haben sie da bereits irgendwo im Land der Lebenden zurückgelassen. Sie setzen über und kommen in Stellas altem, verlassenem Bauernhof an, wo so viele Jugenderinnerungen in ihr hochkommen.

Thorgeir ist seiner Stella, seinem Stern, gefolgt. Kurz darauf wird sich herausstellen, dass die Engel über diese Reise gewacht haben, über diesen Weg in den Tod, der jedoch auch zutiefst ein Weg zum Leben ist.

Worte für Bilder: Die Didaktik des Filmgesprächs

Wenn wir nach einem fesselnden Filmabend über den Film ins Gespräch kommen, fallen uns meistens zwei Dinge auf: Einerseits möchten wir in einem fort über den Film sprechen, andererseits erleben wir, wie schwierig es ist, mit Worten auszudrücken, was uns an den Bildern berührt hat. Solange beide Gesprächspartner die gleiche Erfahrung teilen, genügt ihnen ein einziges Wort, aber wenn sie entgegengesetzte Erfahrungen gemacht haben, sind Worte zuweilen kaum in der Lage, den eigenen Standpunkt klar zu machen. Und dennoch, wollen wir nicht in Schweigen verfallen, dann müssen Wörter und Bilder im Filmgespräch, sei es geplant oder spontan, aufeinander abgestimmt werden.

In diesem Abschnitt geht es um das geplante Filmgespräch, das meistens in der Gruppe und unter der Moderation eines Gesprächsleiters stattfindet. Es ist nicht dasselbe wie ein Fachgespräch an der Filmakademie oder wie die Unterhaltung in einem typischen Filmclub, sondern eher ein Gespräch, wie es im vorigen Kapitel vorgestellt wurde – wenn auch vielleicht etwas stärker strukturiert. Es geht in erster Linie um ein Gespräch darüber, was ein Film in mir ausgelöst hat, wo er mich berührt und vielleicht mit Erstaunen oder Ekel erfüllt hat. Ich möchte ein didaktisches Modell entwickeln, das diesem Gespräch gerecht wird, ein Modell, das die Bilder intakt lässt. Denn es geschieht viel zu oft, dass die Worte bei der Filmanalyse die Oberhand über die Bilder gewinnen. Gerade das muss aber vermieden werden.

Ein adäquat durchgeführtes Filmgespräch kann unser Verständnis davon, wie wir uns einen Film ansehen so bereichern, dass wir ein Leben lang von dieser Erfahrung profitieren können. Damit verhält es sich genauso wie mit einer Analyse-Sitzung über unsere nächtlichen Träume. Wenn wir eine solche Sitzung auch nur einmal auf fruchtbare Art und Weise erlebt haben, können wir uns jahrelang daran erfreuen. Wir blicken dann ein für alle Mal mit anderen Augen auf unsere Träume. Ebenso wie die Traumanalyse verfügt das Filmgespräch über seine eigene Didaktik! Das Erlernen eines Filmbildes erfordert einen anderen Lehrweg als das Erlernen des *subjonctif*. Hiervon handelt der folgende Paragraph. Es ist für uns zuweilen sehr schwer, das Bild einfach Bild sein zu lassen.

Während eines Symposions waren wir in ein intensives Gespräch über die Interpretation des berühmten zeitgenössischen Films *Der Himmel über Berlin* von Wim Wenders verwickelt. Wir wollten die Bilder begreifen, die Absicht des Regisseurs ergründen. Eine Theorie war interessanter als die andere. Jeder von uns versuchte, die verschiedenen Symbole aus einem bestimmten Blickwinkel heraus zu übersetzen. An dem Gespräch nahm auch ein Philosoph teil. Er hatte bereits einmal beiläufig angemerkt, dass wir – zum größten Teil theologisch geschult – die Bilder als Bilder sprechen lassen sollten und nicht immer wieder versuchen sollten, aus diesen Bildern Theorien abzuleiten. Ich war in dem Augenblick für diese Bemerkung noch nicht zugänglich, denn die Schuppen fielen mir erst von den Augen, als er, nach einer weiteren halben Stunde fesselnder Diskussion, plötzlich sagte: »Ihr sprecht über einen Film, wie über ein Buch. Wenn es nach euch ginge, hätte Wim Wenders genauso gut ein Buch schreiben können. Ihr sprecht so lange über diesen Film, bis man ihn schließlich nicht mehr nötig hat, denn man hat ihn in Worten ›kapiert‹. Ihr könnt die Filmbilder nicht Bilder sein lassen. Von jedem Bild leitet ihr eine Idee ab. Ihr versteht keine Bildsprache!« Das Bild einfach Bild sein lassen, gerade auch dann, wenn man versucht, es in Worte zu übertragen, das ist die große Kunst!

Die Art von Filmgespräch, die mir in diesem Abschnitt vorschwebt, versucht zu ergründen, welche Art von Symbolisierungsprozess stattgefunden hat, während man den Film betrachtete. Zur Verdeutlichung der folgenden Ausführungen ist es vielleicht sinnvoll, an dieser Stelle auf vier Arten der »weltanschaulichen Betrachtung« eines Films hinzuweisen. Ich wähle die vierte als Ausgangspunkt, aber die drei anderen können leicht in diese vierte Betrachtungsweise integriert werden, sie kommen jedoch wirklich erst an zweiter Stelle.

Zunächst kann man *die Weltanschauung im Film selbst* besprechen. Welche Auffassungen vertreten die Menschen in diesem Film, wie wägt man diese Auffassungen gegeneinander ab, welche Absichten hat der Regisseur gehabt?

Zum zweiten kann man einen Film *aus einer offiziellen Weltanschauung heraus* betrachten und besprechen. Was kann man beispielsweise als Christ mit Blick auf das Gezeigte und Gehörte sagen?

Drittens kann ein Film *aus der persönlich bewussten Weltanschauung des Betrachters heraus* besprochen werden. Hierbei geht es um Fragen wie: Was stimmt mit meinen Auffassungen überein und was nicht, was halte ich von bestimmten Fragen?

Die vierte Besprechungsebene geht *vom Symbolisierungsprozess aus*, der während des Betrachtens stattgefunden hat. Bei den ersten drei Ebenen geht es eher um Weltanschauungen als Ideen, die – rational in Worte gefasst – gegeneinander abgewogen und zur Diskussion gestellt werden. Auf diesen Ebenen versucht man von Anfang an, so weit wie möglich »objektiv« und »rational« vorzugehen und Gefühlsargumente so schnell wie möglich zu objektivieren. Auf der vierten Ebene nimmt man von Anfang an gerade einen »subjektiven« Standpunkt ein, wobei den »irrationalen« Impulsen beim Betrachten großer Wert beigemessen wird. Die schließlich erreichte Erkenntnis wird immer wieder mit diesem subjektiven Standpunkt in Verbindung gebracht werden. Alles Wissen wird nach seinem Erlebnisgehalt beurteilt. Man verliert die eigene Gefühlsbeziehung zum Gesehenen niemals aus dem Blick.

Aber nochmals, die vierte Ebene ist den ersten dreien nicht diametral entgegengesetzt. Symbolisierungsprozesse können sich manchmal gerade mit Hilfe der drei eher objektiven Herangehensweisen vertiefen. Die Meinung eines Regisseurs, ein offizieller Standpunkt oder die ausgesprochen andere Meinung eines Gruppenmitgliedes können meine eigenen Symbole tief berühren, verändern, umwerfen, alles, was man will, aber sie dürfen niemals verhindern, dass während des Filmgesprächs mein persönliches Verhältnis zu dem Film Dreh- und Angelpunkt bleibt. Es ist kein Gespräch von Fachleuten auf einer Filmakademie. Kein einziger Spielfilm wird nämlich für die Fachleute auf der Filmakademie gedreht. Alle Filme werden gemacht, damit sie unsere eigene Seele berühren, ob wir nun Fachleute sind oder nicht.

Für das, was ich hier meine, hilft es beispielsweise auch nicht, die Absichten des Regisseurs zu Rate zu ziehen. Diese sind ebenso wenig objektiv. Ich erinnere mich in diesem Zusammenhang an eine Pressekonferenz in Cannes, wo die anwesenden Journalisten mit Kieslowski über die Interpretation seines Films *La Double Vie de Véronique* sprachen. Schließlich kam die letzte Szene dieses Films zur Sprache, in der Véronique mit ihrer Hand den Baum berührt, der dicht bei ihrem Elternhaus steht. Als jemand eine Interpretation dieser Berührung des Baumes lieferte, sagte Kieslowski: »Das haben Sie sehr richtig gesehen.«

Unmittelbar darauf gab jemand anderes eine völlig andere Interpretation dieser Szene. Kieslowskis Antwort kam ohne zu zögern: »Das haben Sie sehr richtig gesehen.« Heiterkeit im Saal. Und der Moderator stellte ihm natürlich die Frage, was er denn nun selbst mit dieser Szene gemeint habe? Antwort: »Ich hatte noch genau ein Stücken Film übrig, das in die Zeit von 138 Minuten passte.« Als der Fragesteller nachbohrte, sagte er: »Jedes Mal, wenn ich *La Double Vie* sehe, bekomme ich bei dieser Szene wieder andere Assoziationen. Das Bild reicht offenbar viel weiter als meine ursprünglichen Absichten!« Kurz darauf sagte er: »Ich filme keine Symbole. Aber die Menschen können meine Bilder wohl als Symbole sehen. Und das ist sehr gut. Das will ich gerade.«

Das Absenken der Bewusstseinsschwelle

Der Grundgedanke der folgenden Ausführungen ist, dass wir im Filmgespräch bewusst auf die Suche nach Projektionen gehen, die sich bei uns während der Betrachtung eines Films abgespielt haben. Denn das ist es, was die Tausenden von Menschen jeden Abend im Kino und vor dem Bildschirm tun: Ihre Seelenregungen projizieren. Sie wollen sich fortträumen. Das Bild des Traums ist hier bewusst gewählt worden. Was sind unsere nächtlichen Träume anderes, als dass wir unser eigenes Filmmaterial auf unsere eigene Leinwand projizieren und an unseren Augen vorbeiziehen lassen? Die nachfolgende didaktische Theorie habe ich dann auch weitgehend der Traumdeutung entnommen, wie sie besonders Jung entwickelt hat, sowie den Techniken, die er hierfür empfahl. Es besteht nämlich mit Blick auf das Symbolisieren kein fundamentaler Unterschied zwischen dem Traummaterial, das uns nachts vor die Augen tritt, und den Bildern, die wir auf der Leinwand sehen. Natürlich wird bei einem Film das Material von einem anderen geliefert, während wir in den nächtlichen Träumen selbst der Schöpfer sind, aber abgesehen davon, dass wir uns auch beim Betrachten eines Films die Bilder buchstäblich an-eignen, besteht das Material unserer nächtlichen Träume oft ebenfalls aus Eindrücken, die uns tagsüber von außen erreicht haben. Jung verwendete darum auch die gleiche Analyse-Technik, ob es sich nun um Nacht- oder Tagträume, Phantasien oder Visionen handelte.

Natürlich kann man sich während eines Filmgesprächs auch von seinen persönlichen Projektionen distanzieren. Selbst wenn das niemals völlig gelingt, kann es doch zuweilen gerechtfertigt sein, dies zu tun.

Dann sieht man die Filme wie eine Welt der »Zeichen«. Man begibt sich auf die Suche nach einer Code-gebundenen Interpretation. Auf diese Weise kann man sich einen Film explizit von der Frage aus ansehen, welche Optionen der Regisseur hatte, welche Auffassungen die einzelnen Figuren haben, wie mit dem Licht umgegangen wird, welche Kameraeinstellungen darin verwendet werden, auf welche Weise der Film montiert ist, und so weiter. Auch wenn einen der Film nicht berührt hat, ist dieser Ansatz immer möglich. In diesem Zusammenhang kann auch eine persönliche Meinung gelegen kommen, und man kann beispielsweise aus einer tiefen Überzeugung heraus betonen, dass dieser oder jener Film unchristlich sei. Oder man betrachtet einen Film von einem ästhetischen Standpunkt aus. Dies alles können Gründe dafür sein, sich einen Film anzusehen. Es gibt Rezensenten, die stets darum bemüht sind, sich nicht allzu sehr von ihren eigenen Projektionen leiten zu lassen. Studenten einer Filmakademie sollten dazu in der Lage sein, einen Film »objektiv« zu analysieren, ein Filmclub kann einen Film vor dem Hintergrund einer klar formulierten Zielsetzung vorführen.

Uns geht es jedoch hier um die Millionen von Menschen, die, ohne dass es ihnen bewusst wäre, sich selbst in einem Film wiederfinden wollen. Für sie wäre das Märchen zu Ende, wenn man ihnen etwas von Froschperspektive oder dem Einsatz eines »voice over« erzählen würde. Sie wollen eben nicht darauf aufmerksam gemacht werden, dass beim Zustandekommen einer Liebesszene die Liebenden von 'zig Männern und Frauen umringt waren. Sie verlassen den Saal tief bewegt, wenn sie *A Short film about killing* gesehen haben, obwohl sie keinen Schimmer vom fünften Gebot haben (was macht die »5« am Anfang des Films da auf der Leinwand?), geschweige denn von einem Projekt wie dem *Dekalog*. An dieser Stelle muss nun schnell etwas hinzugefügt werden. In einem zweiten Schritt kann eine derartige Information sehr wertvoll sein, gerade auch dann, wenn wir unseren Symbolisierungsprozessen auf die Spur kommen wollen. Ich werde im Folgenden auch noch darauf eingehen. Aber nicht in *erster* Instanz! Wenn wir berührt werden, kann es manchmal erhellend sein, über objektive Informationen weiter in das Bildmaterial einzudringen, aber das ist nicht der Grund, weshalb ein Film gedreht, ein Roman geschrieben oder eine Sinfonie komponiert wird.

Es ist selbstverständlich nicht notwendig, ein Filmgespräch zu führen, und in weitaus den meisten Fällen tun wir dies auch nicht. Es ist nicht nötig, bewusst formulieren zu wollen, was einen in einem Film gefesselt hat. Sich auf eine solche Introspektion einzulassen, impliziert bereits, dass man an der Frage, wovon man sich in einem Film angesprochen gefühlt hat und warum, interessiert sein muss. Viele gelangen nicht zu einem derartigen Interesse. Sie finden das »schwierig«! Alleine die Vorstellung, dass man während der Betrachtung projiziert, erscheint ihnen an den Haaren herbeigezogen. Den gleichen Argwohn hegen viele hinsichtlich der Analyse ihrer nächtlichen Träume.

Andererseits haben sich gerade in dem vergangenen Jahrhundert auf diesem Gebiet große Veränderungen vollzogen. Auch hier verschafft sich der verdrängte Pol offenbar Geltung. Seit dem Erscheinen von Freuds Traumdeutung im Jahr 1899 ist es hier zu einem wahren Erdrutsch gekommen. Und das nicht nur bei Wissenschaftlern, sondern auch bei den Menschen auf der Straße. Der »normale Mensch« spricht über introvertiert, extrovertiert und Projektion wie über alltägliche Dinge. Nicht, dass er diese Begriffe immer fachkundig verwendet, es geht mir darum, dass es überhaupt geschieht, dass man für derartige Phänomene sensibel geworden ist. »Verdrängung«, »Neurose«, »psychosomatisch«, dies sind alles gängige Ausdrücke geworden, auch wenn sie noch sehr jungen Datums sind. Man erkennt, dass die menschliche Psyche viel mehr Dimensionen hat als nur die rationale. Die Beschreibung der Puppe als Symbol im siebten Kapitel würden neun von zehn Menschen bestätigen, die Wirkung des Märchens wird bereits auf weniger Resonanz stoßen, und die Behauptung, dass man sich einen Film wie ein »Märchen« ansieht, wie einen Traum, ist für viele noch nicht selbstverständlich.

Dies alles bringt es mit sich, dass es etwas anderes ist, einen Film zu »erlernen«, als den Satz des Pythagoras. Es gibt einen großen Unterschied zwischen dem Lernen von Zeichen und dem Lernen von Symbolen. Manch einer glaubt sogar, dass man bei Symbolen eigentlich nicht von Lernen sprechen darf. Damit gibt man aber zu erkennen, dass man lediglich ein einziges Lernmodell kennt, nämlich das altbekannte schulische Erlernen von Zeichen. Unsere durchschnittliche Schulstruktur ist immer noch so beschaffen, dass es scheint, als hätten Freud und Jung niemals existiert. Dort, wo Jung in *Psychologische Typen* ausführlich vier psychische Funktionen beschrieben hat: Wahrnehmung, Gefühl, Gedanke und Intuition, ist die Schule meistens nur »sensibel« für eine einzige Funktion, das Denken. Dadurch, dass die übrigen drei Funktionen in den durchschnittlichen Lehrsystemen ein Schattendasein führen, entsteht eine Art Unempfindlichkeit gegenüber dem lernenden Umgang mit Symbolen, denn dabei sind gerade dies drei anderen Funktionen wichtig.

Vor diesem Hintergrund ist es ausgesprochen sinnvoll, in kleinem Maßstab und auf freiwilliger Basis Lehrgespräche zu organisieren, die alle vier Funktionen zu ihrem Recht kommen lassen. Wer dies einige Male getan hat, wird anschließend seines eigenes Sehverhalten viel aufmerksamer deuten.

Wie in jedem didaktischen Modell ist auch hier die Ausgangssituation wichtig. Der Anfang einer Symbol-Analyse unterscheidet sich grundsätzlich vom Anfang einer Kognitions-Analyse. Für das »Begreifen« von Symbolen muss die Schwelle des Bewussteins *abgesenkt* werden, für das Verstehen von Begriffen muss es dagegen zu einer Anhebung kommen. Dies erscheint merkwürdig, hängt aber mit dem Entstehen von Symbolen zusammen. Eine Symbolbildung kann erst dann stattfinden, wenn unser rationales Ich-Bewusstsein hierzu den Raum gelassen hat, Raum für unser unbewusstes, intuitives Streben. Menschen, die sich, wenn das Licht ausgeht, gemütlich in einen Sessel setzen, senken ihre Bewusstseinsschwelle, sie geben den Bildern die Möglichkeit, einzudringen, sie sind für das Drama bereit. Wenn wir nun im Filmgespräch diesem Streben auf die Spur kommen wollen, müssen wir die Bewusstseinsschwelle erneut absenken. So versucht man also zunächst unbewussten Reaktionen auf die Spur zu kommen. Zu Beginn des Filmgesprächs geht die Ratio »in Urlaub«. Das soll nicht heißen, dass sie nicht arbeitet. In Ferienstimmung arbeitet sie oft noch verfeinerter, eben weil sie den anderen Funktionen (den anderen dreien!) die Möglichkeit gibt, sich zu manifestieren. Freud hat hier den Ausdruck der »schwebenden Andacht« verwendet. Kognitive Lernprozesse zeichnen sich dadurch aus, dass sich die Ratio konzentriert. Konzentration heißt dann, dass man seine Wahrnehmungen, Gefühle und Intuitionen bewusst negiert! Bei »Andacht« geht es jedoch um einen schauenden Blick, der richtungslos verschiedene Antennen ausstreckt, um so viele Signale wie möglich auffangen zu können.

Dieses Absenken der Bewusstseinsschwelle ist die Achse, um die sich diese ganze Art von Lernprozess dreht, und daher eine Conditio sine qua non. Es ist auch eine echte Kunst! Wie oft passiert es nicht, dass wir beim Analysieren von Symbolen noch konzentrierter vorgehen möchten als bei Kognitionen, weil wir doch wissen, dass Symbole so »schwer« zu begreifen sind, geschweige denn, rational zu verstehen! Hier geht es jedoch um ein unvoreingenommenes Beobachten. »Ich bitte euch nicht, erhabene, ernsthafte Überlegungen in euer Denken aufzunehmen«, sagt Theresa von Avila, »alles, worum ich euch bitte, ist, dass ihr schaut.« Andacht, das ist ein zentrumslos gewordenes Wahrnehmen, es ist ein codefreies Beobachten. Man zentriert seine Energie nicht, sondern lässt sie vielmehr fließen.

Die Bewusstseinsschwelle wird abgesenkt, damit die Inhalte der Projektionen auftauchen können. Zunächst haben die Gesprächsteilnehmer keine andere Aufgabe, als ihren eigenen Reaktionen auf das Gesehene und Gehörte nachzuspüren und ihre Gefühle und Eindrücke zu registrieren. Gerade die spontanen Eindrücke sind am wichtigsten. Das Absenken der Bewusstseinsschwelle hat zum Ziel, diese Spontaneität zu fördern. Es geht ja gerade um die Dinge, die einen berührt haben. Schauder, Abscheu, Angst, Erstaunen, Ekel, Qual, Verwunderung, Bewunderung, Freude, Faszination, Widerwille, und so weiter.

Jung gibt zu der Art und Weise, in der mit diesen hervorgerufenen Eindrücken umgegangen werden sollte, einen ausgesprochen präzisen Rat. Er hat hier eine Methode entwickelt, deren Kernbegriff »amplifizieren« lautet. Amplifikation bedeutet wörtlich Vergrößerung. Tatsächlich bedeutet es, mit Hilfe von Assoziationen eine Netz von Beziehungen um das betreffende Bild zu spinnen. Der Begriff Amplifikation ist von Jung als Abgrenzung gegen den Begriff der *freien* Assoziation eingeführt worden. Amplifikation ist eine *begrenzte* Assoziation. Jung ist ein Gegner des freien Assoziierens um ein bestimmtes Bild, nicht, weil dies kein dezidiertes Mittel wäre, um zum Kern von jemandes Seelenleben und besonders seiner Komplexe vorzustoßen, sondern eben, weil eine freie Assoziation dies viel zu schnell tut. Es entsteht so seiner Meinung nach die Gefahr, dass wir aus dem Auge verlieren, dass gerade dieses Bild eine bestimmte Assoziation hervorrief. Wer einen Minderwertigkeitskomplex hat, wird – unabhängig von dem Bild, das ihm oder ihr vorgelegt wird – über freie Assoziationen sehr schnell bei diesem Komplex landen, aber auf diese Weise kommt man nicht oder kaum dahinter, warum gerade dieses eine Bild dafür in Betracht kam. »Freies Assoziieren« führt schnell vom konkreten Bild fort. Man überlässt den Film sich selbst, hat ihn nur als Sprungbrett verwendet. Amplifizieren ist eine zielgerichtete und gebundene Assoziation, die immer wieder zum Kern des Bildes zurückkehrt und dieses von so vielen verschiedenen Seiten wie möglich beleuchtet.

Es gibt also einen wichtigen Unterschied zwischen dem Amplifizieren und dem Reduzieren. Das Reduzieren ist für ein Filmgespräch fatal. Der Unterschied zwischen dem Ansatz von Jung und Freud ist der, dass Letzterer (zumindest in Jungs Augen) ein Symbol so schnell wie möglich zu einem verdrängten Trieb zu reduzieren versuchte, ja, zu einem einzigen verdrängten Trieb, dem sexuellen. Durch diese unzweideutige Reduktion, so Jung, kann eigentlich schon nicht mehr von einem Symbol gesprochen werden, sondern es handelt sich vielmehr um die Decodierung einer Geheimschrift. Beim Reduzieren wird aufgrund kausal verbundener Assoziationsketten ein Weg zurück gegangen, Assoziationsketten, die zwangsläufig zu einer einzigen Ursache X führen, die eigentlich bereits feststand. Jung leugnet nicht, dass dies in bestimmten Situationen wirklich der Fall sein kann, aber das ist dann nur eine von mehreren Möglichkeiten. Um anderen möglichen Interpretationszusammenhängen auf die Spur zu kommen, muss gerade der entgegengesetzte Weg gegangen werden: Man muss das betreffende Bild über Assoziationen in einen größeren Kontext stellen.

Das Amplifizieren geschieht in erster Linie im Rahmen zweier Kontexte, dem des Bildes und dem des Subjekts. Es sind zwei Schienenwege, die zwar über verschiedene Weichen verbunden sind, an sich jedoch klar unterschieden werden müssen.

Beim Amplifizieren des persönlichen Kontexts müssen konsequent subjektive Meinung, Eindruck und Gefühl befragt werden. Was genau berührt mich? Kommen da Erinnerungen bei mir hoch? Welche Art von Gefühlen spielen hier mit? In diesem Stadium muss man sich davor hüten, zu sagen, warum man etwas fühlt und damit bereits einen Interpretationsversuch zu leisten. Der Gesprächsleiter muss verinnerlicht haben, dass, wenn drei Personen sagen, sie seien alle durch ein Bild berührt worden, dies höchstwahrscheinlich aus drei verschiedenen Gründen geschehen ist. Ein zwölfjähriges Kind wird durch die gleiche Szene völlig anders gefesselt als ein Sechzigjähriger. In diesem Zusammenhang lautet eine wichtige Frage »Woran denkst du bei dieser Szene?« Eine solche Frage veranlasst zum Assoziieren. Eine irrelevante Frage in dieser Phase ist »Was bedeutet diese Szene?« Solch eine Frage veranlasst sofort zur Reduktion. Die Assoziationsmethode hat sich besonders in Kreisen der Psychoanalyse entwickelt. Sie wird gegenwärtig überall angewendet, bis hin zu Spielen in Unterhaltungssendungen im Fernsehen. »Ich nenne Ihnen ein Wort, und Sie müssen sofort reagieren!« Ein solches Spiel ist immer mit einer gewissen Spannung verbunden, denn eine spontane Reaktion kann einem einen Streich spielen. Dennoch geht es gerade um diese Atmosphäre der Spontaneität. Man muss sich also in diesem Stadium auch ganz darüber im Klaren sein, dass es nicht um »richtige« oder »falsche« Antworten gehen kann. Es kann sich höchstens herausstellen, dass eine Assoziation so persönlich oder so komplex ist, dass sie nicht mehr in den Gruppenprozess einbezogen werden kann. Das hängt natürlich auch von der Zusammensetzung der Gruppe ab. Die Praxis zeigt übrigens, dass mit fortschreitender Dauer Amplifikationsphase, allmählich bestimmte Konstanten nach oben treiben und man mühelos in der Interpretationsphase angelangt. Denn es handelt sich dabei um ein mehr oder weniger autonomes Geschehen. Und wenn nichts hochkommt, dann kommt nichts hoch; wenn nichts aus uns herauskommt, oder besser gesagt, wir nicht hineinkommen, dann ist das eben so. Wenn mir ein Film wenig sagt, über den andere in Superlativen schwärmen, dann ist das für mich Anlass, eben diese Gleichgültigkeit zum Ausgangspunkt zu nehmen.

Neben dem persönlichen Kontext gibt es auch den Kontext des Bildes. Um nicht in subjektgebundenen Assoziationen zu versanden, muss man immer wieder aufs Neue die gesehenen Bilder in das Gespräch einbeziehen. Eine Gruppe kann nämlich in kürzester Zeit dermaßen ins »Gespräch kommen«, dass von dem Film schon bald nicht mehr die Rede ist. Das kann zwar zu einem guten Gespräch führen, es darf aber nicht mehr den Namen Filmgespräch tragen. Dort, wo man beim persönlichen Kontext konsequent immer weiter nach dem subjektiven Erleben des Gesprächsteilnehmers fragt, zwingt man ihn beim Kontext des *Bildes*, gewissenhaft das Bild im Blick zu behalten. Schließlich hat dieses Bild und kein anderes den Symbolisierungsprozess in Gang gebracht. Man muss dann hinsichtlich dieses Bildes auch sehr zielgerichtete Fragen stellen. Beschreibe so genau wie möglich, was du gesehen und/oder gehört hast. Man kann um den Platz herum, den ein Bild im Kontext anderer Bilder einnimmt, assoziieren. Man kann über eine bestimmte Szene assoziieren. In diesem Zusammenhang sind die Anfangs- und Schlussszenen zumeist sehr dankbare Amplifikations-Cluster. Manchmal ist es sinnvoll, gerade eine Szene zu wählen, die man als düster empfindet. Die üblichsten Assoziations-Objekte sind natürlich die verschiedenen Figuren in einem Film. Assoziiert man beispielsweise in einem Film wie *Das Piano* über die beiden männlichen Hauptfiguren, Stewart und Baines, dann liefert dies einen Schatz an Informationen. Natürlich wechseln sich die beiden Kontexte im Laufe des Gesprächs ständig ab. Die Assoziationen zu einer Figur sagen natürlich auch immer etwas über einen selbst aus. Der Gesprächsleiter wird immer wieder von der einen auf die andere Optik wechseln.

In dieser Phase ist es meistens sehr wirkungsvoll, wenn man jeden der Gesprächsteilnehmer nacheinander dieselbe Frage beantworten lässt. Das führt nicht nur dazu, dass man sich darüber bewusst wird, wie unterschiedlich Menschen reagieren können, sondern es erweitert auch den eigenen Blick. Dinge, die einem nicht aufgefallen waren, dringen nun plötzlich zu einem durch. Manchmal kommt dadurch der Gruppenprozess besser in Bewegung, weil sich bestimmte Muster abzeichnen.

Ist das Gespräch erst einmal aus diesen beiden Kontexten heraus in Gang gekommen, schlägt Jung vor, beide auszuweiten, und er führt einen – wie er ihn nennt – kollektiven Kontext ein. Ob diese Möglichkeit besteht, hängt stark vom Charakter der Gruppe ab. Die eine Gruppe ist hierzu besser imstande als die andere. Was ist unter kollektivem Kontext zu verstehen? Wenn man in einem ersten Stadium nahe bei sich selbst und beim konkreten Bild geblieben ist, so findet hinsichtlich dieser begrenzten Kontexte durch den Hinweis auf analoges Material in unserer Kultur eine Ausweitung der Assoziationen statt. Bestimmte Elemente einer Erzählung, bestimmte Motive, bestimmte Themen kommen nämlich auch anderswo vor. Anderswo in der zeitgenössischen Kultur und anderswo in der Geschichte, eingelagert in die kollektive bewusste und unbewusste Geschichte. Wenn man dieses Material memoriert, verstärkt man meist die persönliche Bedeutung des Gesehenen. Besonders im Zusammenhang mit Symbolisierungsprozessen findet man viel analoges Material in Sagen, Mythen und Märchen, in der Welt der Religion und der Kunst (Literatur, Drama, Architektur und Musik). Und es versteht sich von selbst, dass andere, gleichartige Filme in Erinnerung kommen. Gerade hier kann der Begleiter des Filmgesprächs häufig wertvolle Dienste leisten. Er hat zumeist den Film bereits gesehen und konnte sich auf diese Ausweitung des Hintergrundes vorbereiten. Denn je mehr analoges Material beigesteuert werden kann, desto besser versteht man, wie allgemein menschlich die zunächst individuellen Projektionen sind. So kann es z.B. sehr interessant sein, die heutigen Polizeikommissare (Derrick, Columbo, Maigret usw.) mit den archetypischen Bildern des »Erlösers« in vielen Mythen oder des »Jägers« in vielen Märchen zu verknüpfen. Es kann erhellend wirken, wenn man den »Schurken« aus einem Film mit anderen Symbolen für den bösen Genius in Verbindung bringen kann. So existiert ein sehr weit gefächertes Arsenal an »Bildern der Erlösung«, »Gnade vor Recht«, »Versuchung durch das Böse« und dem »Helden mit den tausend Gesichtern«. Wer am Ende des Films die Bilder von *Cape Fear* auf sich einwirken lässt, bekommt unwillkürlich Assoziationen zu Themen wie »die Sintflut« und »die Arche«. Ein alltägliches Bild weitet sich sofort zu einem klassischen Symbol aus. Die Wahrnehmung wird reicher, wenn *The Beauty and the Beast* sich zum Spiel von Yin und Yang amplifiziert. Hierdurch erfährt man unmittelbar, wie sehr Tradition und Aktualität zusammenfallen können. Jahrhundertealte und zunächst sonderbare Auffassungen inkarnieren sich dann im Hier und Jetzt.

Es kann in diesem kollektiven Kontext – und auch erst in dieser Phase – sinnvoll sein (das hängt von der Zusammensetzung der Gruppe ab), sachliche Informationen zur Entstehungsgeschichte des Films, den Auffassungen des Regisseurs und dem filmtechnischen Ansatz zu geben. Dabei geht es nicht um einen abgeschlossenen Informationsblock, wie man sich das in einem Filmclub vorstellen könnte, sondern um objektive Informationen, die an *die verschiedenen Amplifikationen, die stattgefunden haben, anknüpfen.* Es kann sehr zur Verdeutlichung beitragen, wenn jemand erfährt, dass eine Reihe von Filmeinstellungen an eigene Erfahrungen anknüpfen. Wenn man hört, wie bestimmte Filmeinstellungen aufgebaut sind, dass ein Regisseur mit einer Szene gerungen hat, die man selbst nicht versteht, dass die Musik in *Trois Couleurs, Bleu* aus dem *Requiem* von Mozart stammt und so weiter, dann kann dies die eigenen Erfahrungen verdeutlichen. Auch hier kann man vom Gesprächsmoderator erwarten, dass er sich etwas umfassender informiert hat. So kann es beispielsweise relevant sein, wenn man in *The Piano* Hintergrundinformationen über das Volk der Maori erhält, ebenso wie es lehrreich sein kann, wenn man bei einer Besprechung von *Nuovo Cinema* oder *Kaos* etwas mehr über Sizilien hört. Das ausschlaggebende Kriterium, das bei diesen Informationen jedoch immer anzulegen ist, lautet: Vertieft es den Symbolisierungsprozess oder bringt es diesen lediglich zur Stagnation? Einem Kind ein Märchen zu erklären, hat überhaupt keinen Wert, im Gegenteil. Man erzählt Märchen, man befasst sich nicht mit Märchenkunde. Die didaktische Methode, die hier für das Filmgespräch angeraten wird, will vor einer Überschätzung des rationalen Wortes auf Kosten des irrationalen Bildes bewahren. Egal, wie viele Wörter in einem Film verwendet werden und wie rational die Geschichte vielleicht auch ist, der Film ist in erster Linie eine Bildgeschichte, die auf einer nonverbalen Ebene erzählt wird. »Wörter«, die danach gesprochen werden, müssen immer in Verbindung zur irrationalen Wirklichkeit stehen, in der die Bilder verwurzelt sind. Eine Absenkung der Bewusstseinsebene ist daher weiterhin erforderlich. Das Wort entwickelt sich aus dem Bild. Erst existiert der Traum, das Bild. Danach erst kommt der Logos. Jung schreibt: »Man kann den Traum nicht mit einer Psychologie erklären, die aus dem Bewusstsein stammt. Der Traum funktioniert unabhängig von Wünschen und Sehnsüchten, von Plänen und den bewussten Zielen des Ich. Er ist ein unabsichtliches Geschehen, wie alles, was in der Natur passiert. ... Insgesamt betrachtet ist es wahrscheinlich, dass wir ständig träumen, aber das Bewusstsein macht im Wachzustand einen solchen Lärm, dass wir es nicht mehr hören.« Während wir einen Film betrachten, schließen wir den Lärm des Wachzustandes so weit wie möglich aus! Wir müssen uns davor hüten, dass dieser

Lärm während des Filmgesprächs womöglich wieder die Oberhand bekommt.

Interpretieren

Der didaktische Lehrpfad, der in diesem Abschnitt erläutert wird, zeichnet sich dadurch aus, dass man nicht programmieren kann, was am Ende des Filmgesprächs als Ergebnis »herauskommt«. Um Irritationen und Enttäuschungen zu verhindern ist es ratsam, den Gruppenmitgliedern dies im Vorhinein klar zu machen. Der Weg, den sie gemeinsam gehen, wird zwar zu einem großen Teil von ihnen selbst bestimmt, aber nicht von einem vorprogrammierten Endprodukt. Der Lernprozess hat eine so genannte offene Zielsetzung. Dies ist die grundsätzliche Konsequenz des amplifizierenden Ansatzes. Auch wenn sich immer wieder aufs Neue herausstellt, dass das Ergebnismuster überraschende Konstanten aufweist, so wird dieses Ergebnis doch von so vielen Faktoren bestimmt, die man nicht in der Hand hat, dass verschiedene Interpretationen möglich sind. Gerade die Tatsache, dass spontane Eindrücke am Beginn des Filmgesprächs stehen, ist die Ursache dafür, dass sich das Filmgespräch in so viele Richtungen entwickeln kann. Der Grund für die Wahl eines Films, der Augenblick des Betrachtens, die Lebensgeschichten der Zuschauer, die konkrete Vorgehensweise des Gesprächsleiters – alles dies sind Faktoren, die immer für unterschiedliche Ergebnisse sorgen.

Es ist nicht planbar, in welchem Augenblick des Gesprächs man zur Interpretation übergehen kann. Wichtig ist hier, dass man ein Gefühl für diesen Augenblick entwickelt. Man muss eine Sensibilität entwickeln, die durchschaut, in welchem Stadium des Lernprozesses man sich befindet. Jung gibt hierzu einen ganz nüchternen Rat: Man amplifiziert gerade so lange, bis die Bedeutung völlig klar wird oder bis klar wird, dass man zu keinem Ergebnis kommt. »Lang« kann also in der Praxis manchmal »kurz« sein. Manche Menschen sind in der Lage, intuitiv sehr schnell zum Kern vorzudringen. Es ist jedoch keine Schande, wenn dies nicht gelingt. Man kann aber auf der anderen Seite auch amplifizieren bis man schwarz wird, wenn die Gruppe nicht für die relevanten Signale empfänglich wird, wird sie kaum fähig sein, zur Interpretation überzugehen.

In dieser Phase ist es ratsam, die Bewusstseinsschwelle wieder anzuheben. Die spezifische Kraft des Wortes darf nun wieder schwerer wiegen. Wörter können Bilder nicht ersetzen, aber sie können sie kompensieren.

Das Bild ist beispielsweise nicht dazu imstande, Universalien oder allgemeine Vorstellungen mitzuteilen, es kann sich nicht auf etwas beziehen wie »damit«, »vielleicht«, »hingegen« oder »daraufhin«, und es kann auch keine Schlussfolgerungen ziehen. Das nun eben ist die Fähigkeit von Wörtern, und daher kann es in einem Filmgespräch, besonders in der Interpretationsphase, zu einer fruchtbaren Synthese von Wort und Bild kommen. In der Amplifikationsphase sollten Wörter ihre abstrahierende Kraft weniger zur Schau stellen, da sie sonst der Wirkung des Bildes nur im Wege stünden. In der Interpretationsphase hingegen verhält es sich anders. In dieser Phase können Wörter die intuitiven Eindrücke aus der vorhergehenden Phase verstärken.[15]

In der Interpretationsphase müssen wir wieder von den oben bereits erwähnten beiden Blickwinkeln ausgehen. Es gibt eine Interpretation, die sich auf Bilder konzentriert, und eine, die auf das subjektive Erleben ausgerichtet ist. Selbstverständlich gehen beide ineinander über – das Erleben färbt das Bild und das Bild färbt das Erleben –, aber meistens stellt sich doch heraus, dass eine Gruppe den Schwerpunkt auf einen der beiden Blickwinkel legt. Im Mittelpunkt steht im einen Fall die Frage: »Worum geht es denn eigentlich in diesem Film?«, im anderen: »Was hat dieser Film bei uns ausgelöst?« Bei einem Film wie *Nuovo Cinema* kann sich das Gespräch um die Bedeutung der zeitgenössischen Filmkultur drehen, ebenso gut aber auch um die Bedeutung des Films in unserem persönlichen Leben. Bei *The Piano* kann man bei der Bedeutung des romantischen Impulses im vergangenen Jahrhundert verharren, aber auch beim romantischen Impuls im eigenen Leben. Wie dem auch sei, es wird immer eine Beziehung zwischen beiden Herangehensweisen bestehen, denn es gibt ansonsten nur zwei Ansätze, die beide nichts taugen: selbst im Gespräch außen vor zu bleiben oder den Film lediglich als Anlass für das Gespräch zu benutzen.

In dem Maße, in dem man amplifiziert und je mehr Fakten hierdurch zusammengetragen werden, kommen nach und nach Bedeutungsmuster zum Vorschein und es werden Interpretationen formuliert, deren Inhalt sich nicht programmieren lässt. Man muss empfindliche Antennen für wichtige Signale entwickeln. So ist es hilfreich, wenn sich der Gesprächsleiter ein wenig in bestimmte Interpretationsmodelle eingearbeitet hat, damit er erfühlt, welches Modell er eventuell anwenden kann. Es würde im Rahmen dieses Buches und im Rahmen dieses Kapitels zu weit führen, hierauf ausführlich einzugehen. Ich verweise den interessierten Leser gerne auf ein Buch, das ich darüber geschrieben habe.[16]

Am wichtigsten ist es jedoch, dass man sensibel für das Erkunden der eigenen Seele ist. Dafür sind Eigenschaften notwendig, die etwas damit zu tun haben, inwiefern man eine eigene Selbstverwirklichung durchlebt hat. Wenn wir uns selbst nicht verstanden haben, werden wir auch von den Signalen in einer Gruppe nicht viel verstehen. Der unermüdliche Fleiß des Akademikers oder die gelehrte Distanz des Professors helfen hier nicht. Die Interpretation eines Films ist die Probe aufs Exempel für die eigene durchlebte Menschlichkeit.

Schlussbetrachtung

Die drei Tempel

In *Die Zauberflöte* von Mozart (zum ersten Mal 1791, dem Todesjahr des Komponisten, aufgeführt), gibt es eine Szene, in der auf überraschende Weise das zusammengefasst wird, was ich in diesem Buch zu beschreiben versucht habe. Es ist bemerkenswert, dass in einer Zeit, in der die Aufklärung definitiv schon begonnen hatte, von der westlichen Kultur Besitz zu ergreifen, auf der Bühne ausdrücklich die Perspektive einer »dritten Wirklichkeit« aufgeführt wurde. In dieser Oper, in der auf die jahrhundertealten esoterischen Weisheiten der Gnostik und Alchemie zurückgegriffen wird und in der das Phänomen der »Initiation« in diese »andere Wirklichkeit« im Mittelpunkt steht, beziehen die Autoren auch der eigenen aufgeklärten Kultur gegenüber deutlich Stellung.[1]

Es ist nicht notwendig, an dieser Stelle die gesamte Oper zusammenzufassen, um die Symbolik der Szene, die ich im Auge habe, zu durchschauen. Prinz Tamino muss in die Mysterien der Isis eingeweiht werden. Dies soll im Sonnentempel des Hohenpriesters Sarastro geschehen. Der Prinz hat soeben das düstere, gebirgige Gebiet der Königin der Nacht verlassen und ist in dem Tal angekommen, in dem Sarastro lebt. Als er an dem Ort ankommt, an dem der Tempel steht, entdeckt er zu seinem Erstaunen drei Tempel. Im Libretto steht: »Die Bühne verwandelt sich in einen heiligen Wald. Ganz hinten auf der Bühne steht ein schöner Tempel, auf dem die Worte stehen: *Tempel der Weisheit.* Von diesem Tempel aus führt eine Säulengalerie zu zwei weiteren Tempeln; auf dem rechten Tempel steht: *Tempel der Vernunft*, auf dem linken steht: *Tempel der Natur.*« Tamino muss sich entscheiden. Er geht impulsiv vor. Zunächst klopft er am Tor des Tempels der Vernunft, als er diesen aber betreten will, hört er einen Chor von Priestern barsch »Zurück« schreien. »Zurück«? ruft Tamino, »dann wage ich mein Glück am anderen Tor!« Das ist der Tempel der Natur, aber auch hier schreit man ihm entgegen: »Zurück!« Er schaut sich um und sieht erst jetzt im Hintergrund den Tempel der Weisheit stehen. Er klopft an, und es erscheint ein alter Priester, der ihn fragt: »Wo willst du kühner Fremdling hin. Was suchst du hier im Heiligtum?« Als Tamino antwortet: »Der Lieb und Tugend Eigentum«, entsteht zwischen den beiden Männern ein ernsthafter Wortwechsel, der verdeutlicht, dass Tamino hier wohl an der richtigen Adresse ist, dass er aber noch eine ganze Reihe von Prüfungen absolvieren muss, bevor er als ein Weiser eingeweiht werden kann.[2]

Was die Zuschauer hier 1791 sahen und hörten, enthielt nicht nur eine ausdrückliche Botschaft an die damals stark im Aufwind befindliche Kultur der Vernunft, es ist vielmehr auch zwei Jahrhunderte später immer noch ausgesprochen bedeutsam. Die Aufklärung kannte und kennt nämlich vor allem zwei Götter, denen man in der Zeit Mozarts buchstäblich Tempel errichtete: die Natur und den Verstand. Symbolisiert in zwei Personen ging es dabei um die Ideen von Rousseau und Kant. Tamino wird von diesen Tempeln verjagt.[3] Die Initiation eines Menschen geschieht offensichtlich nicht in diesen Tempeln. Aus dem Blickwinkel der Oper müssen Natur und Verstand transformiert und überwunden werden, was zu einer Haltung führt, die hier mit »Weisheit« umschrieben wird.

Im Tempel der Weisheit herrscht eine transitionale Atmosphäre. Winnicott behauptete, dass diese zwar mit den beiden anderen verbunden ist, diese aber schließlich transzendiert. Das wird hier perfekt durch die beiden Säulengalerien dargestellt, welche den Tempel der Weisheit mit den beiden anderen verbinden. Die Botschaft ist deutlich: Weder der rationale Verstand, noch die irrationale Natur darf als alleiniger Leitfaden genommen werden, denn dann bleibt man in der Antithese hängen. Es scheint gerade so, als habe Schiller, der vier Jahre später seine *Briefe über die ästhetische Erziehung* veröffentlicht, diese Oper gesehen. Er verwendet die gleichen Formulierungen zur Charakterisierung des unvereinbaren Gegensatzes zwischen den Trieben der Natur und der Vernunft. Erinnern wir uns an seine Maxime, die er sozusagen an Tamino gerichtet haben könnte: »Solange der Mensch die Natur nur wahrnimmt, ist er ihr Sklave; sobald er die Natur denkt, ist er ihr Gesetzgeber.« Wenn er dann diesen Gegensatz überwinden will, überrascht es, dass er in seinem achten Brief das »sapere aude« von Kant (»Wage es, deinen eigenen Verstand zu gebrauchen«) bewusst abändert in: »Erkühne dich, *weise* zu sein.«[4]

Schiller, Goethe und Herder waren eben gerade der Meinung, dass ein Kunstwerk in der Lage ist, einen Menschen zu dieser transitionalen Wirklichkeit heranzubilden. Im vorherigen Kapitel wurde der Film behandelt, es hätte aber genauso gut die Oper sein können, vor allem diese Oper. *Die Zauberflöte* ist nach Form und Inhalt eine typische Mystagogie. Diese Künstler (jeder Künstler?) wollen »bilden«, das heißt, sie wollen den Menschen zum *Homo ludens* machen. »Wo du sie findest, umgib sie [deine Zeitgenossen] mit edlen, mit großen, mit geistreichen Formen, schließe sie ringsum mit den Symbolen des Vortrefflichen ein, bis der Schein die Wirklichkeit und die Kunst die Natur überwindet.«[5]

Diese »Symbole des Vortrefflichen« sind nicht nur der Kunst vorbehalten, sondern auch der Religion und einer Reihe weiterer Facetten unserer Kultur. Aber dort, wo die Kunst heute eine unwahrscheinlich große Sensibilität für Symbole an den Tag legt und sich als unerschöpfliche Quelle der Sinngebung erweist, scheint es so, als sei die Religion im Vergleich dazu in eine große Symbolkrise geraten. Das heutige Christentum hat höchstwahrscheinlich dieses symbolische Bewusstsein größtenteils lahmgelegt, indem es die Symbole zu Dogmen und Zeichen reduzierte.

Cornelis Verhoeven schreibt in seinem, meiner Meinung nach immer noch überaus lobenswerten, Buch *Rondom de leegte* (wörtlich: Um die Leere herum), dass der moderne Mensch nicht unsensibel für lebende Symbole ist, wohl aber für die theologisch ausgereiften Allegorien dessen, was ursprünglich einmal Symbol war. Dort, wo dieser Mensch das Gefühl hat, wirklich zu leben, da quillt das Leben wie von selbst aus diesen Symbolen hervor. Es ist jedoch das Christentum, das Symbolen gegenüber gleichgültig geworden ist und sich damit an den Rand des pulsierenden Lebens platziert hat. »Es gibt also keine Krise des symbolischen Denkens; vielleicht gibt es wohl eine religiöse Krise; was aber die Hauptsache ist: in religiöser Hinsicht steht man vor der Wahl zwischen Symbol und Krise.«[6]

Die Krise, in der sich die heutige Kirche befindet, wird meiner tiefen Überzeugung nach nicht dadurch gelöst, dass man ein »aufgeklärtes« und »säkularisiertes« Christentum anstrebt. Würde man sich lediglich gegen beschränkte Dogmen wehren, ein unterdrücktes Gewissen befreien, zentralistische Machtstrukturen abbauen, sich für gesellschaftliche Befreiung und ökologische Wiederbelebung einsetzen, dann beträfe dies Dinge, die, so wichtig sie auch sind, den wesentlichen Auftrag der Kirche nicht berühren, Dinge, die im Prinzip für jeden modernen Menschen Gemeingut geworden sind. Dafür braucht man keine Kirchen. Der tiefste Grund für die Existenz einer Gemeinschaft wie der Kirche über die Jahrhunderte hinweg ist es, dem Menschen (also auch dem heutigen) beim Übergang von einer profanen zu einer sakralen Wirklichkeit zu helfen. Die Kirche muss in erster Linie ein Raum zur Initiation in das symbolische Bewusstsein sein. Sie sollte ein Ort sein, an dem einem Menschen geholfen wird, zu einer religiösen Bewusstwerdung zu gelangen. Sicherlich ist sie nicht die einzige Initiations-Gemeinschaft in unserer Kultur, obgleich auf diesem Gebiet im Allgemeinen ein großer Mangel besteht, aber die Menschen zu »lehren«, erneut geboren zu werden, bildet wohl den Grund für ihre Existenz. Es ist ihre tiefste Aufgabe, ein Mystagoge zu sein. Das hielt Jesus Nikodemus in jener dunklen Nacht vor. Und dieser wiedergeborene Mensch wird dann ganz und gar nicht versagen, wenn es darum geht, die Aufgaben auszuführen, die ich weiter oben aufzählte, allerdings werden diese nun von einem spirituellen Kontext geprägt sein und aus diesem Kontext heraus durchgeführt werden. Der Eingeweihte sieht keine anderen Dinge, aber er sieht die Dinge anders!

Die spirituelle Krise, in der wir uns befinden, muss zunächst einmal erkannt werden und darf nicht allzu schnell mit einer Firnissschicht versehen werden. Es entsteht nämlich rasch der Eindruck, die Kirche sei doch reich an Symbolen, und es sei lediglich eine Frage der Zeit, diese wieder von ihrer Staubschicht zu befreien. Ich hoffe, in diesem Buch gezeigt zu haben, dass ein »Symbol« etwas ganz anderes ist als eine »pompöse Zurschaustellung schal gewordener Allegorien«. Verhoeven sagt: »Es hat dann auch wenig Sinn, oder jedenfalls wenig religiöse Bedeutung, zu versuchen, Wasser aus dem Felsen zu schlagen, wenn anzunehmen ist, dass gerade die Dürre fruchtbar sein kann. ... Leider ist unsere religiöse Dürre die Realität von heute, und es ist bereits optimistisch genug, hierfür das Wort Krise zu verwenden.«[7]

Ein Wiederaufleben des symbolischen Bewusstseins ist nur dann möglich, wenn man sich in diese Dürre hinab begibt. Und mit diesem Gedanken ist, was dieses Buch betrifft, der Kreis geschlossen, denn mit dieser »Dürre« begann das erste Kapitel, in dem vom »Untergang der Seele« die Rede war. Es erfordert Mut, ins dunkle Wasser hinabzusteigen. Aber der alte Alchemist ermutigt uns, wenn er sagt, wie wir dies bewerkstelligen können: »Für diejenigen, die das Symbol besitzen, ist der Übergang einfach. In habentibus symbolum facilis est transitus.«[8]

Anmerkungen

Anmerkungen zum Vorwort

1. Zit. in: R. Ornstein, Het menselijk bewustzijn. Synthese van rationeel en intuïtief bewustzijn. Zelfbeheersingstechnieken Biofeedback, Lemniscaat, Rotterdam 1974, 60.
2. Dieses Buch enthält verschiedene Gedanken, die ich meinen Vorträgen, Artikeln und Büchern entnommen habe. Der gesamte Gedankengang ist dann auch das Resultat eines jahrelangen Prozesses, von dem sich überall Spuren finden. Bis auf einige wichtige Ausnahmen habe ich darauf verzichtet, die jeweiligen Verweise anzugeben. Es würde nicht allein den Text unnötig beschweren, es erwies sich auch als schwierig auseinander zu halten, wo ich mich dem Sinn nach und wo wörtlich zitiere.

Anmerkungen zu Kapitel 1. Der Untergang der Seele

1. Wolf-Dieter Zimmermann, Begegnungen mit Dietrich Bonhoeffer, Chr. Kaiser Verlag, München 1965, 101.
2. J. Pohier, God in fragmenten. Gooi en Sticht, Hilversum 1986, 36.
3. F. Nietzsche, Die fröhliche Wissenschaft, Frankfurt 2000.
4. Robert Hinshaw u. Lela Fischli (Hrsg.), C.G. Jung im Gespräch. Interviews, Reden, Begegnungen. Daimon Verlag, Zürich 1986, 268.
5. Ebd.
6. Zitiert in: Jolanda Jacobi, Die Psychologie von C. G. Jung. Eine Einführung in das Gesamtwerk, Fischer, Frankfurt a.M. 1978, 223 (Kursivierung von mir, TvdB).
7. G. Durand, L'imaginaire. Essay sur les sciences et la philosophie de l'image, Hatier, Paris 1994, 6.
8. Vgl. C. Jung, Psychologie und Alchemie (Traumsymbole des Individualisierungsprozesses), 2. Auflage, Rascher Verlag, Zürich 1952, 17f.
9. C. Jung, Von den Wurzeln des Bewusstseins. Studien über den Archetypus, Rascher Verlag, Zürich 1954, 20.
10. C. G. Jung, Psychologie und Alchemie (Traumsymbole des Individualisierungsprozesses), 2. Auflage, Rascher Verlag, Zürich 1952, 24-25.
11. Vgl. D. Stoodt u. E. Weber, Volkskirchliches Christentum, in: D. Stoodt (Hrsg.), Volkskirchliche Katechetik, Lang, Frankfurt a. M. 1986, 111-113.
12. Vgl. E. Ringel u. A. Kirchmayr, Religionsverlust durch religiöse Erziehung. Tiefenpsychologische Ursachen und Folgerungen, Herder, Wien 1985.
13. C.G. Jung, Von den Wurzeln des Bewusstseins. Studien über den Archetypus, Rascher Verlag, Zürich 1954, 19.
14. Ebd., 22-23.
15. Vgl. C.G. Jung, Heros und Mutterarchetyp (2. Teil von Symbole der Wandlung).
16. E. Drewermann, Wort des Heils, Wort der Heilung. Von der befreienden Kraft des Glaubens. Gespräche und Interviews, Patmos, Düsseldorf 1988, Bd. I, 86.
17. C.G. Jung, Heros und Mutterarchetyp, Symbole der Wandlung 2, Walter, Olten 1985 (Kursivierung von mir, TvdB).
18. M. Giebel, Das Geheimnis der Mysterien. Antike Kulte in Griechenland, Rom und Ägypten, Artemis, Zürich 1990, 9-16.

19. M.L. von Franz, A Psychological Interpretation of the Golden Ass of Apuleius, String Publications, New York 1970.
20. Apuleius, Der goldene Esel, München 1990, 247. (Kursivierung von mir, TvdB).
21. Hier ist möglicherweise eine Zwischenbemerkung wichtig. »Initiation« ist kein typisch hellenistisches Phänomen. Praktisch alle alten Kulturen kennen religiöse Einweihungsrituale. Darüber hinaus war der Hellenismus ein Schmelztiegel vieler, insbesondere östlicher Kulturen.
22. J. Campbell, Der Heros in tausend Gestalten, S. Fischer Verlag, Frankfurt am Main 1953, 231-233.
23. Ebd., 22, (Kursivierung von mir, TvdB).
24. Ebd., 351.
25. Ebd., 19.
26. C.G. Jung, Westers bewustzijn en oosters inzicht, Lemniscaat, Rotterdam 1982 (2. Auflage), 126.
27. E. Drewermann, Tiefenpsychologie und Exegese. Traum, Mythos, Märchen, Sage und Legende. (Kursivierung von mir, TvdB)
28. Ebd., 16f.
29. Ebd.
30. Ebd.

Anmerkungen zu Kapitel 2. Der Aufstieg der Seele

1. M. Wildiers, De muziek de sferen. Vier opstellen over wereldbeeld en cultuur, De Nederlandsche Boekhandel, Amsterdam/Antwerpen 1983, 105-150.
2. Carsten Colpe, Das Corpus Hermeticum Deutsch. Übersetzung, Darstellung und Kommentierung in drei Teilen/bearb. und hrsg. von Carsten Colpe und Jens Holzhausen, Clavis pansophiae 7, Stuttgart-Bad Cannstatt (Frommann-Holzboog) 1997.
3. Paulus unterscheidet zwischen einem ersten Himmel, dem »elementaren« Himmel der Luft, einem zweiten, dem Himmel der sieben Planetensphären und einem dritten, in den man gelangt, nachdem der Weg an den Planeten entlang zurückgelegt ist.
4. In Benjamin major unterscheidet Richard von St. Viktor (gestorben 1173; in dieser Zeit entstand das Manuskript) drei Erkenntnisformen: cogitatio, meditatio und contemplatio, die mit den drei Dimensionen des Menschen, corpus, anima und intelligentia (Körper, Seele und Geist), verbunden sind. Richard zufolge »denkt« der Körper, »meditiert« die Seele und »schaut« der Geist. (Vgl. J. Wolters, Weg van St.-Denis. Naar een kathedrale didactiek, KTU, Utrecht 1998).
5. Carsten Colpe, Das Corpus Hermeticum Deutsch. Übersetzung, Darstellung und Kommentierung in drei Teilen/bearb. und hrsg. von Carsten Colpe und Jens Holzhausen, Clavis pansophiae 7, Stuttgart-Bad Cannstatt (Frommann-Holzboog) 1997 (Kursivierung von mir, TvdB)
6. J. Ruusbroec, Van den XII Beghinen, zitiert in: M. Wildiers, a.a.O., 124-125. (Kursivierung von mir, TvdB)
7. J. Needleman, Het zoeken naar een wijze, in: J. Sulzberger, Zoeken. Een reis naar binnen, Karnak, Amsterdam 1980, 109-110.
8. J. Needleman, a.a.O., 125.
9. M. Yourcenar, Met open ogen. Gesprekken met Matthieu Galey, Ambo, Baarn 1982, 207. Über die typische religiöse Erziehung eines Kindes sagt er: »Auf dem Gebiet

der Religion würde ihm keine einzige Praktik und kein einziges Dogma aufgedrängt, aber man würde ihm über alle großen Weltreligionen und vor allem über die Religion des Landes, in dem es wohnt, etwas erzählen, um Respekt in ihm zu wecken und schon im vorhinein bestimmte Vorurteile zu beseitigen.«

10. Vgl. H. Hark, Cheminer avec les anges. Le message de nos compagnons spirituels, Dangles, St. Jean de Braye 1996, 63f.
11. Zitiert in: Fritjof Capra, Das Tao der Physik. Die Konvergenz von westlicher Wissenschaft und östlicher Philosophie, Scherz Verlag, Bern/München/Wien 1986, 327.
12. C.G. Jung, Interviews, herinneringen, gesprekken en lezingen, a.a.O., 65.
13. Wordsworth in: »Ode on Intimations of Immortality«, Zitiert in: E. Edinger, Ego and Archetype. Individuation and the Religious Function of the Psyche, Shamballa, Boston/London 1992, 10.
14. H. Hesse, Ein Stückchen Theologie, in: Ders.: Mein Glaube, Suhrkamp Verlag, Frankfurt a.M., 1971, 63-64.
15. Zitiert in: E. Robinson, Het oorspronkelijke visioen. Religieuze ervaringen in de kinderjaren, Gottmer, Haarlem 1979, 5.
16. E. Robinson, a.a.O., 22.
17. Scharfstein, zitiert in: E. Robinson, a.a.O., 33.
18. H. Bergson, Schöpferische Evolution, Eugen Diederichs Verlag, Düsseldorf 1927, 208.
19. Ebd., 215.
20. R. Wilhelm/C.G. Jung, Das Geheimnis der goldenen Blüte. Ein chinesisches Lebensbuch, Rascher Verlag, Zürich 1929.
21. Vgl. C. Schuurman, Het perspectief der ziel. Weet ik werkelijk niet waarvoor ik leef? Ankh-Hermes, Deventer 1973, 65.
22. R. Wilhelm/C.G. Jung, a.a.O., 33f. (Kursivierung von mir, TvdB).
23. C. Schuurman, a.a.O., 81f.
24. Vgl. Hesse, a.a.O., 65.

Anmerkungen zu Kapitel 3. Ein Plädoyer für Mystagogie

1. K. Rahner, Frömmigkeit früher und heute, in: Ders., Schriften zur Theologie Band VII. Zur Theologie des geistlichen Lebens, Benziger, 1971 (2. Auflage), 22.
2. Ebd., 22-23.
3. H. Knoblauch, Die unsichtbare Religion im Jugendalter, in: W. Tzscheetzsch/H.-G. Ziebertz (Hrsg.) Religionsstile Jugendlicher und moderne Lebenswelt, München 1996, 83.
4. Grundentwurf einer theologischen Anthropologie; in: Handbuch Pastoraltheologie, Bd. 2, 1, Freiburg i.Br., Herder, 1966, 20-38, hier 23. – 2. Aufl. 1971. = K. Rahner, Selbstvollzug der Kirche, Düsseldorf; Freiburg, 1995 (Sämtliche Werke, Bd. 19), 181-196, hier 182.
5. L. Wittgenstein, Tractatus logico-philosophicus, in: Ders., Schriften 1, Suhrkamp, Frankfurt am Main 1969, 82.
6. K. Rahner, Handbuch der Pastoraltheologie (s. Anm. 4), SW 19, 187.
7. K. Rahner, Glaube, der die Erde liebt, Herder, Freiburg 1966, 153. Das Adoro Te ist eine Hymne von Thomas von Aquin.
8. K. Rahner, Handbuch der Pastoraltheologie (s. Anm. 4), 28 bzw. SW 19, 187.
9. Ebd., 25 bzw. 184.

10. Ebd.
11. Ebd. (Kursivierung von mir, TvdB)
12. Ebd., 60 bzw. 202.
13. K. Rahner, Über die Möglichkeit des Glaubens heute, in: Schriften zur Theologie Band V Neuere Schriften, Benziger, 1962, 31.
14. K. Rahner, Handbuch der Pastoraltheologie (s. Anm. 4), 69 bzw. 208.
15. Ebd., 268 bzw. 308.
16. Ebd., 269 bzw. 309.
17. K. Rahner, Die Theologische Dimension der Frage nach dem Menschen, in: Ders., Schriften zur Theologie Band XII Theologie aus Erfahrung des Geistes, Benziger, 1975, 402f. (Kursivierung von mir, TvdB).
18. Wir begegnen dem Wort »Myste« noch in dem Wort »Neomist«, dem »gerade erst eingeweihten« (Priester). »Mustèrion«, »geheim« (im Lateinischen »sacramentum«) lässt sich etymologisch wahrscheinlich zurückführen auf »muein«, »einweihen« (im Lateinischen »initiare«). »Muein« bedeutet ursprünglich »Augen und Lippen schließen«. So gesehen ist der Myste jemand, der sich nach innen gekehrt hat. »Mustikos«, »mystisch«, bedeutet »mit den Mysterien in Beziehung stehend«. Im profanen Sinn des Wortes war ein Mystagoge jemand, der Fremden den Weg zeigte.
19. Vgl. C. Jacob, »Arkandisziplin«, Allegorese, Mystagogie. Ein neuer Zugang zur Theologie des Ambrosius von Mailand, Anton Hain, Meisenheim 1990, 110ff.
20. K. Rahner, Handbuch der Pastoraltheologie (s. Anm. 4), 269 bzw. 309.
21. Ebd., 68 bzw. 207.
22. Diese Mystagogie in das Zusichselberkommen der transzendentalen Gotteserfahrung muss natürlich bei Erfahrungen anknüpfen, die bewusstseinsmäßig deutlich und existentiell gewichtig sind und die transzendentale Gotteserfahrung so in sich tragen, dass sie zu einer Thematisierung dieser Erfahrung drängen.
23. K. Rahner, Frömmigkeit früher und heute, a.a.O., 22.
24. K. Rahner, Handbuch der Pastoraltheologie (s. Anm. 4), 269f bzw. 309f.
25. Vgl. ebd.
26. Vgl. ebd.
27. R. Bleistein, Mystagogie und Religionspädagogik, in: H. Vorgrimler, Wagnis Theologie. Erfahrungen mit der Theologie Karl Rahners, Herder, Freiburg 1979, 54.
28. Zitiert in: H. Haslinger, Was ist Mystagogie? Praktisch-Theologische Annäherung an einen strapazierten Begriff, in: S. Knobloch/H. Haslinger (Hrsg.), Mystagogische Seelsorge. Eine lebensgeschichtlich orientierte Pastoral, Mainz 1991, 56.
29. S. Knobloch, Praktische Theologie: ein Lehrbuch für Studium und Pastoral, Freiburg 1996, 194-195.
30. Vgl. Conferentie Levensbeschouwing. Nieuwe wegen voor het vak, KPC, Den Bosch 1996.
31. Zit. in: E. Drewermann, Dieptepsychologie en exegese, a.a.O., 21.
32. I. Abram, Joodse traditie als permanent leren, B. Folkertsma-Stichting voor Talmudica, Hilversum 1980, 139.
33. Zit. in: Abram, a.a.O., 252.

Anmerkungen zu Kapitel 4. Die Christianisierung der Heiden setzte die Paganisierung der Christen voraus

1. Der Soziologe Stark schätzt das Wachstum des Christentums in den ersten vier Jahrhunderten auf 40 % Zunahme pro Jahrzehnt. Das bedeutet, dass um das Jahr 350 von einer geschätzten Bevölkerung von 60 Millionen Menschen im Römischen Reich ungefähr 34 Millionen, gut 56 %, Christen waren. Vgl. R. Stark, De eerste eeuwen. Een sociologische visie op het ontstaan van het christendom, Ten Have, Baarn 1998, 21.
2. Vgl. G. de Meyer, Populaire cultuur, Garant, Löwen/Apeldoorn 1995, 110.
3. H. Fiolet, De zon verdwijnt niet als zij ondergaat achter onze horizon. De secularisatie als uitdaging, Ten Have, Baarn 1994, 22-23.
4. Vgl. D. Praet, De God der Goden. De christianisering van het Romeinse Rijk, Kampen 1997 (2. Auflage), 189.
5. Vgl. A. Wessels, Kerstening en ontkerstening van Europa. Wisselwerking tussen evangelie en cultuur, Baarn 1994, 19ff.
6. Im Palästina des Jesus von Nazareth lebten ca. 500.000 Juden, in der Diaspora ungefähr 10.000.000. Die Zahl der Pharisäer betrug in Palästina ungefähr 6.000. Vgl. G. Quispel, Asclepius. De volkomen openbaring van Hermes Trismegistus, In de Pelikaan, Amsterdam 1996, 277.
7. Vgl. D. Praet, a.a.O., 330.
8. H. Fiolet, a.a.O., 20.
9. Vgl. A. Welburn, Aan de wortels van het christendom. Het mysterie der Essenen, de gnostische openbaring en de christelijke visie, Christofoor, Zeist 1994. Darüber hinaus verweise ich auf zwei Beiträge in G. Quispel (Hrsg.), De Hermetische Gnosis in de loop der eeuwen. Beschouwingen over de invloed van een Egyptische religie op de cultuur van het Westen, Baarn 1992, und zwar von J. van Amersfoort, Hermes, het evangelie van Thomas en het joodse christendom (186-225) und von G. Quispel, Christelijke gnosis, joodse gnosis, hermetische gnosis (610-642).
10. »In Wirklichkeit ist das »normative« rabbinische Judentum eine Reaktion auf die jüdische Gnosis und das jüdische Christentum, mit der man krampfhaft versuchte, die bildhafte Sprache des Alten Testaments (Engel, Name, himmlische Herrlichkeit) wegzudiskutieren. Orthodoxie entsteht immer nach einer freimütigen Phase, die dann als heterodox erklärt wird.« (G. Quispel, Asclepius, a.a.O., 245). »Trotzdem wäre es falsch zu glauben, dass das Dogma der ewigen Geburt des Sohnes ... ausschließlich christlich sei. Es findet sich auch in der Hermetik. Dies kommt, weil Christentum und Hermetik beide dem esoterischen Judentum Vieles verdanken, das die leuchtende Herrlichkeit Gottes oder des Menschensohnes verehrte« (Ebd., 232, Kursivierung von mir, TvdB), vgl. außerdem in Ebd., Het esoterische jodendom, 290-300.
11. Stark stellt überzeugend dar, dass das Christentum bis weit ins 4. Jahrhundert »große Anziehungskraft auf die hellenisierten Juden in der Diaspora ausübte, weil es sie von einer ethnischen Identität befreite, mit der sie sich unbehaglich fühlten« (a.a.O., 223-224, siehe auch 61-81). Eine wichtige wissenschaftliche Quelle für das esoterische Judentum ist das Werk von Gershom Sholem (1897-1982) u.a. Jewish Gnosticism aus dem Jahr 1960.
12. Zitiert in: A. Wessels, a.a.O., 35.
13. Vgl. R. Stark, a.a.O., 105-137. Stark zeigt unter anderem, dass durch die christlichen Verbote der Abtreibung und des Babymords, deren Opfer vor allem Mädchen und junge Frauen waren, das Geschlechterverhältnis im Christentum viel

ausgewogener war und die Frauen einen höheren Status genossen als in der heidnischen Welt.

14. Vgl. D. Praet, a.a.O., 103.
15. Vgl. Ebd., 108.
16. Vgl. Ebd., 109-129.
17. Vgl. A. Wessels, a.a.O., 38.
18. D. Praet, a.a.O., 119.
19. J. Gager, Kingdom and Community. The social world of early Christianity, Englewood-Cliffs, N.J. 1975, 135.
20. Vgl. H. Rahner, Odysseus am Mastbaum, in: Ders., Griechische Mythen in christlicher Deutung, Herder, Freiburg 1992, 280-328.
21. Zitiert in: A. Wessels, a.a.O., 52.
22. Zitiert in: Ebd., 52.
23. Vgl. Ebd., 52.
24. Vgl. G. de Meyer, a.a.O., 116-117, 123.
25. Vgl. D. Praet, a.a.O., 126.
26. Ebd., 129.
27. Vgl. A. Wessels, a.a.O., 60.
28. E. Hatch, The influence of Greek Ideas on Christianity, Evanston, New York 1957, 309. Stark führt in seiner Studie über die Entstehung des Christentums aus, dass die Kirche weniger eine Sektenbewegung als vielmehr eine Kultbewegung war. Erstere entstehe durch ein Schisma innerhalb einer konventionellen religiösen Gruppierung, während die zweite von ihren eigenen Mysterien ausgehe. Der Kultus um den auferstandenen Herrn fügte dem Judaismus etwas völlig Neues hinzu, sodass das Christentum nicht mehr länger eine interne Bewegung im Judentum bleiben konnte. Aus Starks Untersuchung geht hervor, dass die Christen sich an den Orten niederließen, wo es bereits andere Kultreligionen gab. So gibt es eine signifikante Korrelation zwischen der Verbreitungsraum des Isiskultes und dem des Christentums. »Wo Isis ging, folgte das Christentum.« (a.a.O., 209 und 45-58).
29. A. Wessels, a.a.O., 67.
30. D. Praet, a.a.O., 129.
31. Vgl. Stark, a.a.O., 120ff.
32. Vgl. D. Praet, a.a.O., 88-95.
33. Ebd., 129 (Kursivierung von mir, TvdB).
34. M. Eliade, Beelden en symbolen. Opstellen over symboliek in magie en godsdienst, C. De Boer jr./Paul Brand, Hiversum 1963, 134.
35. Ebd., 134.
36. Ebd., 138.
37. Faktisch erinnert Eliades Gedankengang stark an Jung. Er kannte Jung und dessen Werk im Übrigen auch gut. 1952 hatte er mit Jung ein eingehendes Gespräch, das er in einem Artikel für sein französisches Publikum verarbeitete, das bis dahin praktisch nichts von Jung und kaum etwas von Freud gehört hatte. Vgl. C. Jung, Interviews, herinneringen, gesprekken en lezingen, a.a.O. 4, 231-238.
38. M. Eliade, a.a.O., 140.
39. Ebd., 140.
40. Ebd., 140f.
41. Ebd., 141.
42. Ebd., 143.
43. Ebd., 152.

44. Ebd., 148.
45. Ebd., 152.
46. Zitiert in: A. Welburn, a.a.O., 4.
47. Vgl. E. Drewermann, Tiefenpsychologie und Exegese. Traum, Mythos, Märchen, Sage und Legende & Tiefenpsychologie und Exegese. Wunder, Vision, Weissagung, Apokalypse, Geschichte, Gleichnis.
48. G. de Meyer, a.a.O., 124.

Anmerkungen zu Kapitel 5. Arkandisziplin, die Mystagogie der Alten Kirche

1. D. Bonhoeffer, Widerstand und Ergebung, Gütersloh [12]1983, 137 (Kursivierung von mir, TvdB).
2. Vor dem 12. Jahrhundert gibt es so gut wie keine Kinderkatechese in der Kirche. Ab dem fünften Jahrhundert wird die Kindertaufe allgemein angewendet. Man würde erwarten, dass man der Kinderkatechese von da an größere Aufmerksamkeit gewidmet hätte. Aber für den deutschen Katecheten Jungmann steht nach seiner historischen Untersuchung fest: »Von einer kirchlichen Katechese für getaufte Kinder fehlt damals [ab dem 5. Jahrhundert] jede Spur.« (Katechetik, Herder, Wien 1955 (2. Auflage), 11.
3. Dies ist übrigens die einzige Stelle in den synoptischen Evangelien (einschließlich der Parallelen bei Mt 11 und Lk 8,11), an der das griechische Wort »mysterion« verwendet wird.
4. G. d'Aubespine, De veteris ecclesiae ritibus observationes, Paris 1623, 21ff., J.D. du Perron, Traicté du Sainct Sacrement de l'Eucharistie, Paris 1622, 554.
5. J. Daillé, Traicté de l'employ des Pères pour le jugement des différends qui son aujoud'huy en la Religion, Genf 1632, 137ff.
6. J. Daillé, De scriptis quae sub Dionysii Areopagitae et Igatii Aniocheni nominibus circumferuntur, Genf 1666, 142.
7. Vgl. P. Batiffol, Arcane, in: Dictionnaire de Théologie Catholique 1 (1903), 138-1743.
8. J. Jeremias, Die Abendmahlsworte Jesu, Göttingen 1960 (3. Auflage).
9. Ebd., 119.
10. Ebd., 121.
11. Vgl. K. Rahner, Die grundlegenden Imperative für den Selbstvollzug der Kirche in der gegenwärtigen Situation, in: Handbuch der Pastoraltheologie, Bd. 2, 1, Freiburg i. Br., Herder, 1966, 256-276. – 2. Aufl. 1971 – SW 19, 297-316.
12. Ich lasse in diesem Kapitel die Bedeutung, die der Geheimhaltung im gnostischen Christentum beigemessen wurde, außer acht. Selbstverständlich ist dies eine äußerst wichtige Quelle für dieses Phänomen. Der Anfang des Thomasevangeliums »Dies sind die geheimen Worte, die der lebendige Jesus einst sprach...« ist für praktisch die gesamte gnostische Literatur symptomatisch. Geheimhaltung ist dort selbstverständlich. Ich will jedoch in diesem Kapitel hervorheben, dass auch die offizielle Kirche für »Geheimhaltung« eintrat. Ebenfalls außer Betracht bleibt die Geheimhaltung in der Zeit der apostolischen Tradition wie auch der esoterische Kontext des Auftretens von Jesus selbst. Es war jedoch dieser Kontext, in dem das offizielle Christentum sich verwurzelt hat.
13. Für diejenigen, die sich mit diesem Thema eingehender beschäftigen wollen, folgt hier eine kurze Literaturübersicht: R. Rothe, Arcan-Disziplin, in: Real-Encyclopädie für protestantische Theologie und Kirche 1 (1853, 469-477; N. Bonwetsch,

Wesen, Entstehung und Fortgang der Arkandisziplin, in: Zeitschrift für die historische Theologie 43 (1873), 203-209; G. Anrich, Das antike Mysterienwesen in seinem Einfluss auf das Christentum, Göttingen 1894; P. Batiffol, Arcane, a.a.O.; F.X. Funk, Das Alter der Arkandisziplin, in: Theologische Quartalschrift 85 (1903), 69-90; O. Casel, Vom heiligen Schweigen, in: Benediktische Monatschrift 3 (1921), 417ff.; G. Bardy, Arcane, in: Catholicisme Hier Aujourd'hui Demain 1 (1948), 763-765; H. Clasen, Die Arkandisziplin in der alten Kirche, Diss., Heidelberg 1956; J. Daniélou, Les traditions secrètes des apôtres, in: Eranos Jahrbuch XXI, 1962, 199-215; O. Perler, Arkandisziplin, in: Reallexikon für Antike und Christentum 1 (1950), 667-676; V. Recchia, L'arcano nell'iniziazione cristiana, in: Annali della Facoltà di Magisterio dell'Univ. di Bari 4 (1965), 243-273; D. Powell, Arkandisziplin, in: Theologische Realenzyklopädie 4 (1979), 1-8; C. Jacob, Arkandisziplin, a.a.O.; E. Paul, Geschichte der christlichen Erziehung, Band 1 Antike und Mittelalter, Herder, Freiburg 1993 passim. Ich danke meiner studentischen Mitarbeiterin, Frau A. Schuring, für die vielen Arbeitsstunden, in denen sie diese Literatur zusammengetragen und kopiert hat.

14. Diese Frage ist vor einigen Jahrzehnten viel weniger spekulativ geworden als man Jahrhunderte lang in offiziellen kirchlichen Kreisen angenommen hatte. 1958 entdeckte Morton Smith in einem griechisch-orthodoxen Kloster einen Brief von Clemens, der sich auf ein »Geheimes Markusevangelium« bezog, aus dem Clemens in diesem Brief zitiert! Morton Smith schrieb 1973 darüber ein Standardwerk »Clement of Alexandria and a secret gospel of Mark. P.W. van der Horst widmete diesem Fund einen hervorragenden Artikel in der Nederlands Theologische Tijdschrift (1979, 27-51). Es wurde viel über diesen Fund veröffentlicht.
    Das Thema der mündlichen, im Geheimen weitergegebenen Tradition, die schon auf den Anfang des Christentums zurückgehen soll, eine Idee, auf die Clemens großen Wert legte, wurde von niemandem besser formuliert als von Basilius von Caesarea (329-379). Er glaubte, dass die gesamte ungeschriebene Tradition bestand aus »der nicht öffentlich gemachten und geheimen Lehre, die unsere Väter in Schweigen hüllten, um sie vor oberflächlicher Neugier zu schützen, wohl wissend, dass die Erhabenheit der Mysterien am besten durch Schweigen garantiert wird. ... Der Grund dafür, dass es eine ungeschriebene Tradition gibt, ist, zu verhindern, dass durch einen Mangel an sorgfältigem Schutz die hohe Gnosis der Dogmen routinemäßig weitergegeben und von der Masse als lachhaft erfahren wird.« (De Spirito Sancto XXVII,66). (153).

15. Vgl. K. Frick, Der Neuplatonismus, in: Ders., Die Erleuchteten, Akademische Druck- und Verlagsanstalt, Graz 1973, 28-39. K. Held, Alexandrië, Wat is neoplatonisme?, in: Ders., Trefpunt Plato. Een filosofische reisgids door der antieke wereld, Ambo/Rainbowpocket 1995, 344-364. C. Moreschini, Le platonisme chrêtien, in: Grégoire de Nazianze Discours 38-41, Du Cerf, Paris 1990, 70-81 (Sources Chrétiennes no. 358).

16. Wenn wir bei ihm lesen: »Der Mensch wird die Natur Gottes erst kennen, wenn er vom Bild zum Archetyp aufgestiegen ist« (Disc. 28,17), dann lässt dies wenig Zweifel an der neuplatonischen Prägung seiner theologischen Anthropologie zu.
    Seine wunderbare Beschreibung des menschlichen Wesens ist durch und durch neuplatonisch. Er schreibt: Als der Logos zeigen wollte, dass Geist und Materie gemeinsam eins sein können, schuf er den Menschen! »Eine sichtbare und eine unsichtbare Natur: das ist der Mensch. Er [= der Logos] holt den Körper des Menschen aus der Materie, die zuvor bereits geschaffen war, und er nimmt aus sich selbst Leben, das er in den Menschen einsetzt, und zwar eine geistige Seele und ein

Bild von Gott (die biblische Geschichte weiß das); dann stellt er diesen Menschen, einen zweiten Kosmos, groß in seiner Kleinheit, auf die Erde als einen zweiten Engel, einen Anbeter, zusammengesetzt aus verschiedenen Elementen, einen Betrachter der sichtbaren Schöpfung, einen Eingeweihten in die unsichtbare Schöpfung ... auf dem Weg in eine andere Welt; und als Höhepunkt des Mysteriums, durch seinen Hang zu Gott, wird er ein Gott.« (Disc. 38,11) Der letzte Gedanke ist eigentlich schon im orthodoxen Christentum unmöglich. Auch für Gregorius impliziert eine solche Betrachtungsweise Geheimhaltung. In der Pfingstwoche achtet er darauf, dass in Gegenwart von Nichteingeweihten nicht über den Heiligen Geist gesprochen wird. »Wer ihn [= den Heiligen Geist] Gott nennt, handelt vortrefflich, wenn er dies gegenüber geistig hochstehenden Menschen tut. Wer dies jedoch in Gegenwart von Seelen tut, die noch auf einem niedrigen Niveau sind, ist nicht vorsichtig, vertraut einem schlammigen Grund eine Perle an, lässt kranke Ohren Donnerklänge hören, zeigt zu schwachen Augen das Licht der Sonne, gibt denen feste Nahrung, die noch Milch bekommen sollten. Man muss sie Schritt für Schritt zu dem hin begleiten, was vor ihnen liegt, und sie so zu erhabeneren Dingen hinaufführen, dass sie Erleuchtung nach Erleuchtung empfangen, und ihnen die eine Wahrheit nach der anderen mitgeteilt wird. Darum müssen wir nun von einer vollkommeneren Unterweisung absehen, denn dafür ist es jetzt nicht der richtige Moment.« (Disc. 41,6).

17. Johannes Chrysostomus (ca. 344-407) hebt diesen Punkt ebenfalls hervor. »Wer den Geist nicht hat, wer also nicht glaubt, der bringt den göttlichen Geheimnissen nur Spott anstelle von Bewunderung entgegen. Denn der versteht sie nicht. Warum sollte man ihm mitteilen, was er nicht verstehen kann? Warum sollte man jemanden erst zum Spott treiben? (Hom. Math. 23,3) Wenn wir einem Kind einen Brief geben, kann es damit nichts anfangen. Er ist für das Kind nichts anderes als Papier und Tinte. Für einen Erwachsenen ist dieser Brief von einem größeren Wert, denn er versteht den Inhalt dieses Briefes. (vgl. Hom 1 Kor 7,2).
18. Vgl. P. Hensels, Initiatie in mysteriegodsdiensten en inwijding in het christendom, in: Ders., Sacramentum en zijn synoniemen in de mystagogische katechesen van Ambrosius, Druk Elinkwijk, Utrecht 1995, 56-67. W. Burkert, Ancient Mystery Cults, Harvard University Press, Cambridge/Massachusetts 1987. M. Giebel, a.a.O. M. Meyer (Hrsg.), The Ancient Mysteries. A Sourcebook. Sacred Texts of the Mystery Religions of the Ancient Mediterranean World, San Francisco 1987.
19. Vgl. Corpus Hermeticum, a.a.O.
20. Poimandres, in: Corpus Hermeticum. Ingeleid, vertaald en toegelicht door R. van den Broek en G. Quispel, In de Pelikaan, Amsterdam 1990, 23.
21. Ebd., 161.
22. Es muss hier darauf hingewiesen werden, dass sich das Christentum in manchen Punkten eindeutig von den Mysterienreligionen unterschied. Die Mythen einer Mysterienreligion bildeten nicht im entferntesten eine Gemeinschaft wie dies in der Kirche der Fall war. Der Terminus »Ekklesia« ist ein typisch christlicher Begriff. Die Christen bildeten neben der öffentlichen Gemeinschaft eine enge alternative Korporation, selbständig und unabhängig. Man half einander auf Gedeih und Verderb. Eine Funktion wie die Diakonie war bei den Christen hoch angesehen. Man praktizierte Caritas aneinander und am Fremden. Eine solche Haltung ist in den Mysterienreligionen praktisch unbekannt. Zudem schmiedete das Christentum im Laufe der ersten Jahrhunderte allmählich eine breit angelegte theologische Beweisführung um die Einweihungen herum, etwas, was es in den Mysterienreligionen so gut wie gar nicht gab (vgl. W. Burkert, a.a.O., 51-53; J.C. Gager, a.a.O.).

23. Vgl. G. Anrich, a.a.O., 162f.
24. Die Christen selbst haben am Ende des 4. und vor allem im 5. Jahrhundert versucht, die Mysterienreligionen vollständig auszurotten. Dies geschah, als ihre Mysterienreligion zu einer Staatsreligion heranwuchs. 391 verbot Kaiser Augustus alle geheimen Kulte. 395 wurden alle Gebäude von Eleusis, das nahezu magische Zentrum der Mysterienkultur, von getauften Westgoten vollständig verwüstet. Dennoch werden bis ins 5. Jahrhundert hinein noch Mysterien im Verborgenen zelebriert.

Anmerkungen zu Kapitel 6. »Das Fürwahrhalten lässt sich nicht mitteilen«

1. »Wovon man nicht sprechen kann, darüber muß man schweigen. ... Es gibt allerdings Unaussprechliches. Dies zeigt sich, es ist das Mystische« (L. Wittgenstein, Tractatus logico-philosophicus 7 6.522).
2. C. Jacob, a.a.O., 111.
3. Vgl. D. Powell, a.a.O., 7.
4. Vgl. C. Jacob, a.a.O., 115.
5. A. Faivre, Accès de l'ésotéristme occidental 1, Gallimard, Paris 1986 (überarbeitete Ausgabe), 31-32.
6. I. Kant, Kritik der reinen Vernunft, Wissenschaftliche Buchgesellschaft, Darmstadt 1983, 688 (B 848 A 820).
7. »Das Fürwahrhalten ist eine Begebenheit in unserem Verstande, die auf objektiven Gründen beruhen mag, aber auch subjektive Ursachen im Gemüte dessen, der da urteilt, erfordert« (Kant, a.a.O., 687).
8. H. Stellwag, »Situatie« en »relatie«. Inleiding tot een filosofisch-analystische studie der pedagogische grondbegrippen, Wolters-Noordhoff, Groningen 1970, 203. »Ergo homo non docet, sed veritas, quae interius loquitur, quae est Deus«.
9. Vgl. W. Willi, The Orphic Mysteries and the Greek Spirit, in: J. Campbell (Hrsg.), The Mysteries, Papers from the Eranos Yearbooks, Princeton University Press, Princeton 1990, 64-92. K. Albert, Griechische Religion und Platonische Philosophie, Meiner, Hamburg 1980. W. Burkert, a.a.O., 91-93.
10. Vgl. F .P. Hager, Das Kind in der pädagogischen Theorie der Antike (am Beispiel der Pädagogik Platons), in: Ders., Plato Paedagogus, Haupt, Bern 1981, 29-61.
11. Platon, Politeia, in: Sämtliche Werke in drei Teilen, (herausgegeben von Erich Loewenthal), Teil II, Lambert Schneider, Heidelberg 1982, 249f.
12. C. Verhoeven, Mensen in een grot. Beschouwingen over een allegorie van Plato, Ambo, Baarn 1983, 82.
13. Zitiert in: Ebd., 83f.
14. Platon, a.a.O., 250f.
15. Platon, a.a.O., 251.
16. Ebd., 252.
17. Ebd., 254.
18. Ebd., 247.
19. H. Haslinger, a.a.O., 23.
20. Vgl. L. Nelson, De socratische methode, Boom, Meppel 1994. Im achten Kapitel gehe ich ausführlich auf diese Art des Lernens ein.
21. Es gibt hier einige Ausnahmen. Manchmal sieht man auf bacchantischen Festen Kinder abgebildet. Aber Burker bemerkt hierzu: »The very idea of Bacchic, Metroac, or even Isiac »education of children« would approach the ridiculous.« (a.a.O., 52)

22. Vgl. H.-I. Marrou, Histoire de l'éducation dans l'antiquité, Du Seuil, Paris 1958 (quatrième édition revue et augmentée).
23. Platon, a.a.O., 257.
24. Ebd.
25. L. Villette, Foi et Sacrament, Du Nouveau Testament à Saint Augustin, Bloud et Gay, Paris 1959, 267.
26. C. Jacob, a.a.O., 40. (190)
27. C. G. Jung, Psychologie und Alchemie (Traumsymbole des Individualisierungsprozesses), 2. Auflage, Rascher Verlag, Zürich 1952, 24-25 (Kursivierung von mir, TvdB).
28. Zitiert in: Ebd., 59.
29. Zitiert in: R. Guardini, De bekering van Aurelius Augustinus. De innerlijke ontwikkeling in zijn »Belijdenissen«, Paul Brand, Hilversum 1960, 250. Guardini kommentiert diesen Text folgendermaßen: »Wenn dieser Satz nicht achtlos geschrieben ist, ist er erstaunlich. Und er ist sicherlich nicht achtlos geschrieben, denn er steht an einer wichtigen Stelle und wird durch unseren Text bestätigt, ja untermauert. Es geht um etwas, das im Zentrum von Augustinus« geistig-christlichem Dasein steht: um den Zusammenhang zwischen Idee, innerem Licht, Wahrheit, Sein, Geist, Ich und ewigem Leben. Gesehen, erfahren und in einer lebendigen Entscheidung bejaht wird dieses Ganze im Herzen.« Und Guardini fügt dem in einer Fußnote hinzu: »Auf einer anderen Ebene, aber parallel dazu, gilt das auch für Platon.« (250).

Anmerkungen zu Kapitel 7. Das symbolische Buwusstsein, die dritte Wirklichkeit

1. E. Drewermann, Dieptepsychologie en exegese, a.a.O., 36.
2. Vgl. S. Alexandrescu, Tekens en openbaring, in: Ders. u.a.: Hemel & Aarde. Werelden van Verbeelding, Amsterdam 1991, 175.
3. C. Jung, Psychologische Typen, a.a.O., 385-386 (Kursivierungen von mir, TvdB).
4. Zitiert in: H. Mulisch u.a., Die stille liefde van .... 23 filmsterren en hond, Houten 1989.
5. H. Barz, Over de ziel. Hoofdpunten van de Jungiaanse psychotherapie, Lemniscaat, Rotterdam 1981, 63.
6. C. Jung, Psychologische Typen, a.a.O., 388.
7. Jung verwendet das Wort Symbol meistens dann, wenn die Projektion nicht die Folge eines Komplexes oder eines Symptoms ist. Symbolisieren bedeutet, wenn man so will, auf gesunde Art zu kompensieren und projizieren. Ich möchte an dieser Stelle kurz etwas zu Komplexen und Symptomen sagen. Dadurch wird der Begriff Symbol deutlicher. Jung unterscheidet Komplexe im weiteren und im engeren Sinne. Von der ersten Sorte wird jeder Mensch beherrscht, was bedeutet, dass jeder Mensch fortwährend Momente erlebt, in denen er seine Existenz nicht als Einheit empfindet und sich nicht im Gleichgewicht fühlt. In uns gibt es immer etwas, das sich nicht assimiliert und gerade dadurch sind wir in der Lage, neue Möglichkeiten zu kreieren, entstehen kreative Impulse. Komplexe sind somit von großem Wert. Ein Komplex im engeren Sinne entsteht dann, wenn eine so starke Polarisation auf einen Pol hin entsteht, dass dieser zu einem abgeschiedeneren Teil der Psyche wird. Dieser arbeitet dann so autonom, dass wir keinen bewussten Zugriff mehr darauf haben. So ein Komplex wirkt dann wie ein Magnet, der einen großen Teil unserer psychischen Energie aufsaugt und

die Person in allerlei Situationen in Beschlag nimmt, sodass das komplette Gleichgewicht gestört wird. Immer wieder wird der Komplex auf unser Verhalten abfärben. In diesem Zusammenhang spricht man von einem Minderwertigkeitskomplex, von einem Überheblichkeitskomplex, einem Mutter- oder Vaterkomplex. Diese Begriffe haben sich inzwischen so eingebürgert, dass wir vergessen haben, dass Jung sie als erster entwickelt hat. Bei einem Symptom staut sich der Energiefluss auch in einer Richtung, man kann jedoch leichter damit umgehen, da die Person sich dessen bewusst ist und daher darauf zugreifen kann. Komplexe dagegen haben ein Eigenleben in der dunklen Atmosphäre des Unterbewusstseins. Und auch wenn wir davon wissen, haben wir keinen direkten Zugriff. Im Allgemeinen kann man sagen, dass ein Symbol die Ganzheit des geistlichen Lebens geradezu gewährleistet – es ist ausgesprochen holistisch. Bei Komplexen oder Symptomen dagegen beherrschen ein Faktor oder eine Funktion unsere Psyche.

8. C. Jung, zitiert in: J. Jacobi, De psychologie van Carl G. Jung, a.a.O., 63.
9. Im Vorwort eines Buches seiner Schülerin Jolande Jacobi beschreibt Jung die Archetypen als »réactions instinctives spécifiques de L'HOMO SAPIENS.« Complexe Archétype Symbole, Delachaux & Niestlé, Neuchâtel 1961 (ursprüngliche deutsche Ausgabe von 1957), 6.
10. H. Barz, a.a.O., 75.
11. Vgl. H. van Buuren, Mijn andere lief. Mannelijk en vrouwelijk in de mens, De Ster, Breda 1986 (2. Auflage). In diesem Buch wird nuanciert und empathisch über die zwei Arten von Bewusstsein geschrieben, »Strahlen«- und »Schalen«bewusstsein genannt – beide wichtig für Männer und Frauen. Neben Bewunderung für die Ansichten Jungs zu diesen Fragen, äußert Van Buuren auch Kritik zu seiner »hoffnungslos altmodischen« Art und Weise konkret über Frauen zu schreiben. Diesbezüglich war Jung deutlich ein »Mann« seiner Zeit.
12. Zitiert in: R. Ornstein, Het menselijk bewustzijn, a.a.O., 60.
13. Vg. H. Corbin, Corps spirituel et terre céleste. De l'Iran mazdén à l'Iran Shî'ite, Buchet/Chastel, Paris 1979 (2. Auflage), 8.
14. Vgl. D. Winnicott, Transitional objects and transitional phenomena, in: Ders., Collected papers, Tavistock Publications, London 1958 (erste Veröffentlichung 1951), 229-242. Ders., Transitional objects and transitional phenomena, in: ders., Playing & Reality, Tavistock/Routledge, London/New York 1991 (erste Veröffentlichung 1971), 1-25.
15. D. Winnicott, Transitional objects and transitional phenomena, a.a.O. 2f.
16. Vgl. auch P. Pruyser, Lessen uit de kunsttheorie voor de godsdienstpsychologie/ Vormen en functies van de verbeelding in religie, in: Ders., Geloof en verbeelding. Essays over levensbeschouwing en geestelijke gezondheid, Baarn 1992, 81-121.
17. Vgl. M. Palmer over Winnicott in: Ders., Freud and Jung on Religion, London/ New York 1997, 73.
18. P. Pruyser, Vormen en functies van de verbeelding in religie, a.a.O., 108-109 (Kursivierung von mir, TvdB).
19. J. Huizinga, Homo ludens. Proeve ener bepaling van het spelelement der cultuur, Contact, o.O., 1997 (Pandora Pockets), 34-35. Huizinga weist darauf hin, dass die Bedeutung des Wortes »Illusion« zurück geht auf »inlusio«, was buchstäblich » Einspielen« bedeutet. Am Spiel teilzunehmen, in das Spiel aufgenommen werden bedeutet also ursprünglich, die Illusion in Stand zu halten! (vgl. Ders., 27).
20. F. Schiller, Über die ästhetische Erziehung des Menschen in einer Reihe von Briefen 1793/94. Ich zitiere aus der niederländischen Übersetzung Brieven over de

esthetische opvoeding van de mens. Eingeleitet, übersetzt und kommentiert von Aart J. Leemhuis, Kok Agora, Kampen 1994.
21. Ebd., 96.
22. Ebd., 143-144. (Kursivierung von mir, TvdB)
23. H.-G. Gadamer, De actualiteit van het schone. Kunst als spel, symbool en feest. Boom, Meppel 1993, 49.
24. F. Schiller, a.a.O., 63-64 (Kursivierung von mir, TvdB).
25. T. Mann, Doktor Faustus, Arbeiderspers, Amsterdam 1989, (3. Auflage), 99.
26. F. Schiller, a.a.O., 149-150.
27. Vgl. E. Edinger, Ego & Archetype, a.a.O., 111.
28. E. Drewermann, Dieptepsychologie en exegese, a.a.O., 56.
29. E. Drewermann, Geloven in vrijheid. Dieptepsychologie en dogmatiek Dogma, angst en symboliek, Meinema, Zoetermeer 1995, 204-205.
30. C. Jung, Antwoord op Job, in: Ders., Mensbeeld en Godsbeeld, Lemniscaat, Rotterdam, 1986, 207-209.

Anmerkungen zu Kapitel 8. »Kannst du mir sagen, Sokrates, ist die Tugend lehrbar?«

1. M. Buber, Reden über Erziehung, Lambert Schneider, Heidelberg 1962, 64-66.
2. M. Merleau-Ponty, Lof der Wijsbegeerte. Inaugurale rede uitgesproken voor het Collège de France op Donderdag 15 januari 1953, Paul Brand, Hilversum/Antwerpen 1966.
3. M. Fresco, Sokrates Zijn. wijsgerige betekenis, Van Gorcum, Assen 1983. Es ist meiner Meinung nach übrigens nicht wichtig, den historischen und den platonischen Sokrates scharf zu trennen. Ich bin vor allem daran interessiert, wie Sokrates in die Kulturgeschichte getreten ist, auch wenn dies zu einem Großteil von seinem Schüler Platon geschaffen und bestimmt wurde. Es ist nämlich genau dieser »Sokrates« gewesen, der einen unermesslichen Einfluss auf die westliche Kulturgeschichte ausgeübt hat. Wie interessant übrigens der Versuch auch sein mag, aus Platons Schriften den historischen Sokrates zu destillieren, es bleibt eine Tatsache, wie der Philosophieprofessor Günter Figal bemerkt, dass die »Wirkungsgeschichte des Sokrates die Wirkungsgeschichte Platons« ist. Wenn Sokrates in den Schriften Platons nicht auftauchen würde, sagt er, wäre er wahrscheinlich nicht viel mehr gewesen als eine interessante Gestalt aus dem Athener Leben im fünften Jahrhundert. Vielleicht hätten wir dann einige Vor-Sokratiker (diesen Begriff gäbe es dann natürlich nicht!) viel ernster genommen (vgl. G. Figal, Sokrates, Beck, München 1995, 15).
4. Platon, Menon, in: Ders., Sämtliche Werke in drei Teilen (herausgegeben von Erich Loewenthal), Teil I, Lambert Schneider, Heidelberg 1982, 413.
5. Ebd., 413f.
6. Ebd., 427.
7. Ebd., 427f.
8. M. Merleau-Ponty, a.a.O., 71.
9. Platon, Menon, a.a.O., 428.
10. Ebd., 428.
11. »Da nun die Seele unsterblich und öfters geboren worden ist und die Dinge hinieden und im Hades und überhaupt alle geschaut hat, so gibt es auch nichts, wovon sie nicht eine Kenntnis erlangt hätte, so daß es gar kein Wunder ist, wenn sie auch

hinsichtlich der Tugend und anderer Gegenstände an das sich zu erinnern imstande ist, was sie früher davon gewußt hat. Denn da die ganze Natur in verwandtschaftlichem Zusammenhang steht und die Seele von allem Kenntnis bekommen hat, so steht nichts im Wege, daß einer, der sich nur erst an eines erinnert hat, was die Leute dann Lernen heißen, alles übrige selbst auffinde, wenn er sich dabei nur mannhaft hält und des Untersuchens nicht müde wird.« (Menon, a.a.O., 429).

12. Vgl. M. Fresco, a.a.O., 92.
13. Vgl. G. Gusdorf, Pourquoi des professeurs. Pour une pédagogie de la pédagogie, Payot, Paris 1963, 11f.
14. Allerdings weist der Philosoph Alexander Nehamas darauf hin, dass diese Mathematik-»Stunde« ein typisch sokratisches Element enthält. »Jemanden nicht lehren« bedeutet offensichtlich nicht, dass man die richtigen Fragen nicht stellen darf oder dass man aus den Antworten des anderen keine Schlüsse ziehen darf, sondern: dem Schüler Fragen stellen, dass er nur dem zustimmt, von dem er denkt, dass es richtig ist, nicht mehr und nicht weniger. ›Say only what you believe!‹ Sokrates« Fragen sind hinsichtlich des Befragten völlig unvoreingenommen, er ist nur auf der Suche nach Wissen, das auf einem »feeling of inner conviction« beruht (A. Nehamas, Meno«s Paradox and Sokrates as a Teacher in: H. Benson (Hrsg.), Essays on the Philosophy of Sokrates, Oxford University Press, New York/Oxford 1992, 308).
15. Platon, Menon, a.a.O., 439.
16. Ebd., 442.
17. Ebd., 446f.
18. Ebd., 449.
19. Ebd., 452.
20. Im Griechischen steht hier das Wort, das wörtlich übersetzt, »Meinung« oder »Ansicht« bedeutet. Es besteht in der Literatur allerdings kein Zweifel darüber, dass es hier um das geht, was wir »Intuition« nennen.
21. Ebd., 455f. Vgl. zu »das richtige Meinen« die vorhergehende Anmerkung.
22. Ebd., 454.
23. Ebd., 456.
24. Ebd., 453.
25. Ebd., 456.
26. Ebd., 456.
27. M. Merleau-Ponty, a.a.O., 66f.
28. Ebd.
29. M. McPherran, The Religion of Socrates, The Pennsylvania State University Press University Park, Pennsylvania 1996, 191.
30. Platon, Ion, in: Ders., Sämtliche Werke in drei Teilen (herausgegeben von Erich Loewenthal), Teil I, Lambert Schneider, Heidelberg 1982, 136.
31. Ebd., 136f.
32. Ebd., 137.
33. Ebd., 139f.
34. Platon, Theaitetos, in: Ders., Sämtliche Werke in drei Teilen (herausgegeben von Erich Loewenthal), Teil II, Lambert Schneider, Heidelberg 1982, 572.
35. Ebd., 574f.
36. Ebd., 575.
37. Ebd., 575f.
38. Vgl. M. Burnyeat, Socratic Midwifery, Platonic Inspiration in: H. Benson (Hrsg.), a.a.O., 53-65.

39. Vgl. M. Fresco, a.a.O., 86f.
40. Vgl. M. Burnyeat, a.a.O., 53, Anm. 3.
41. Platon, Symposion, in: Ebd., Sämtliche Werke in drei Teilen (herausgegeben von Erich Loewenthal), Teil I, Lambert Schneider, Heidelberg 1982, 704f. (264).
42. A. Combs (u.a.), Hulpverlening en psychologie. Eigentijdse inzichten getoetst aan de praktijk van de helpende relatie, Ambo, Baarn 1976 (12. Auflage), 111.
43. Ebd., 100.
44. S. Kierkegaard, Philosophische Brocken. De omnibus dubitandum est, in: Gesammelte Werke (hrsg. von Emanuel Hirsch und Hayo Gerdes), 10. Abteilung, Gütersloher Verlagshaus Gerd Mohn, Gütersloh 1991 (3. Auflage), 12.
45. A. Combs, a.a.O., 132.
46. I. Abram, a.a.O., 58 (269).
47. A. Huxley im Vorwort zu: J. Krishnamurti, Vrijheid van het bekende, Mirananda, Wassenaar 1981, 10.
48. Zitiert in: A. Combs (u.a.), a.a.O., 287.
49. Vgl. T. van den Berk, De wijsheid van de hersenstam. Leven met onse basisfuncties, Pelckmans, Kapellen/Kok-Agora, Kampen 1987.
50. S. Kierkegaard, a.a.O., 8, 10, 21f. Wie bekannt, war Kierkegaard der Meinung, dass im christlichen Glauben der sokratische Ausgangspunkt über den Sprung des Sündenbewusstseins und der Sühne überstiegen wird. Zwischen Menschen ist »das Sokratische« das Höchste, was erreicht werden kann, Christus hat ihm zufolge uns allerdings eine Wahrheit gebracht, die niemand in sich selbst trägt, sondern die von ihm geschenkt wird. Diese interessante Frage kann hier nicht weiter diskutiert werden. Dazu müsste man die protestantische Theologie Kierkegaards gründlich untersuchen, seinen Argwohn gegen alles, was mit Neuplatonismus und Ähnlichem zu tun hat, seine Sicht auf Sokrates durch Hegels Brille und vor allem seine vermutliche Unfähigkeit, den Unterschied zwischen »socratic revelation« und »socratic reason« zu erkennen. Darüber hinaus muss betont werden, dass wir Kierkegaard zufolge in der Praxis immer auf die sokratische Mäeutik angewiesen sind, da Gott selbst als Objekt nicht wahrzunehmen ist. »Gott benutzt Hebammen.« (Vgl. S. Emmanuel, Kierkegaard and the concept of revelation, State University of New York Press, Albany 1996, 133.)

Anmerkungen zu Kapitel 9. Symbolisieren lernen: Die Praxis am Beispiel des Films

1. Vgl. J. De Visscher, Een te voltooien leven. Over de rituelen van de moderne mens, Pelckmans/Kok Agora, Kapellen/Kampen 1996.
2. Vgl. T. van den Berk, De wijsheid van de hersenstam, a.a.O.
3. I. Bergman, Laterna Magica, Autobiografie, Meulenhoff, Amsterdam 1987, 18.
4. Ebd., 20.
5. B. Reijnhoudt, zitiert in: H. Mulisch u.a., De stille liefde van ..., a.a.O., 59 (Kursivierung von mir, TvdB).
6. I. Bergmann, a.a.O., 74. (Kursivierung von mir, TvdB).
7. Ebd., 75.
8. Vgl. S. de Bleeckere, Het licht van de schepping. De religiositeit van de beeldcultuur, Altiora, Averbode/Helmond, Helmond 1992.
9. G. v. d. Leeuw, Wegen en grenzen, Paris, Amsterdam 1948 (2., überarbeitete und erweiterte Auflage), 207 (282).

10. Zit. in: A. Morriën, De oude dag. Een bloemlezing over ouderdom en ouder worden, Prometheus, Amsterdam 1994, 85.
11. J. Prétat, Ouder worden. Mogelijkheden van een nieuwe levensfase. Lemniscaat/Rotterdam 1995, 9.
12. A. Stevens, Archetypes, Routledge & Kegan, London 1982, 164.
13. C. Jung, Erinnerungen, Träume, Gedanken von C.G. Jung, aufgezeichnet und herausgegeben von Aniela Jaffé, Zürich und Düsseldorf 1999.
14. »Film en levensverhalen« in Citytheater/Movies, Utrecht, 22. Mai 1997 (Veranstalter: Thomas More Academie, KFA-Filmbeschouwing und KVWZ/KVZ).
15. Vgl. J.-M. Peters, Over beeldcultuur. Fotografie, film, televisie, video, Rodopi, Amsterdam 1993 und Ders. Het filmische denken. Of de binnenkant van de beeldcultuur. Acco, Leuven/Amersfoort 1989. In diesem Werk werden die Unterschiede zwischen Wort und Bild ausführlich herausgearbeitet.
16. T.v.d. Berk, Het Filmgesprek. Een manier om beelden ter sprake te brengen, Kok, Kampen 1994.

Anmerkungen zur Schlussbetrachtung

1. Vgl. M.F.M. van den Berk, Die Zauberflöte. Een alchemistische allegorie, Syntax Publishers, Tilburg [3]1998. (290)
2. Vgl. W.A. Mozart, Die Zauberflöte (Ursprünglicher Librettotext von E. Schikaneder und K. Gieseke), Mortier, Brüssel 1991, 35-37.
3. Vgl. N. Till, Mozart and the enlightenment. Truth, Virtue and Beauty in Mozart«s Operas, Faber and Faber, London 1992, 282-283.
4. F. Schiller, a.a.O., 56 (Kursivierung von mir, TvdB).
5. Ebd., 63f.
6. C. Verhoeven, Rondom de leegte, Utrecht [6]1969, 136.
7. Ebd., 136-137.
8. J.D. Mylius, Philosophia Reformata, Frankfurt 1622, 182.